デジタル革命の社会学

AIがもたらす日常世界のユートピアとディストピア

アンソニー・エリオット 著

遠藤英樹・須藤廣・高岡文章・濱野健 訳

明石書店

THE CULTURE OF AI: Everyday Life and the Digital Revolution 1st edition
by Anthony Elliott

Authorised translation from the English language edition published by Routledge,
a member of the Taylor & Francis Group
Japanese translation published by arrangement with Taylor & Francis Group
through The English Agency (Japan) Ltd.

日本語版への序文

世界経済フォーラムの創設者であるクラウス・シュワブ（Klaus Schwab）は近年、今日の人工知能（AI）革命が、「人類のこれまで経験したことのないものである」と主張している。シュワブは、スマート・アルゴリズムから高度な機械学習に至るまで、現在のAIの製造には技術的な変革があると考えている。それによって、「物理的な領域、デジタルの領域、生物学的な領域の境界が曖昧になっているのである」。たとえAIが職業的な生活や個人的な生活をいかに変えているかを正確に同定することはできないとしても、この変革については、男女問わず大多数の者が直感的に認識している。AIの成長およびその規制に関する政策と戦略的プラン――日本による〈ソサエティ5・0〉イニシアティブはその一例である――は、こうした変革を明確に示している。ソサエティ5・0は、中国による新世代人工知能開発計画、EUによる人工知能協調計画、アメリカのAIイニシアティブなど、各国政府の青写真に似ている。しかし、別の角度から見ると、日本のソサエティ5・0は、超スマート社会の青写真として、これよりもはるかに進んでいる。シュワブが正しく指摘するように、AIの現段階は、社会を、制度的な社会的・経済的組織の枠組みを超えたものとしていく可能性を秘めており、実際に日本は、サイバー・スペースと物理的スペースの境界を曖昧にし、日本人の生活様式全体に影響を与える社会・技術的変革を開花させているのである。

インダストリー4・0が今日の製造業のデジタル変革を言い表すものであるとすれば、ソサエティ5・0は経済と社会のデジタル化を意味している。だが研究の面でも公共政策のレベルでも大きな課題となっているのは、AIの技術的な変革の多様な側面を、経済や社会と結びつけること、そしていかに社会、組織、コミュニティがAIの影響による変化のプロセスに適応し対処するに至っているのかを理解することである。これがまさに、本書の目的なのである。一言でいうならば、私の議論は、AIが私たちの時代において挑戦状を突きつけているということに関するものである。デジタル・テクノロジーの大きな波が世界中に押し寄せるにつれ、AIはますます私たちの生活に浸透している。パーソナル・バーチャル・アシスタントやチャットボットから、自動運転車や遠隔操作ロボットに至るまで、AIはいまや、日常生活の大部分に組み込まれている。それは、社会と経済を再編しつつあるのだ。新たなAI革命がもたらすチャンスとリスクは、一般に考えられているよりもはるかに深い。AIによってもたらされる社会変容の可能性は、AIの技術だけの問題ではなく、より複雑な社会的公平性、政治、ガバナンスの問題を提起しているのである。それゆえ、国際的に問われ活発に議論されていくべきなのである。日本によるソサエティ5・0は、こうした挑戦に取り組もうとするめざましい試みである。本書が、日本語に翻訳されたことを嬉しく思っている。

この翻訳は、私も何度か招聘を受けた立命館大学人文科学研究所で所長を務める遠藤英樹氏を中心として行われた。彼は、私の学際的な人工知能研究に関心を示し、絶えず研究上でサポートしてくれた。そのおかげで、この翻訳が日本において世に問われることになったのである。この翻訳に携わって下さった遠藤氏、須藤廣氏、高岡文章氏、濱野健氏に深く感謝する。

また、慶應義塾大学の社会学スーパーグローバル客員教授を務めることができたことについても、多くの方々に感謝の意を表したい。さらには澤井敦氏、片桐雅隆氏、山本理奈氏、出口剛司氏、荻野昌弘氏、石井由香理氏、魚住知広氏には大変お世話になった。他にお世話になった多くの日本の研究者の方々に、深く感謝の意を表する。

アンソニー・エリオット

2020年、アデレードにて

デジタル革命の社会学　目次

謝辞

2013年に、私がデジタル革命と、それに伴うグローバル社会の再編成の研究に着手した目的の一つは、今日の「テクノロジー津波《ツナミ》」と私が名づけたものについて述べることだった。そのときは、私は南オーストラリア大学のホーク研究所（Hawke Research Institute）の所長の職にあり、また前首相のボブ・ホーク（Bob Hawke）氏から多大な影響を受けていた。彼は私に、社会科学と公共政策双方におけるこれらの問題の緊急性について示唆をしてくれたのだ。私は、自身の関心事に近いデジタル革命の分野、すなわち、大規模なテクノロジーの変容の結果、自己アイデンティティと自己にどのような再編が起こるのかといった問題についての研究から取りかかった。この研究の成果は、2016年に『アイデンティティ・トラブルズ（*Identity Troubles*）』として上梓したとおりである。この本の出版に続いて私は、デジタル革命――人工知能（ＡＩ）、機械学習、高度なロボットテクノロジー、加速する自動化といったもの――についての、互いに結びつきつつ、極めて異なる一連の発展について関心を向けるようになった。私の第一の目的は、ＡＩの世界の広がりや強さを、社会学一般、特に社会理論の見地から研究することにあった。このことに関して、私はアンソニー・ギデンズ（Anthony Giddens）氏に多大な恩義を感じており、感謝を申し上げたい。彼は、現代のデジタル・トランスフォーメーションと生活のあり方に対する私の考えに、おそらく他の誰よりも影響を与えている。彼には、人工知能に関する英国議会の貴族院特別委員会（UK Parliament's House of Lords Select Committee on Artificial Intelligence）における彼の仕事について、詳しく私に話す時間を頂いたことに大いに感謝申し上げたい。また、彼には、時間を割いて私の原稿の初期の草稿に目を通していただき、洞察に満ちた御助言と励ましを頂いたことにも同様に感謝申し上げたい。また、本書の初期の草稿に大変有益なコメントを頂いたスヴェン・ケッセルリング（Sven Kesselring）氏にも感謝の意を表したい。

オーストラリア・チーフサイエンティストであるアラン・フィンケル（Alan Finkel）博士によってオーストラリア学識者アカデミー評議会の人工知能専門家ワーキンググループのメンバーに任命されたことからは多大な恩恵を受けた。この調査研究は首相の連邦科学評議会の要請を得て、オーストラリア調査研究評議会および、首相内閣府、産業・イノベーション・科学省（the Department of Industry, Innovation and Science）の支援を受けたものである。専門家ワーキンググループの同僚、特にACOLA（オーストラリア学識者アカデミー評議会）のアンガス・ヘンダーソン（Angus Henderson）博士、およびオーストラリア社会科学アカデミーのジョン・ビートン（John Beaton）博士に感謝申し上げたい。

本書の研究は2015年から2018年までの4年間に及びなされたものである。この研究を支援し、このプロジェクトの超過期間まで含めて私の海外での仕事を可能にしてしてくれた、数多くのアカデミックな研究所と資金援助機関に大変感謝する。これらには、オーストラリア研究評議会（DP160100

979およびDP180101816）、日本トヨタ財団（D16-R-0242）、欧州委員会のエラスムス＋ジャン・モネ・アクション（587082-EPP-1-2017-1-AU-EPPJMO-PROJECT）の惜しみない助成が含まれている。日本においては、慶應義塾大学大学院文学研究科のスーパーグローバル（客員）教授の地位を授与され研究を行うことができた。研究科および大学の同僚の支援に大いに感謝する。ヨーロッパにおける私のベースは、トリニティ・カレッジ・ダブリンのロングルーム・ハブの客員研究員（ユルゲン・バークホフ Juergen Barkhoff氏に感謝する）、ユニバーシティ・カレッジ・ダブリンの社会学部の客員教授（イアーフレイス・ワトソン Iarfhlaith Watson氏、シニシャ・マレシェビッチ Siniša Malešević氏に感謝する）であった。パリではパリ第2大学パンテオン・アサスの客員教授（ジャン＝ジャック・ロッシュ Jean-Jacques Roche氏に感謝）として滞在した。ブラジル、日本、ドイツ、フランス、イギリス、アイルランド、フィンランド、オーストラリアと、私がＡＩの社会学について講演をした各地においては、聴講者の方々からは詳細で心強いコメントを頂く幸運に恵まれた。

南オーストラリア大学では特に、ホーク・ジャンモネＥＵ研究センター（Hawke EU Jean Monnet Centre of Excellence）の同僚のみなさんに協力いただいたことに感謝する。なかでも特に、エリック・スー（Eric Hsu）氏とルイス・エバラス（Louis Everuss）氏の協力に感謝したい。このセンターのシニアリサーチアソシエイト、ロス・ボイド（Ross Boyd）氏は、本書の様々な段階において、非常に目配りのある研究支援と、注意深い仕事を惜しみなく引き受け、本書の編纂の様々な段階を支えてくれた。同大学では、事務局の外交担当および戦略プロジェクト・ポートフォリオの同僚たちにも感謝の意を表したい。特に、ナイジェル・レルフ（Nigel Relph）氏には――彼と一緒に仕事ができたことは私の幸運であったのだが――本書を完成させる諸条件を構築する手助けをしてくれたことに感謝したい。

これら様々なテーマにおいて、多くの同僚と、特に故ジョン・アーリ氏とディスカッションできたことを大変感謝している。また、片桐雅隆氏、澤井敦氏、ラルフ・ブロンクヴィスト（Ralf Blomqvist）氏、ボ＝マグナス・サレニウス（Bo-Magnus Salenius）氏、マレネ・フロイデンダル＝ペデルセン（Malene Freudendal-Pedersen）氏、ロバート・J・ホルトン（Robert J. Holton）氏、チャールズ・レマート（Charles Lemert）氏、ナイジェル・スリフト（Nigel Thrift）氏、ニック・スティーブンソン（Nick Stevenson）氏、アンソニー・モラン（Anthony Moran）氏、トーマス・バーチネル（Thomas Birtchnell）氏、鈴木弥香子氏、出口剛司氏、マイク・イネス（Mike Innes）氏、クリス・マッキー（Kriss McKie）氏、ビアンカ・フレイレ＝メデリオス（Bianca Freire-Mederios）氏、ジュディ・ワイクマン（Judy Wajcman）氏、デビッド・ビッセル（David Bissell）氏、ジョン・キャッシュ（John Cash）氏、山本理奈氏、イングリッド・ビーゼ（Ingrid Biese）氏、デビッド・ラドフォード（David Radford）氏、デボラ・マックスウェル（Deborah Maxwell）氏、ジーン・エリオット（Jean Elliott）氏、キース・エリオット（Keith Elliott）氏、ジェフリー・プレーガー（Jeffrey Prager）氏、スーザン・ラックマン（Susan Luckman）氏、遠藤英樹氏、カルロス・ベネディト・マルティンス（Carlos Benedito Martins）氏、石井由香里氏、加藤文俊氏、パル・アールワリア（Pal Ahluwalia）氏、マイケル・ライ（Michael Lai）氏にはコメント、ご助言を頂いたこと、あるいは最近議論できたことに感謝している。

Routledge社の編集者ガーハード・ブームガーデン（Gerhard Boomgaarden）氏には、いつものように感謝している。彼の的確な助言は大いにありがたく、また彼は私に友情とは何か繰り返し教えてくれた。また、Routledge社では、アリソン・クラフェイ（Alyson Claffey）氏とダイアナ・チョボーティア（Diana Ciobotea）氏にも感謝する。また、この本の表紙の画像の使用権を取るために協力してくれたカオイミ・エリオット（Caoimhe Elliott）氏に感謝する。

最後に、私の家族に最も大きな恩を感じている。本書を執筆中ずっと、パートナーであるニコラ・ジェラティ（Nicola Geraghty）は、私が成し遂げようとしていることを誰よりもよく理解し、全力で支えてくれた。彼女の励ましと信頼は私には不可欠だった。子どもたち、カオイミ（Caoimhe）とオスカー（Oscar）とニアム（Niamh）は高度なＡＩの世界で成長し、デジタル・トランスフォーメーションの物語は彼らの人生の背景となっている。ＡＩやロボット技術についての私の研究は、彼らがデジタル革命に興味を持ち、魅せられた結果、大幅に豊かなものとなった。ＡＩについて考えることは、社会関係について、特に自己と社会のオルタナティブな未来について考える道であるということを、彼らが私に気づかせてくれた。モバイルでデジタルな接続について考えることは、私たちが何をしようとしているのか、私たちがどれほどお互いにとって重要か、そしてそれが空間と時間を超えて、どのように変わっていくのかについて考える一つの方法である。ある意味において本書は、未来において、人間がどのように人間とつながっていくのか――大きく人工知能に媒介されているが、おそらく全部ではない――について私が考えていること、そしてＡＩのより広い社会的、文化的、経済的、政治的結果とは何かについて私が考えていることを、彼らのために繰り広げてみせたエッセイとして書かれている。

序　言

レイチェルは朝7時、AmazonのAlexaデバイスが起動するBBCラジオの音で目覚める。[1]バーチャルなパーソナル・アシスタントは、レイチェルの忙しい朝のスケジュールを支援するようにプログラムされており、照明や暖房システムをつけたりコーヒーマシンを起動したりといった複数のタスクを行っている。そうやってレイチェルは、いつもの朝のルーティンを続けている。レイチェルはバスルームに向かい、口腔衛生に最適なように30秒ごとに歯磨きの箇所を動かすよう促してくる、クイップの電動歯ブラシを手に取る。そうしながらBBCニュースが、英国議会上院による人工知能調査に関する最新ニュースを流しているのを聞いている。それによると、日常的なスマートテクノロジーを悪用したAIによるサイバー攻撃について、セキュリティ専門家から証言を得たということだ。[2]朝食時にタブレットで交通状況を確認し、環境に優しいカーシェアリング・アプリ〈ジップカー〉を使うことにする。オフィスに到着したレイチェルは、仕事に素早く集中する。オートメーション化の新たな波によって最近大量の人員削減が行われ、同僚の間で大きな不安を引き起こしていることを意識しているからだ。最近開発され、人気が高まっている求人ウェブサイトを使って、会社の求人情報を整理することに彼女は時間を費やす。このウェブサイトは、応募者を分類するためにスマート・アルゴリズムを用いている。[3] これに取り組んでいる間、レイチェルは、ビデオや他のモニタリング機能をストリーミング配信してくれるWi-Fi対応デバイスである〈ペットキューブ〉を使い、彼女の飼う年老いた猫をモニタリングしている。[4]

仕事の後、レイチェルはカフェに向かい、アプリ〈ビー・マイ・アイズ〉にログオンする。このアプリは、目が見える者がモバイル機器をとおして視覚障害者に対しボランティア活動をしようとするのをマッチングしてくれるものである。彼女の父親（数年前に亡くなった）は目が見えなかったため、感情的に強い思い入れがあり、週に2、3回、彼女はこれをやろうとしているのである。帰宅時、彼女はスーパーに立ち寄り、自分とパートナーのために夕食の材料を買い出す。最近手に入れたスマートフリッジのアプリを用い、レイチェルは、トマト、タマネギ、牛乳を買うのを思い出す。今それが足りておらず、スマートフリッジは彼女がそれら食材を頻繁に使うことを「知っている」のである。[5] 夕食を取りパートナーと会話をした後、彼女は携帯電話を手にして、オーストラリア行きの航空券の価格が大幅に下がったという通知をチェックする。レイチェルはシドニーにいる彼女のいとこを訪ねたいと考えており、納得できる価格まで航空運賃が下がってきたら通知が届くようにしていたのである。寝室に入り、レイチェルと彼女のパートナーは、新しいスマートベッドで休む。ベッドは彼女がいつ眠りにつくかを「知っている」ため、彼女が快適だと思う温度にベッドを温めておいてくれるのだ。パートナーがいびきをかき始めると、ベッドは優しく彼の頭を上げたりもしてくれるのである。[6]

レイチェルの1日から、私たちの生、もう少しいえば、この時代における私たちの生について何を考えることができるだろうか。ＡＩが21世紀最初の数十年間で私たちの生や仕事をどのように変えているかについて、レイチェルの物語は何を語ってくれているのだろうか。そもそもこの場面はロンドンであるが、コペンハーゲンやシカゴ、シンガポールやサンフランシスコでもほぼ同じだろう。レイチェルの1日で展開されていることは、デジタル革命だけでなく、日々の活動や他者とのつながりにおいてＡＩやソフトウェア・アルゴリズムが台頭していることについても教えてくれている。ＡＩはあなたが考えていることに関わっているだけではなく、あなたがしていることにも関わっているのである。バーチャル・パーソナル・アシスタントから音声ベースのチャットボットまで、レイチェルの話は、ＡＩが私たちの日常生活の中心になってきていることを示している。ますます多くの人が複数のＡＩソフトウェア・プログラムやバーチャル・アシスタントに、多くの場合は複数のプラットフォームにまたがってアクセスしている。このように爆発的に増加しているＡＩ、機械学習、ビッグデータは、パーソナルなソーシャルメディアから、オフィスにアクセスするための顔認識ソフトウェアに至るまで、人々が埋め込まれている日常的インタラクションの核心的部分に入り込んでいるのである。

ＡＩは、いわばメインストリームになったのである。しかしながら、仕事には明らかに他の変化もある。ＡＩがライフスタイルや個人の生に影響を及ぼすとすれば、それはまた組織や社会システム、国民国家、グローバル経済にも変革をもたらす。ＡＩとはテクノロジーの進展なのではなく、全てのテクノロジーのメタモルフォーゼなのである。大量のデータを生成するインターネットに接続されたデバイスの、グローバルなデジタル配信と使用といった文脈で考えると、ソフトウェア・アルゴリズム、深層学習（deep learning）、高度なロボット工学、加速するオートメーション、機械による意思決定などが、ますますユビキタス化のもと広がりを見せることで、社会・文化・政治・制度における生のあり方に対して様々に影響力を持つ複雑で新しいシステムとプロセスが生み出されてくるのである。レイチェルの1日の活動が示しているように、今日の人々の生やライフスタイルは、複雑なデジタル・システムや特定の技術的専門知識を前提としている。だが、それらについて人々は、それほど意識することはない。言い換えるならば、ＡＩが浸透しているライフスタイルは、広範かつ非常にインテンシブな形で、複雑なデジタル・システムと分かち難く絡み合っているのである。本書では、それなりの分量を費やし、ＡＩの出現、高度なロボット工学、加速するオートメーションによって生じた〈デジタル・システムとライフスタイルの相互作用〉に焦点を当てるつもりである。

デジタル革命が到来した時代に生きるということは、確かに、まごうことなく祝福されているとはいい難い。ますます私たちは、途方もないチャンスと恐るべきほどのリスクを抱えた技術革新の世界に生きるようになっている。ＡＩの巨大な波が世界中に広がっていくにつれて、人類史上前例のない規模で、公共的な生活が見直され協働的な社会活動がうまくいく可能性が注目されるようになった。例えば、センサーを用いてグレート・バリア・リーフの魚を追跡したり、アマゾンの生物多様性を保護したり、動物が絶滅危惧種に指定されることのないよう守ったりすることにＡＩは用いられている。[7] またＡＩを搭載した顕微鏡で海に浮遊するプランクトンを観察したり、ＡＩを搭載したロボットで海をきれいにする研究も進んでいる。[8] スーパーコンピュータによって情報と知識を世界中で蓄積し、グローバルなテロリズムに対抗するべくＡＩを援用することも、一つの例であろう。しかし同時に重大かつ、おそらく生命に関わる脅威も存在している。[9] 自律的殺傷兵器技術としてのキラーロボットから、犯罪組織・ならず者国家によって用いられるＡＩに至るまで、ＡＩはもしかすると人類の終わりを告げるのかもしれないのだ――それこそ、故スティーブン・ホーキング（Stephen Hawking）、ビル・ゲイツ（Bill Gates）、イーロン・マスク（Elon Musk）といった著名人たちが発していた警告である。その中心にあるのは、ＡＩが人類の知能を凌いでしまったらどうなってしまうのかという文化的な不安である。最も憂慮すべき傾向の一つは、ＡＩ、デジタル・テクノロジー、戦争を起こす手段が手を携えたものとなるということである。本書において私は、軍事力の変革におけるＡＩの役割、特に監視の新たな形態――ビッグデータと恐るべきアルゴリズムの力が技術開発の最も重要な特徴なのである――が世界秩序に及ぼす影響を大きく強調している。

広範な技術革新と科学的知見に満ちた論点を体系的に捉えるべく、ここで本書の主張を以下のように簡単に要約してみよう。

1．デジタルな世界はＡＩと直接に結びついているが、今日のテクノロジーの変化は、ＡＩだけの変化なのではなく、はるかに広範囲に及ぶものである。キーワードとしては違いがあるかもしれないが、デジタルな変容を社会・文化・政治的な観点から適切に捉えることができるのは、ＡＩ、高度なロボット工学、インダストリー4・0、加速するオートメーション、ビッグデータ、スーパーコンピュータ、3Dプリンティング、スマートシティ、クラウドコンピューティング、IoE（あらゆるもののインターネット：Internet of Everything）といったテクノロジーが相互に関連しているのを見極めることができる場合に限られるのである。このようなテクノロジーの変容は、バイオテクノロジー、ナノテクノロジー、情報科学の発展といった広い文脈で見なければならないのである。ベンジャミン・ブラットン（Benjamin Bratton）は近年、「惑星規模コンピューティングの巨大構造物」に関連させつつ、この点を取り上げている[10]。

2. AIは未来のことなのではない。「今ここ」のことなのである。私たちの生活はすでにAIで飽和しているのである――それは、チャットボット、グーグルマップ、Uber、Amazonのレコメンデーション、迷惑メール防止設定機能、ロボット・リーダー、Siri、Alexa、EchoなどのAIを利用したパーソナル・アシスタントなどが台頭していることでも明瞭である。AI革命は、もはやかなりの程度進行しており、複雑かつ一様でない形で世界中で展開されている。

3. AIは、機械学習のアルゴリズムや感情認識技術などの技術分野のように、単に「特殊な」現象なのではない。AIは個人の生活にも浸透し、セルフ・アイデンティティの性質や最も広い意味における社会的関係の形も再編している。

4．私たちが日常生活で行う多くのことがらは、AIによって組織化され媒介されている。だが、AIは、日常生活の構造を気づかないようなやり方で変えている。AIは、まるで電気のように〈目に見えない〉のだ。AIは自動的に機能し「舞台裏」で作動する。そうして、空港のドアが自動的に開くのである（あるいは開かないようにしたりもする！）。GPSのナビゲーションによって自宅へ戻ることもできるし、バーチャル・パーソナル・アシスタントに日々の暮らしを手伝ってもらう場合もある。電気と同じように、AIも急速に汎用的なテクノロジーになりつつある――すなわち、あらゆる範囲のさらなる革新的なアプリケーション開発を可能にするテクノロジーである。

5．インダストリー4・0が発展・深化した結果、AIは労働市場と雇用においてデジタルなものによる分断を劇的に進めた。AIによって多くの仕事が失われることは間違いないが、これは「ロボットの台頭」という命題ほどには単純ではない。AIによって強化される仕事もあれば、AIによってつくりだされる――まだ不明な部分もあるが――仕事も多い。これら全てにおいて、デジタルスキル――特にデジタルへの理解を育むこと――は重要となるだろう。

6．確かに、AIは雇用革命の端緒を開く。しかし、おそらく最も重要なグローバルな変容は、〈トークと日常生活〉のレベルにある。AIは、人々がコミュニケーションを取り、相互に会話するあり方に大きな影響を与えている。現在、インターネット・トラフィックの50％以上がマシン・トゥー・

マシンの通信によって発生しているだけでなく、パーソン・トゥー・マシンのトークも著しく増加しており、今後もその傾向は進んでいくだろう。特にチャットボット、ソフトボット、バーチャルなパーソナル・アシスタントは、人々の暮らしや仕事に欠かせないものになる。

7．進展したＡＩは、従来の技術的なオートメーションとは大きく異なっている。今日、私たちは、モバイルで、状況的に認識し、適応し、他のインテリジェントマシンとコミュニケートする新しいテクノロジーの普及を目の当たりにしている。インテリジェントマシンは――自動運転車からドローンまで――、かつてないほど「移動中（on the move）」になっている。それは、世界中で速やかにネットワーク化された接続やコミュニケーションを再編している。

8．技術革新と科学的発見は、社会、経済、政策、文化を超えて、ＡＩの範囲と強度を劇的に高めている。この次の展開は――経口的外科用ロボットから軍用のマイクロ・ドローンまで――非常に高い不確実性を伴う。今日の私たちにとっての重要な問題は、社会がＡＩの文化の不確実性を容認し、それに対して創造的に反応し、絶えず進化するデジタルの変容に対しよりオープンになることができるか否かなのである。

これらの議論の性質と範囲については、おそらくいくつかの言及がなされるべきであろう。本書の中心的な論点は、ＡＩの文化に関する解釈を提供することにある。それは、日常生活に組み込まれており、現代的制度の変容に関わるものである。ＡＩは地政学にその起源を有している。地政学は同時にＡＩに影響を与え、変容をもたらしてきた。ＡＩは、グローバリゼーションとグローバルな政治の現代的な段階である国民国家と常に連動している。地政学の領域では、ＡＩに関する主要な語りは権力――ＡＩに導かれた経済成長における世界的な競争力と、グローバルな競争力を維持するための研究・開発イニシアティブ――についてのものである。金融投資と公共政策イニシアティブに支えられたイノベーションは、デジタル革命の中核に存するものである。グローバルに最も重要なＡＩのハブは、シリコンバレー、ニューヨーク、ボストン、ロンドン、北京、深圳にある。[11] ＡＩへの国家投資に関しては、例えば、イギリスは10年間で13億ドル、フランスは5年間で18億ドルを約束しており、ＥＵは２０３０年までに公共投資総額を２００億ドルとし、中国は２０３０年までに２０９０億ドルを投資するとされている。あまり不思議なことではないが、一部の推定では、生産性に導かれた経済成長に関して、ＡＩは２０３０年までに世界経済に約16兆ドルの貢献をする可能性があると結論づけられている。[12] 本書を通じて、ＡＩにおける変容の動きの方向性を追っていこうと考えているが、ただし、ＡＩの地政学や今日の世界における国家間の差異に関する網羅的な分析については企図するものではない。[13]

序　章

新しい現象といわれるものの多くがそうであるように、ＡＩも実は古えに発明されていた。[1] 文化的な理想として、ＡＩは初めてヘレニズム時代に登場している。――いわばそれは、（あるコメンテーターの言葉を借りれば）「神々を模造する」[2]ことへの衝動という、古代ギリシャに浸透していた考えであった。知的ロボットや思考する機械という発想は、ギリシャ神話の「クレタのタロス（Talos of Crete）」〔ギリシャ神話に出てくる、クレタを守る自動人形、青銅の巨人〕などの伝説に登場しており、また人間型自動装置（humanoid automatons）は魔術的発明家（artificer）の偃師（ヤン・シ Yan Shi）によって作られ、周の穆王（ぼくおう King Mu）〔周の第5代王992-922 BC〕に贈呈されている。[3] 古典時代には、ギリシャの工学者であるアレクサンドリアのヘロンの設計による機械人間や、その他の自動装置が登場したが、イスマイール・アル＝ジャザリー（Ismail al-Jazari）のような博学者にとっては、自動装置によるプログラム可能なオーケストラだけが合法的に科学研究に叶うものであると、彼のプログラム的著書『巧妙な機械装置に関する知識の書（*The Book of Knowledge of Ingenious Mechanical Devices*）』で述べられている。[4] またケヴィン・ラグランドール（Kevin LaGrandeur）の考えによると、人工奴隷の登場はホメロス（Homer）の『イリアド（*Iliad*）』18巻までさかのぼり、さらにアリストテレス（Aristotle's）の『政治学（*Politics*）』では、人工奴隷がその基礎を成すものとして長いページ数が割かれ、強調されているという。[5]

ヨーロッパが近世に差し掛かった頃には、ルネ・デカルト（René Descartes）が生物の身体を複雑な機械に例えるなど、目立たないＡＩの形が到来を告げている。トマス・ホッブズ（Thomas Hobbes）のような政治理論家によれば、認識についての機械的な理論だけが、満足に人間の理性の輪郭をつかむことができるとされた。フランスの哲学者ブレーズ・パスカル（Blaise Pascal）は機械計算機の発明に着手し、この天才数学者は50台ほどの試作機と20台ほどの機械計算機を開発したという。ギャビー・ウッズ（Gaby Woods）は、私たちがロボットに取り憑かれるのは、元をたどれば機械化された暮らしに対する初期近代の憧れに直接起因すると考え、ジャック・ド・ヴォーカンソン（Jacques de Vaucanson）の「消化するアヒル（Digesting Duck）」（すばらしいペテンであった）と彼のフルート演奏機（実際に使用可能であった）がその典型的兆候であると論じている[6]。近代初期の機械化した暮らしについての論争がもたらしたものは、テクノロジーの約束の夢であり、それはより大規模な文化をとおしてテクノロジーを追求する欲求を生み出していった。19世紀には人工物が様々なフィクション作品に、科学と社会の結節点の象徴として登場するようになる。例えば、ヴィクトール・フランケンシュタイン（Victor Frankenstein）が無生物に生命を授けることを試みるメアリー・シェリー（Mary Shelley）の『フランケンシュタイン（*Frankenstein*）』や、カレル・チャペック（Karel Capek）の『ロッサムの万能ロボット（*Rossum's Universal Robots*）』に登場する工場生産されるロボット、サイボーグ、そしてアンドロイドがある。

　私たちが生きる現代では、人工知能はコンピュータ・サイエンス、数学、情報科学、言語学、心理学、神経科学のような学問の領域で主に研究されている。この文脈における「人工（artificial）」という言葉は、機械が人間の知能を再現、シミュレートできることを意味するようになっており、それゆえ筆者は、本書をとおして人工知能と（先進ロボット工学と加速する自動化を含む）デジタル・テクノロジーの親和性を明らかにすることができると考える。人工知能という存在が実際どのようなものであるか、またはどのようなものでないかということについては、それだけで本1冊分の議論となるものである。1950年代中葉に、アメリカのコンピュータ科学者、ジョン・マッカーシー（John McCarthy）は、マービン・ミンスキー（Marvin Minsky）、ハーバート・サイモン（Herbert Simon）、アレン・ニューウェル（Allen Newell）と共に、人工知能の分野を設立し、アメリカのダートマスカレッジ（Dartmouth College）で伝説的な学会を開催した。それ以来、そこでなされた人間の能力が将来ますますロボットによって代替可能になるという主張には、大きな議論が巻き起こっている。そのなかでも主要な論点は次のようなものである。それは、何をもってAIを定義するのか、AIは例えば先進ロボット工学と何が違うのか、便利であるというだけでなく、機械を人工知能たらしめるものは何なのか、人工知能はいかにして有機知能から解放されるのか、ということである。AIとは何なのかについての議論がコンピュータ・サイエンス、情報科学、意味論、言語と精神の哲学、意識の理論、といった学術的な語りのなかで激しく争われ続けるなか、広範に行われているメディアやビジネス界での議論はより便宜主義的なものになってきている。そこでは、AIは大半の場合顧客の注意を惹き、企業が新しいテクノロジーの最先端を走っていると自慢するためのバズワード、あるいはマーケティングの道具として取り上げられている。同時にAIは『ターミネーター（*Terminator*）』や『ウォーリー（*Wall-E*）』などのハリウッドの夢物語のなかでロボットと結びつけられている。イアン・ボゴスト（Ian Bogost）は、現代文化の議論のなかで、「人工知能という用語はもはや意味がない」と書いている[7]。

研究者のなかでは、いかにしてAIやそれに関するテクノロジーを主に定義づける要素とみなすかという合意が欠けたままだが、[8] 公共政策や管理統制《ガバナンス》の分野では、一定の基準について合意がなされている。例えば２０１７年のイギリス政府による「産業戦略白書（Industrial Strategy White Paper）」では、ＡＩを「視覚的知覚や音声認識、言語翻訳など人間の知能を代替する業務を行う能力があるテクノロジー」と定義している。[9] そのような説明は明らかにかなり限定的なものであり、またこういった定義は国家の促進事業を始めるには有用であるかもしれないが、ＡＩの最も重要な推進力（driver）を忘れている。例えば、ＡＩと機械学習の絡み合った相互の接続関係を強調することが、極めて重要である。イギリス政府の白書が捉えきれていないＡＩの鍵となる条件は、新しい情報もしくは刺激から学び、適応する能力である。ＡＩの重要な推進要因には、知的機械が持つ自己学習と、相対的自律性の、ネットワーク化されたコミュニケーション技術の進歩がある。これらの新たな自己学習、適応、自己統御システムは、ＡＩとは何なのかについての議論を再構成するだけでなく、人工知能と有機知能の関係にもインパクトを与えている。

　ＡＩは相互に接続した自己学習が増大するシステムを生み出していくが、そのようなテクノロジーに関する人々の共通の反応や価値観は自動的に芽生えるものではない。ＡＩとそのテクノロジーの間の関係は、ＡＩに対する人々の経験や見解も含めると、複雑なものである。本研究の目的のために、私はＡＩとそれから派生した機械学習を、関連する文脈の意味を感知しデータに賢く反応するコンピュータ・システム全般と定義する。機械は一定の自己学習、自己認識と感覚性が実現されれば、上述のような「ＡＩ」であるということを証明する証拠をもって、「知的 intelligent」であるといわれるようになるかもしれない。知的機械は専門技術だけではなく、進行する再帰性を持って作動する。AIと自己学習の関係は、知的機械が予期せぬ要素に対処することが可能となったときに、高い水準の機能を持つと考えられる。それでも結局のところ、多くの機械学習アルゴリズムはすぐに騙される可能性もあるのだが。本書で筆者は、広い意味においてAIを、環境を知覚し、思考し、学習し、そのデータを感知し、それに対応して反応する（そして、予期せぬことに対処する）ことができる、あらゆるコンピュータ・システムのことだと定義しアプローチをする。[10] AIに関するテクノロジーとは、深層学習（deep learning）、神経ネットワーク（neural network）、パターン学習（マシンビジョンとコグニションを含む）、強化学習、機械による意思決定などの学習方法を採用したロボットと純粋なデジタル・システムの両方を含むものである。

データや刺激に対してコンピュータが行う学習、適応、システムの革新は人工知能システムに共通するエレメントである。人間の脳の構造を大まかにモデルにして形作られ、奥深く重ねられた処理ノードから成る、一種の機械学習としての神経ネットワークの台頭は、AIの普及と有効性において特に重要なものとなっている。深層学習――最近の神経ネットワークから派生したもの（spin-off）である――も同様であり、重層のAIを使って、複雑な問題を解決する能力が、ビジネス、メディア、ファイナンスのセクターや大規模な法人から爆発的な関心を集めている。本書をとおして描き出す主要な科学的ねらいは、一般的な知能を模倣することに焦点を当てることであり、そのほとんどの部分は、計画、学習、自然言語プロセシングだけではなく、理性、認知、感覚という観点から主に理解されてきている。したがって、人工知能の言説にとって、心理的、性的、私的領域が実際どのような意味において理解されているのかについては、まだ必ずしも明確ではない。だが、本書で取り上げる中心的議論の一つは、デジタル・ライフ（ユビキタスコンピューティング、IoT、AI、ロボットにまでわたる）の台頭が、一方で公共的、政治的、グローバルなものの諸関係において、他方で私的、性的、心理的なものの諸関係において、深層の変容を生み出していることである。AIの約束――実現されたものもあれば、夢のままのものもある――は世界の変貌の中心に置かれている。

チューリングテストとその後

今日、ほとんどの人々にとって、AIとはチャットボットや複雑なアルゴリズムのことであり、コンピュータ科学者が議論する定義の問題ではない。実際、日常の会話のなかで現在AIに注目している人たちのなかにはおそらく、AIが人間の知性を模倣することができるのかどうかについて、科学的、哲学的に実りある議論がなされていることに全く気づいていない人たちもいる。コンピュータのパイオニアであるアラン・チューリング（Alan Turing）は1950年代にはすでに、「機械は思考することができるか」といった重要な問題を提起していた。「思考する（thinking）」とは何か、共通に定まった方法や唯一のテストというのがなかったため、このことに対してチューリングは、人間が他の人間に対して、人間であると通用する極めて重要なポイントを抑えた機械を作れるかどうか、といった問題についての思考実験を持ちかけた。チューリングはこの思考実験を審査員が競技に参加する人間と機械間の違いを見抜こうとする「模倣ゲーム（imitation game）」――ビクトリア朝スタイルの競技会の援用――と呼んだ。このゲームでは、審査員がコンピュータ・スクリーンの片側に座り、スクリーンの反対側にいる未知の話者と会話をする。これらの話者は人間ということになっているのであるが、ただ一人だけ機械が混ざっている。この機械は生身の人間だと審査員が考えるよう騙そうとする。この実験がチューリングテストとして知られるようになった。

思考実験としてのＡＩと、現実のＡＩの違いは、ここ数十年以上、考える機械を肯定的に捉えるなかで、時々劇的に演じられてきた。あらゆるテストや実験がそうであるように、チューリングテストをパスしたと主張する様々な例もあったが、同時にテストをパスできなかった例がもっと多くあった。１９６６年には、エリザ・コンピュータプログラム（ELIZA Computer program）――心理療法士の行動を模倣したもの――がチューリングテストにパスしたと最終判定した人々もいたが、この主張は他の人々によって強く批判を受けた(11)。このときから、ＡＩはコンピュータプログラムに導入され、チェスのチャンピオンシップで優勝したり、テレビのクイズ番組「ジェパディ！（*Jeopardy!*）」で挑戦者に勝ったりしている。ＡＩは、AppleのSiriからMicrosoftのCortanaまで、自然言語に転換することができるモバイルデバイスのなかでソフトウェアとして活躍している。トヨタやヒュンダイやTeslaによって開発された、主に運転支援アシスタントのような、知的デジタルアシスタントが劇的に増加を見せている。最近、Google社がDuplexという驚くべきＡＩ搭載の音声テクノロジー――レストランの席や美容院を予約したりするだけではなく、そのような予約をする際に、電話上で相手と比較的簡単な会話をすることができるテクノロジー――を発表した。
データ駆動型ソフトウェアを使った自然言語処理の重大な進歩が見られるにもかかわらず、機械的知性の探究は困難に遭遇している。その理由は、テクノロジーの問題だけではなく、人間（human）であるということが何を意味するのかという深遠な問題――社会科学が解明しようとしてきたこと――に及ぶことにある。アメリカの哲学者ジョン・サール（John Searle）は、この問題に関する重要な議論を提供した。日常生活で文脈を切り変えるときに経験する言語には重大な複雑性があることを前提とすると、コンピュータのシステムが人間のように言語を思考したり言語を理解したりするのは不可能だとサールは主張した。これを証明するために、サールは、自ら呼ぶところの「中国語の部屋論争（Chinese Room Argument）」を展開した。彼はこの議論を次のように始める。

中国語を全く知らない英語のネイティブ話者を、中国語の漢字の書かれてある箱（データベース）でいっぱいの鍵のかかった部屋に、漢字の操作法が書かれたマニュアル（プログラム）と共に、幽閉するとしよう。そこで部屋の外にいる人々が、部屋のなかにいる人に、その人の知らない中国語の漢字で書かれた質問（インプット）を送る。そして、プログラムのマニュアルに従って、部屋のなかの人が質問に正しく答えた中国語の漢字（アウトプット）を渡すことができたとする。こうして、そのプログラムは、部屋のなかにいる人が中国語を理解したとして、チューリングテストにパスさせることができるのである。だがしかし、彼は中国語の単語一つ理解しているわけではない。[12]

コンピュータのコードの機能だけでは、——そして、敷衍させて考えて、あらゆるAIのプログラムは——意識や意志の永続的感覚を成就するには十分ではない。サールは次のように概説している。「もし、部屋のなかにいる男が、中国語を理解する適切なプログラムの実行にもとづいて中国語を理解しないのであれば、どのコンピュータも、人間が持っていないものは何一つ持っていないというただ一つの理由で、コンピュータとして中国語を理解することはない」。

サールは精神に対する機能主義的アプローチに反駁するために、中国語の部屋論争を発展させた。情報処理の一形態としての理解の仕方をするコンピュータ的な精神の諸理論に対抗して、意識や志向性が、外的現実と私たちの遭遇とは無関係に、秩序づけられるわけではないことを証明しようとした。サールの中国語の部屋の議論に対する反論はあまたあり、関連する論文のなかでかなり議論されている——したがって、私がここでそれらの議論を検証することはしない。[13]サールの議論の大まかな結論——つまり、理解するということは、外的な現実を描写することをとおして築き上げられるものではないということ——はおおむね正しいと私は考える。ヴィトゲンシュタイン（Wittgenstein）の哲学が強調するように、言葉の意味を知るということは日常生活のルーティンのなかの不可欠な局面として、その言葉を使うことができるということが含まれているのである。ウェイターと電話で話すGoogle Duplexがチャットでレストランの予約を成立させているのを聞いている人からすれば、機械知性が遂にやって来たと思うかもしれない。そのとおりか、そうではないのかは、本書における私の焦点ではないのだが、関連する問題ではある。このことは、AIが地球上にあまねくもたらそうとしている諸々の変容――談話（talk）〔言語情報のやりとりの総体〕におけるAI革命――と関係している。談話（トーク）は人間相互の会話によって日常的に生み出されている。しかし今日、談話は（そして、どのようにして談話が日常生活で生み出されるかは）AIのおかげで変化している、しかも急速に。AIのレンズをとおして見た談話とは何か。多くの者がSiri、Alexa、Cortana、Ozlo、およびその他のチャットボットの台頭を指摘している。AIに技術的成果としてのみ焦点を当てるのではなく、以下に私は、人々がどのようにこれらのAIシステムを使い、またそれらに反応するのかに焦点を当てようと思う。談話は次第に、AIによって――人と機械の会話のなかで――媒介される私たちの日常の出会いの中心的特徴となっている。そのことは、AIの論争のなかで無視されてきた側面なのであるが。

本書をとおして、私はAIについて、AIとML〔機械学習〕の研究コミュニティのなかで多く用いられている狭い方法論的定義を使うのではなく、広い意味解釈を展開させようと思う。私の焦点は日常の生活と現代の制度に根ざしたAIについてであり、私はこの現象を産業やビジネスの理解と同様に、メディアの報道からも幅広く引用する。機械の「知性」やAIの「自己学習アルゴリズム」の様々な形態を拾い上げ、それらが作り上げる社会的、文化的、経済的、政治的関係の成り行きを考察するためにも、私はこの方向性を発展させようと思う。本書は、私たちの生活の多くの面ですでに浸透しているAI、ロボット工学、機械学習における現行の応用、および私たちの個人生活、職業生活を深く変容させようとしている将来ありうる応用にも幅広く言及する。

かつて、夢であったものが、今日では、ほぼ間違いなく世界に広がるリアリティとなっている。私たちの日常生活を秩序化しつつ、再構築し、変形させるデジタル・テクノロジーに対する要求は、限界があることを知らないように思われる。AIは私たちがしていることの多くに組み込まれており、ますます私たちが何者であるのかを形作るようになっている。デジタル・テクノロジーは私たちの高速な社会が持つ要求を満たすことにおいて、驚異的な成功を収めている。ATMの小切手スキャン機器やGPSのナビゲーションのようなテクノロジーをとおして、AIは私たちの生活の基盤にますます入り込んできている。哲学的夢や実験科学として始まったことが、いまやありふれたものとなり、日常とさえなっている。今日のテクノロジー革命――デジタル化3・0、クラウドコンピューティング、3Dプリンティングからチャットボット、遠隔ロボット、ドローンに至るまで――は、未来の変容に向けてギアを入れるものである。テクノロジーのエキスパートやメディアによって日常的に語られているデジタル革命は、今後数十年に及び、私たちの生き方や仕事のあり方を変えるだろう。変容した未来はどこにでもあり、デジタル・テクノロジーは、未来における私たちの行為のあり方、見方、感じ方、考え方、話し方をどのように変容させていくのか、このことについてスペシャリストが考え予測をする産業が、現在大きく成長している。(14) このような、人工知能によって解き放たれ、可能性のある世界に向けて方向づけられた未来志向は、再度いうが、新しいものとはいえない。アイザック・アシモフ（Isaac Asimov）の『アイ、ロボット（*I, Robot*）』からアーサー・C・クラーク（Arthur C. Clarke）の『2001年宇宙の旅

（*2001: A Space Odyssey*）』まで、未来像は人工知能やロボット工学の世界と強く重なっている。しかし、未来は新しいテクノロジーによって変形しながら、確実にやって来ている。テクノロジーの未来は――一方で社会経済的な利害と激しく抗争し、またそれを浸透させながら――現代社会の今この場所をかつてないほど作り変えている。

ＡＩは単に「外在している（external）」、あるいはただ「向こう側にある（out there）」テクノロジーではない。ＡＩは私たちの生活の核心に入り込み、社会的関係や個人のアイデンティティに深く影響を与えている。人々が新しいテクノロジーと相互作用を持つその複雑なあり方は、まさにテクノロジー自身の将来の発展のあり方自体を根本的に変える。進化したＡＩとそれに関連する新しいデジタル・テクノロジーの中核にある顕著な性格の一つは人間と機械の境界の――かなりな程度の――融解であり、それは結果として、多様性を持ったロボット工学の生態系のなかで、人間とＡＩとが相互作用を持つ機会をさらに増大させることを意味する。今日のヒューマン・マシン・インターフェースの普及は、私たちの仕事の仕方、生活の仕方、社会化のあり方、他者との相互作用のあり方等、個人生活や職業生活におけるその他の多くの側面に深く影響を与えている。例えば、キーボードやマウスを使って、インテリジェントなシステムと相互作用をすることは、将来ほとんどなくなるだろうということが、ますます明白になりつつある――自然言語はすでに、パーソナル・アシスタント・デバイスにおけるゲームチェンジャーの役割を果たすテクノロジーとして、まだ初期段階ではあるものの、大きく報じられている。最近の市場では、AmazonのAlexaやGoogleのHomeのような、従来のインターフェースを全て取り払った消費者向けデバイスが、数多く見られるようになってきている。その他新奇なインターフェースのなかには、拡張現実や仮想現実、インタラクティブ・ホログラム、民生用の脳波計（EEG）、RFID〔RFタグデータ読み込み〕埋め込み、コンピュータの感情分析とその予測、ウェアラブル端末がある[15]。これからのインターフェースには、まだ広い商用利用には遠いが、研究室のレベルで実現しているものもある。そのなかには、感覚没入型のデバイス、埋め込み型脳波計（EEG）や心電計（ECG）、また多機能の埋め込み装置（サイボーグの始まり）、さらに人間の増強とそれを包み込む外骨格がある。

自動運転車から宇宙ロボットまで——破壊的テクノロジーとデジタル宇宙

次の三つの例——最近のメディアの報道から、いくぶんランダムに選んだものだが——におけるテクノロジーのイノベーション、および社会、経済、文化、政治的生活に変容をもたらす科学的ブレークスルーについて考えてみる。まず、自動運転車（self-driving cars）についてである。モビリティシステムの自動化が急速に進み、かつ交通行動のモデル化のためのビッグデータが整備されたために、まもなく無人運転の乗物（driverless vehicles）が道路交通の未来を作り上げるだろうという主張が台頭してきている。おそらく、無人運転車（driverless cars）の出現ほど、テクノロジーや科学における文化的期待と密接に結びついている将来予測はないだろう。多くの専門家が、自動運転の乗物（autonomous vehicles）がフルに採用されることは2030年代までは起こらないだろうと予想し[16]、実際そのとおりになっているにもかかわらず、AIの時代はすでにすぐそこ――自動運転車やロボットトラックに至るまで――すなわち、世界の道路からハイウェイにまで、その姿を現している。GoogleからUberまでのテクノロジーの巨人が、Tesla、GM、ボルボ、ダイムラー、フォード、ジャガー、アウディ、BMWのような自動車関連の企業と肩を並べて自動運転の乗物の開発をしている。自動運転の乗物の多くは小型のコンパクトカーであるが、他の自動運転テクノロジーのイノベーションには公共のシャトルバスだけでなく自動運転トラックも含まれている。オランダの公道では、2016年初頭には、WePodと呼ばれる自動運転の電気バスが試験運転に成功している。これに続き2016年7月、Easymile EZ-10という名の、乗客12人乗りの電気ミニバスが、ラッシュアワーのフィンランド、ヘルシンキの街で通勤客を乗せて走った。未来の交通機関として、他に多くの自動運転の乗物が試されており、そのなかには、アメリカのカリフォルニア州、フロリダ州、ネバダ州、ミシガン州の公道で2012年から自動運転車や、同様にロッテルダムの港や、イギリスの高速道路M6では、無人運転ロ－リ－〔車体の長いトラック〕が走っている。[17]

このような例からも、未来の自動運転の乗物製作には、〔高度なセンサーからコンピュータ・ビジョンシステムまでの〕強力なテクノロジーだけではなく、モビリティの制御管理も必要となる。未来づくりと未来の交通は、このようにカメラ・テクノロジー、GPS、加速度計、ジャイロスコープにおける革新をとおして、交錯しつつ、交通機関の開発計画や無人運転テクノロジーの商業化と結びついている。[18]『New Scientist』誌で報道されているように、イギリスにおける公共交通の発展にとって無人運転車の発売開始はこのことをよく表している。

ロンドンは無人運転の乗物を導入する世界で最初の都市の一つとなる（だろう）。数や正確なルートはまだ決まっていないが、今から2、3ヵ月先には、自動運転の小型車（pod）に乗り込んで、公道に沿った目的地に連れていってもらえるようになる。これは交通革命の始まりであり、車はゆっくりと、都市のエリアの狭い試験用地域から走り出そうとしている。イギリスでは、グリニッジ、ミルトン・キーンズ、コベントリー、ブリストルから口火が切られる。同様のプロジェクトがシンガポール、テキサス州オースティン、カリフォルニア州マウンテンビュー、ミシガン州アナーバーなど、世界中の他の都市でも始められようとしている。(19)

2017年にヒースロー空港からの自動運転小型車の運行が開始され、これに関連してロンドンの南東部を跨いだ運行も開始された。(20) この自律走行で乗客を運ぶ乗物は、利用者に車内で映画を見ることから、仕事をすることまで、様々な個人的および文化的利便性があるということが強調されていた。エンジニアはすぐに、自動運転の乗物の改良を施された安全性について強調し、(21) 政策立案者は移動困難者が街中を移動できることの社会的利便性を大きく掲げている。(22) しかしながら、極めて最近のことであるが、自動運転の乗物を称揚する議論は大打撃を受けた。Uberによって運行されていた自動運転車が——ハンドルの手前には緊急時バックアップ・ドライバーがいたのであるが——アメリカで女性をはねて死亡させたのである。(23) このことは、AIから派生する新しいリスクの想定内にありながらも、衝撃的な事故の記憶となったのだが、このようなリスクは、現代における私たちの経験のなかでは、いまや避けられないものであるというコメンテーターもいる。

二つ目に３Ｄプリンタへと話を移そう。３Ｄプリンティングの科学的足跡とその社会的定着は強力なテクノロジーのイノベーションと商業的な投資において際立っており、これには高速試作（rapid prototyping）に向けた急増する需要があった。３Ｄプリンティングは、製品を何層もの層を重ねて作り上げていくものであるが、「付け加えていく（addicive）」製造過程への道を開いた。このことは、金属や木材やその他の素材を切断、溶接、穴を開けたりする例にあるような「削り取っていく（subtractive）」従来の工業製造と鋭い対比をなしている。世界中のメディアは、３Ｄプリンティングが、オフィス、家庭、店、作業場などに普及する可能性を有する「デスクトップ製造」の一形態であるとこぞって注目しており、概して地域のデザインや製品製造における新たなイノベーションに関心を向けている。しかし、３Ｄプリンタがリスクと対置してなお有望であるとする評価のなかには、３Ｄプリンティングが大量に採用されると、世界経済における新たな挑戦を創造する一方で、工業製品製造や脱工業製品製造の既存システムに混乱をもたらすことを一定程度考慮に入れた論争も幅広く起こっている[24]。自動運転の車の場合と似たように、未来の約束は前進し実現しており、このような論争は、製品がすでに３Ｄで作り出されている現在のグローバルな製造と世界貿易のトレンドと共にある程度弱められている。トーマス・バーチネル（Thomas Birtchnell）とジョン・アーリ（John Urry）が指摘しているように、３Ｄプリンティングはすでに、小売りやサービス製品だけでなく、自動車、航空宇宙関係の製造業、高級なアクセサリー製品、医療や健康産業への応用（義肢のプリント製造から臓器移植まで）等、数多くの産業のプロセスにおいて使用されている。[25]

デスクトップ製造テクノロジーの進化を背景にして、3Dプリンティングと伝統的な建築の未来志向の統合は早々と、2010年代の中国で家屋の3Dプリンティングの、メディアに乗せた流行の波を創り上げていた。このことはSFの話かと思いきや、中国ではソフトウェアのパッケージと3Dプリンタによる家の設計と製造とが、急速に、かつドラマチックに展開されたのである。あるメディアはこの発展を次のようにまとめ、報道している。

中国のある省都において、3Dプリンタを使った家がわずか1棟3時間で建てられた〔http://www.mongcz.com/archives/19888参照〕。今月初めに西安の現場で、中国のデベロッパー卓達集団Zhouda groupが、3Dプリンタを使って作成したダイニングルーム、キッチン、バスルーム、寝室等、個々のモジュールを組み立て、家を建築した。[26]

建設の速さ以外に、これらの3Dハウスは驚くほど安価で建てられ、環境に優しい材料が使われている。ごく最近では、このタイプのイノベーションが中国でますます進み、毎日10棟の家をプリンティングしているという会社まである。このようなテクノロジーは、不動産に全く新しい世界をもたらす先駆けとなることが強調されており、そこで消費者は、望みどおり、いつでも、アップデートを行い、新たな増築プリントをすることができるのである。

三つ目は、近年ずっといわれている「問題含みのテクノロジー（disruptive technology）」の驚くべき展開の一つ、宇宙開発である。アイコン的SF映画『２００１年宇宙の旅（*2001: A Space Odyssey*）』で感覚を持つＡＩコンピュータＨＡＬ９０００が描かれたのは50年以上前の話である。このＡＩコンピュータは宇宙船ディスカバリー号の乗組員の多くを殺害しており、この映画は新しいテクノロジーやＡＩとロボット工学が呼び起こす恐れを描いたものとして今日でも高い評価を得ている。しかしながら、このような懸念はロボット工学や高度な人工知能を宇宙船の探検に導入する多くの機関の展望を曇らせるものではなかった。２０１2年からはＮＡＳＡのロボノート（Robonaut）や東京大学のキロボ（Kirobo）のような精巧なヒューマノイドが国際宇宙ステーション（ＩＳＳ）に搭乗している宇宙飛行士の支援をするために送られた。もっと最近の話として、エアバスとＩＢＭがＣＩＭＯＮ（Crew Interactive MObile CompanioN）というWatsonのＡＩテクノロジーを使った浮遊型ロボットを開発した。研究者たちに宇宙で最初の「浮遊型頭脳」といわれているＣＩＭＯＮは、顔認証や音声認証のテクノロジーの高度なＡＩニューラルネットワークを誇示しつつＩＳＳに搭乗している「本物の同僚」として、ルーティンの業務を遂行し、宇宙飛行士を支援することができる。また、6フィート2インチ、２７5ポンドのヒューマノイド宇宙ロボット、ヴァルキリー（Valkyrie）も取り上げよう。ヴァルキリーは、将来の火星への宇宙ミッションのためにＮＡＳＡのジョンソン宇宙センターで開発され、人間の宇宙飛行士が到着する前にベースキャンプと生命支援システムを一足先に確立するために送られることになっている。[27] この目的のために、ヴァルキリーには最も洗練されたセンシング、コンピューティング、モビリティのテクノロジー――2

台のIntel core i7搭載コンピュータ、レーザー、ハザードカメラ、アクチュエータ、頭部のマルチセンスカメラ等――が備え付けられている。

これらの、デジタル化の変容と高度なAIといったことがらは、私たちの世界に何を語りかけているのだろうか。テクノロジーの急速な発達が予測不能なやり方で社会関係と交差することに伴って、AI、ロボット工学、高度な自動化がもたらすチャンス、そしてまた同様に、そのようなイノベーションによって呼び覚まされる不安はどうなるのだろうか。私たちの生活の仕方や働き方を秩序づけさらに秩序を再構築する現代と未来のテクノロジーに対して、社会がどのように反応しあるいは立ち向かうのかによって、自動運転の乗物から3Dプリンティングあるいは高度な宇宙ロボットに至るまで、その多くがまさに変わってしまうのである。他のAIの試みでも同様であるように、私たちの集合的想像力と望まれる未来の条件となるのは、社会がどのようにテクノロジーを受容するのかであって、単純にテクノロジーそのものではない[28]。言い換えれば、AIのイノベーションの成果は前もって知ることができない。いえることは、AIの夢が世界に広がる一つの現実となっただけではなく、現に今の私たちの文化にテクノロジーの約束を注入しているということである。デジタル・ライフのソフトウェアの世界において、AIは知識に情報の層を重ねて（いまやその層はバーチャルの侵入にも開かれ）、道具・技術的な巧妙さをさらに高めている。私が議論する根本的な変容とは、新たな原初的インフラにおけるものであり、それは人と機械との間で働く非接触型の接触（コミュニケーション的なもの、デジタルなもの、バーチャルなもの）を触発し、私たちの生活に劇的にインパクトを与え始めているような機械対機械との接続と会話を可能にする。ナイジェル・スリフト（Nigel Thrift）は、2014年にはもう、生身の人間の行為主体のフリをしたコンピュータ機械上のソーシャルボットの台頭を強調しつつ、「インターネット・トラフィックの半分は非人間のソースで成り立っている」と指摘している。[29] エコノミストのブライアン・アーサー（Brian Arthur）はこのことを、インテリジェントで自動化された機械による、新たな「第二の経済」と呼んでいる。[30] アーサーがソフトウェアに駆動された自動化のストーリーを語っているように、最も進化したテクノロジーは「膨大な経済を動かしている。建築家のビル設計を助け、売り上げや在庫品を追跡し、縦横に商品を動かし、取引や銀行の業務を遂行し、製造装置を操作し、設計計画の算出を行い、クライアントに代金を請求し、航空機を操縦し、患者の疾病の診断を助け、腹腔鏡手術をガイドしている」。このことは疑いの余地なく正しいのだが、アーサーが記述した事例は、デジタル・テクノロジーとAIの発展のなかにおける、社会、文化、政治的分水嶺となるような変化をほのめかしたに過ぎない。これらの変化は、経済的なものであるばかりではなく、人間の条件や社会関係に根本的なインパクトを与えるのである。デジタル・テクノロジーとAIは、ビッグデータ、自己言及的な計算、感情を伴う環境、位置情報タグ、複雑なアルゴリズム、センサー、ロボット等を電光石火の如く配置する際に起こる権力の不均衡と共に、アイデンティティや人格、社会関係、家族や友人関係の形成、ジェンダーやセクシュアリティの新たなモデルを生成するのだ。

本書の議論

ロボット工学とＡＩの社会的インパクト、すなわち、その現在の発展と将来の制度的形態は、21世紀の社会科学の基本的課題として姿を現してきている。社会科学と、職場や社会におけるテクノロジーの自動化の出現との関連は長い間、広く認識されてきた。実際、19世紀および20世紀には、社会科学はこれらの関連性を認知地図上に示すこと、とりわけテクノロジーの自動化と産業化の（そして、結果的にはポスト産業化の）入り組んだつながりの解明に専心してきた。しかし、現在において、新しいデジタル・テクノロジーが、以前には予期しなかった形で物理的、生物的、デジタル的世界を融合しているだけではなく、ロボット工学とＡＩが次第にネットワーク化され、モバイル化され、グローバル化されつつあることが分かる。すなわち、私たちは、――特にバイオテクノロジーとナノテクノロジーの発展との収斂があると確認したときに――、以前には認識できなかったようなテクノロジーの変容を目撃しているのである。新しく起こっていることは、デジタルなイノベーションのスピード、広がり、および深さだけではなく、他者、および日常の対象と私たちとの相互作用におけるつながりのあり方なのである。この視点から見ると、ＩｏＴ（モノのインターネット：Internet of Things）は――人々、プロセス、データ、モノをつなげて――「移動中（on the move）」の他のデバイスからデータを関知しつつ、相互作用し、分析する能力を持つ装着型デバイスで構成される技術の風景を作り出している。この変容の帰結は、驚くべきものであり、社会科学の基本的な前提条件の再構築に不可欠な、モダニティの本質に再考を迫るものである。

現代人の生活は、（時間と空間双方を根本的に変容させる）テクノロジーのダイナミズムといった点だけでなく、物理的、コミュニケーション的、デジタル的、バーチャル的領域が交錯しているという点においても、以前の社会組織の形態とは異なる。例えば、地球上に広がるサイバー領域のことを考えてみるとよい。今日、30億人以上の人々がオンラインで結ばれており、それは世界の人口のおおよそ半分に上る。[31] 2016年には、G20におけるインターネットにもとづく経済は、4・2兆米ドルに達している。[32] もし、インターネット経済が国民経済だとしたら、アメリカ、中国、日本、インドに次ぐ規模である。G20全体では、このハイテク経済はすでに国内総生産4％を超える寄与率となっている。しかしながら、最も驚くべきは、地球上のサイバー領域の成長予想である。2030年までには、相互接続した1250億のデバイスが世界中で稼働していると推計されている。

これらの変容が私たちの職業生活、および個人生活にいかに大きな影響を与えているにしても、このことは、地球を席巻するテクノロジー上の津波《ツナミ》という点においては氷山の一角に過ぎない。人々が今までなかったほどインターネットにつながっている一方で、同様に機械もインターネットとつながっている――それも、目の飛び出るほど膨大な数で。ハイテクの電気自動車、テレビ、コンピュータ、冷蔵庫、いや他にももっと――日常使っている家電やデバイスは、他の機械と自動的にコミュニケートする能力を持っている。家庭用に作られたスマートデバイスが主に数多くのメディアの注目を集めている。とはいえ、接続デバイスという点で巨大な成長を遂げるだろうと思われるのは、産業用や公共用のサービスセクターであり、これらは、小売り、サービス、スマートビルディング、スマートグリッド（次世代送電網）の活用にまで広がっている。現代人の生活は次第に、ソーシャル、およびデジタルの相互的なネットワークの融合で構成されるようになってきており、デバイスとソフトウェアのシステム（インターネットを介して使用できる）がデータを作成し、受信し、分析している。2020年までには、全世界で500億台の機械がインターネットで接続されるだろうという政府の予測もある。[33] また、2000億という数を超えるデバイスが接続されるというコメンテーターもいる。明らかに、現実に起きている革命はIoT（モノのインターネット：Internet of Things）の爆発であり、それは急速にIoE（あらゆるモノのインターネット：Internet of Everything）として出現するであろう。

本書は、デジタル・テクノロジー、ロボット工学、AIについての数多くある技術的研究書に何か付け加えようと意図したものではない。私の目的はこれらの社会技術的変容の輪郭をたどることであり、私たちが今日住んでいる世界の成り行きをいくつか探求することである。おおむね、私はデジタル・テクノロジーの研究を、より社会理論に基礎づけられた独自の文脈のなかに置こうと思う。これは、分析的スタイルに合わせて書かれた理論であり、また社会学の研究なのである。デジタル・テクノロジーやロボット工学やAIを社会理論のなかに挿入することを目指しつつ、特に近年それらの話題が、経済学や、政治学や社会政策学の話題を扱う社会科学の本流において、回避されたり、他に置き換えられたりしていることに対して、私は挑戦しようと思う。というのも、これらの学問体系からの研究の多くが、ある種のデジタル・テクノロジーにおける変容に伴う――社会関係、アイデンティティと個人的生活、モビリティ、暴力についての――理論的発展をとことん無視してきたからである。したがって、本書において私は、デジタル・テクノロジーの中核、特にロボット工学とＡＩにおける構造的特徴――それは社会、文化、政治における他の多くの変容と複雑な形で絡み合っている――とは何か、明確に示そうと思う。

第1章においては、デジタル革命の幅広い特性および、それがビッグデータ、スーパーコンピュータ、ロボット工学、人工知能をとおして日常生活に浸透していることを大まかに描き出す。そこから、本書全体で語ろうとするテーマを発展させつつ、デジタル・テクノロジーのネットワークが次第に拡大していることを強調し、ロボット工学とＡＩが、いかに社会関係や社会組織に浸透する特徴となり、またその範囲がいかにグローバルになりつつあるのかを示そうと思う。またそれらが、自己と社会の相互作用の形の変容に関わる、デジタル革命の中核を構造化する特徴をいくつか明らかにしようと思う。さらに、ここで私は、本書の主な焦点を形作る概念を読者に紹介する。それは、デジタル・テクノロジーの台頭、社会的相互作用のデジタルな変容、自己形成のプロセスの再発明、公的生活と私的生活の境界の再形成である。

第1章で検討した理論的枠組みをなぞりつつ、第2章では職場における技術的自動化に焦点を当てた分析にシフトしていく。そこで私は、技術的自動化とデジタル・テクノロジーの台頭と結びついた仕事、雇用、失業に影響を与える、主な変化についての説明を展開する。私はまた、資本主義の拡張と技術的自動化の進展と深く絡み合ったモダニティのグローバル化の傾向を検討する。その際私は、資本主義の進展とその継続的な変化や拡張および資本主義自体の変容に寄与する技術的自動化についてのカール・マルクスの古典的な理論に焦点を当てる。機械による人間労働の代替についてのマルクスによる資本主義の理論から、技術革新が雇用と失業にもたらす帰結はもとより、自動化テクノロジーによって、いかに今日の世界が再構成されるかといった現代的議論へとこの章は移行する。ロボット工学と人工知能によって生み出された新たな自動化テクノロジーが、このことに関連して大きな存在として現れる。ここではまた、とりわけエリック・ブリニョルフソン（Erik Brynjolfsson）、アンドリュー・マカフィー（Andrew McAfee）、マーチン・フォード（Martin Ford）、ジェレミー・リフキン（Jeremy Rifkin）、マーチン・フォードとニコラス・カー（Nicholas Carr）による近年の研究を批判的にレヴューする。[34] 高度なAIと集中的なデジタル化という条件のなかで、経済や社会に参加するためのデジタルリテラシーの重要性が次第に一般化しつつある。

デジタル・テクノロジーの発達、とりわけロボット工学とAIの台頭は、（私が強調してきたように）あたかもテクノロジーが制度、組織、ネットワーク上の既存の資産と因果関係があり、それが直線的に作動するものであるかのような、「外側（out there）」にある現象ではない。反対に、テクノロジーは、社会関係をとおして、活動することや生活をすることといった日常の様式と常に絡まっているのである。テクノロジーが制度を変貌させるなら、それらはまた、個人的アイデンティティに深く到達する。デジタルは私たちの周りにも私たちのなかにも存在する。みながDIY的アイデンティティ構築や再構築を行うのが大流行している時代にこのことは、デジタル・テクノロジー、ロボット工学、AIが生産と自己のパフォーマンスの原材料となっていることを示している。第3章は、デジタル・テクノロジーの発達がどのように個人の自己実現と日常生活に入り込んでいるかを探る。ここで私は、シェリー・タークル（Sherry Turkle）の仕事、特に、新しいテクノロジーが孤独の強化を生むという彼女の論文を、オルタナティブな観点を発展させるための引き立て役として焦点を当てる。タークルに歩調を合わせ、私は、新しいテクノロジーが、自己にとって新たな機会と新たな負担を創り出すことを議論する。iPhoneからスマートウォッチFitbitに至るまで、そしてまた、AIを活用した予測分析からスマート個人アシスタントに至るまで、自己の生成はますますデジタル・テクノロジーと絡み合ってきている。デジタル・テクノロジーとAIのイノベーションは、私が詳細に議論してきたように、自己形成と自己経験が実際に意味するものの形を変えつつある。

本書の中心的議論は、仕事、雇用、失業に対してだけではなく、最も広い意味における社会関係に対して与える、ロボット工学の革命とAIのインパクトである。私たちは、デジタル・テクノロジーが人々の関係を本質的に変えることはないといった一般的観念に疑いを持つときに初めて、ロボット工学とAIの社会的インパクトについて十全に捉えることができるようになる。このことから本書で私は、デジタル・テクノロジー、ロボット工学、AIの使用が、新たな形式の社会的相互作用、新たな種類の社会関係、新たな経験と個性発揮のあり方を必然的に伴うことを示そうと思う。高度な自動化、ロボット工学、AIといった条件のなかで、デジタルの介在する物質が社会関係や自己の個人的親密性に与える影響力はより顕著になりつつある。この点では、ソーシャルメディア、クラウドコンピューティング、デジタル・コミュニケーションがより広範に中心的役割を果たしている。しかし、それだけではない。スマートな製品やサービスやデバイス、3Dプリンティング、インテリジェント・エコシステム、バーチャルリアリティ、拡張現実、スーパーコンピュータのアルゴリズムも同様である。現代社会におけるこの情報のオーバーレイ（overlay）は、社会的組織を伝統的に特徴づけてきた対面的相互作用から、社会生活を根本から新たに方向づけし直し、デジタルに媒介された新しい形態の相互作用を生み出し、時間と空間の基本的座標を変容させる。デジタル・テクノロジー、とりわけAIの発達に伴い、グローバルな電子的エコノミーまで含めて、自己組織性と社会的相互作用の新たな絡み合いは、ますます一般的なものとなってきている。

第4章では、私はデジタル・テクノロジーとますます結合している社会的相互作用、およびそれと結びつき社会関係と社会そのもののなかでより一般的に展開しつつある複合的なテクノロジーの変容の特徴を探る。SMSの使用からソーシャルメディアまで、インターネットアプリからチャットボットまで、今日の諸個人は、タッチスクリーン、バーチャル景観、ロケーションタグ、拡張現実における情報のオーバーレイをとおして、日常生活や社会的相互作用をますますナビゲートしている。このようなナビゲーションは、諸個人を物理的な対面的共在性から日常的に引き離し、オンラインの相互作用に媒介されるデジタル領域へと引きずり込む。だがしかし、私が示したいのは、私たちのオンラインの世界とオフラインの世界を分けて考えることは間違いであるということである。私たちが理解しなければならないことはそうではない。コミュニケーションの相互作用は、デジタルなプラットフォーム上で流れていながら一方で、既存の社会的舞台（セッティング）に――人々がビジネスの会合で、電車のなかで、あるいはいつもの友だち関係維持のために、テキストメッセージやら、e-mailやらに忙しいことから分かるように――直接影響を与え、それを再構築しているのである。テクノロジーと社会的相互作用におけるこのような変容を分かりやすく捉えるために、この章で私は、アーヴィング・ゴフマン（Erving Goffman）の社会学的洞察を使う。ゴフマンの有名な概念である「行為のフレームワーク」を使い、デジタル・テクノロジー、ロボティクス、ＡＩが社会的な出会いやフレーミングや共在にどのようなインパクトを与えるのか分析する。デジタル・テクノロジーによって生まれた相互作用のフレームワークは空間と時間に大きな変容をもたらし、伝統的な社会的慣習《モーレス》や身体の物理的な運動の制約からますます諸個人を解放する。このことは、デジタルな社会的相互作用に新たな可能性をもたらすのであるが、ここには女性および男性の職業生活と個人的生活に影響を及ぼす重大な負担も存在する。

ロボット工学とＡＩは、テクノロジーの自動化の以前の形態とは極めて異なっている。ある程度これは、最近のテクノロジーが自己学習、自主行動、深層学習（deep learning）の能力を備えたロボットの先駆けを作ったからである。つまり、ロボット工学は命令駆動型コンピューティングではなく、データ駆動型コンピューティングという特徴を持っているということである。機械的知能におけるこのような飛躍的進歩は、データ量と複雑なアルゴリズムの発展による処理能力の急激な増加をとおして生じてきた。そしてこのことは、自己組織化、感覚形成、洞察《インサイト》抽出、問題解決を行う新たな能力の創出へとつながっている。クラウドコンピューティング、マシン・トゥー・マシン・コミュニケーション、ＩｏＴ

（モノのインターネット）の開発は、これまでのテクノロジーに比べ、信じられない速さで、同時発展的に進んでいる。このことはまた、企業や団体のモビリティだけではなく、私たちの生活そのものが、どれだけよりモバイルなものとなるのだろうかという点で、膨大なモビリティの帰結を伴っているのである。

融合しつつあるこれらのデジタル・テクノロジーは、ある意味において、モバイル化され「移動中(on the move)」である、経済、社会、文化生活における数多くの側面を変容させる。従来の自動化された機械が、場所に固定され特定の反復的作業のためにプログラムされたものだったのに対し、新しいテクノロジーは移動可能で、状況判断能力があり、自らの環境に対して適応し、コミュニケーションすることができる。徹底したデジタル化の世界では、機械が生み出したデータの台頭が特に重大であり、自然言語に変換されたデータと分析した情報を駆使しつつ、コミュニケーション全体が、ますます自動化された機械によって書きこまれるようになる。旅や乗物やツーリズム全体が、デジタル・テクノロジーのモバイル化において、より一般的に基盤的な役割を果たす。第5章で私は、機械ベースのテクノロジーが、いかにますます「移動中(on the move)」なものになり、コミュニケーション、接続、ネットワークを世界中で素早く作ったり、作り直したりしているかに関心を向ける。Uberから自動運転車に至るまで、物流における共働ロボット工学から輸送用ロボットに至るまで、「モビリティ・ロボット工学」と呼ぶべきものの出現は、多くの産業や政治の議題の中央舞台へと躍り出てきている。

最終章では、社会の未来といった観点から将来を見通し、AIやロボット工学や機械学習の利点に焦点を当てる。ここで私は、新たなデジタル・テクノロジーが、親密性、ジェンダー、自己実現の形をどのように変えるのか、また医療を再設計するためのフレームワークとしてのヘルスケアとＡＩ、さらにまた、デジタル革命の覚醒による民主主義政治の変容について、主要な規定要因のいくつかの輪郭を描く。進化した人工知能の光明のなかにおける社会の未来を考えることは、新たな思考を要求する。そしてそれは、ＡＩのグローバル化する傾向が日々の社会生活や各々の個人的な生活の構造にどのような変化を与えるのかということに、私たちが向きあわなければならないことを突きつけているのである。

第1章

デジタルな世界

近頃、無人航空機（UAV）の発展について、ガーディアン紙の有名記者ゾーイ・フラッド（Zoe Flood）は「殺人マシンとも、熱狂的な週末の趣味の対象ともなりうる。ドローンはその点で、常に歓迎されているとは限らない」と総括した。[1] とりわけ小売業やサービス業に展開している無人航空機へますます多くの人が虜になっていることからして、批判的な評論家ならドローンとはそんなものではないというだろう。[2] 矛盾と両義性をはらんでいるどんなものに対しても、このような見方がうかがえる。ドローンの軍事利用に反対しているはずの人が、Amazonで本を買おうと思ったりするわけだが、そのAmazonが将来的に無人航空機による配送を計画しているのである。ドローンは悪用されるばかりとは限らず、サービス提供者の身元を割り出したり、監視活動の遠隔操作を実現したり、あるいは、戦争で破壊兵器となったりすることで、対象とされる人物の脱人間化を促進する。ドローンが商業機の周辺を飛び回ることへの社会的不安もますます世界中の空港で高まりつつあり、2017年には、カナダでとあるチャーター機がケベックシティのジャン・ルサージ国際空港に着陸しようとした際、（重大にはならなかったが）ドローンと接触する事故まで起きた。[3]

ドローンの社会的影響は、広範囲で組織的な文脈に沿って理解されるべきである。例えば、多くの医療サービスや人命救助のために決定的に重要な医薬品を配送する際、無人航空機は物理的障害を全く消し去ってしまうという可能性を潜在的に有しているし、そのスケールもこれまでに実現しえなかったものになる。[4] このことは、重大な影響をグローバルに及ぼす社会的なテクノロジーの発展であり、開発途上国をも根本的に変容させつつある。次の事例について検証してみよう。雨季には町や村の間を移動することに危険を伴うルワンダでは、医療サービスを全国に提供するため今では、輸血用の血液や、ワクチンやその他の緊急物資の搬送にドローンが用いられている。[5] ルワンダ政府は、内陸国である国中の保健機関へ医療必需品を届けるため、カリフォルニアに拠点を置くロボット企業のジップライン社（Zipline）と固定翼ドローンの契約を交わした。ルワンダ政府は2016年には、イギリスの有名建築家ノーマン・フォスター（Norman Foster）の設計による、世界初となるドローン専用ポートの設置を公表した。[6] 様々な新規参入のロボット企業が、ルワンダにおける全国的なドローン専用ポート網を運用し事業を展開する様子が目に浮かぶ。さらに重要なのが、ドローン専用ポートの建設がルワンダで終わりではないということである。他の国々でもドローンの商業利用、あるいはその他の目的での利用がますます増えている。南アフリカ、ペルー、ガイアナ、パプアニューギニア、そしてドミニカ共和国でも、医薬品の輸送やその他の人道的な緊急支援のために無人航空機が用いられている。コンゴ民主共和国では、国連が平常時の平和維持活動にドローンを運用してきた。豊かな北半球諸国でも、商品の配送から医薬品の供給、そして建造物の構造解析からインフラの検査に至るまで、ドローンはそういった可能性を持つビジネスにおいて瞬く間にその中心を占めることとなるだろうと、無人航空機を支持する人たちは論じている。

しかしこれらとは別に、多くのリスクが生じている。軍事用ドローンの機械学習アルゴリズムの発達は、新たなテクノロジーが暴力的な事態や戦争での悪事にいかに加担しているかをはっきりと示すものの一つだ。例えばアメリカは、パキスタンやアフガニスタンの戦闘員を攻撃するために無人ドローンを投入してきたが、ある報告書によれば、アメリカのそれと同じようなドローンによる軍事計画が、あまたの無辜の人々を誤って標的とし、何千人もの罪なき人々を殺害してきたという(7)。そして、フランスとイギリスの軍需企業が、イギリス空軍のため開発した、AIによって標的を選別し行動する自律機能を有した新型ドローンの事例がある。ケルト神話における雷神の名を冠した、タラニス型ドローンである。2030年までには自律型ドローンを配備するとした無人戦闘システムの開発における投資額は20億ドル以上に達すると見られている。軍事用ドローンのような自律型戦闘システムの運用について現在の国際法では、人間の操作によって標的に発砲することが定められている(8)。しかし、軍事的暴力あるいは戦争行為が全て機械によって遂行される可能性もあり、タラニス型のような軍事用ドローンの製造は、自律型軍事兵器ドローンが将来的に導入されうることを示唆している。完全な自律型兵器システムの可能性は、グローバルな政治や軍事防衛そして人道的問題に対する影響をもたらし、極めて大きな議論となっている。

こうした状況で、様々な社会経済的利益から、AIベースのドローンは異議申し立てや話題の対象となり、その多くが軍事用ドローンに関するものであることは明らかである。自律型戦闘システムが人類の未来への脅威となるとする深刻な懸念がある。とはいえ、現時点では社会におけるAIの到来は諸刃の剣なのだと理解しておかなければならない。自律型システムに軸を置いた新たなテクノロジーとその波及がいかなる結果をもたらすか、前もって見極める容易な手段など存在しない。貧困や病や戦争を劇的に解消してしまう可能性を秘めた、驚愕すべき事例は確かに存在する。しかし、そのリスクもまた甚大なものであり、そのことは、ＩＴ拡張競争や自律型兵器システムの開発、その他の重大な脅威を見ればー目瞭然だ。その上、これらのリスク評価は、直接的な脅威のみならず間接的なものも含んでいなければならない。後者で重大な被害のリスクをもたらす例として、軍事用ドローンをハックするため、通信衛星や航空ドローンのカメラフィードに侵入するような一味の存在が挙げられる。

この第1章では、社会やテクノロジーのシステム上生じる事態やリスクの分析に踏み込むつもりはない。代わりに、デジタル・ライフそれ自体に影響を及ぼし、それを生んでしまう複雑なシステムに焦点を当てる。スマートグリッドやクラウドのインフラから、日常生活に浸透している大量のアルゴリズム、感知装置やロボットにまで広がる新たなテクノロジーが、社会関係にどのように組み込まれているかを、錯綜する議論を皮切りに検討する。職業と私生活とを生み出す鍵となっていると同時に、世界全体にとっても重要な、複雑なデジタル・システムの特筆すべき性質を明らかにする。そして、コンピュータの形態のみならずＡＩとロボットの発展も含むような、テクノロジーと社会の間に現在生じている交わりを概念化するために、いくつかの革新的な試みに着目する。一方ではデジタルな自己規定につながり、他方ではデジタル・システムの再生産と変容による依存や相互行為、そして新たな社会構造の形態を生み出す、デジタル・ライフの発展を論じる。今日の社会理論や文化理論を参照し、私たちの生活様式とデジタル・テクノロジーが日常と深く折り重なるところで生じた、複雑なデジタル・システム（スマートフォンアプリ、ボット、技術的オートメーション、スマートシティ構想、モノのインターネットなど）の変容を論じる。

複雑なデジタル・システム

今日の私たち人間の活動の流れや文化的実践などは、時間と場所を超えて伸張する複雑でパワフルな技術的・社会的システムのもとで生じている。技術的・社会的システムの特性と私がいう場合、自己組織化や適合化、そして進化といった社会的実践に向けて一定の「連帯」感をもたらしている、それらの秩序体系を意図している。この視点から見れば、技術的・社会的システムとは、その定義上は創発的でありダイナミックかつ開放的なものとなる。しかし、安定的で不変性を持つかどうかという点で、そのようなシステムは決して「揺るぎない」ものとはならない。システムの再生産を伴うその複合的な技術的・社会的システムは、予測不可能性や非線形的性質、反転性などの性質を持つ。複雑系の理論が示すように、システムや構造、そしてネットワークの編成と再編成は高度にダイナミックで、手続き的で、そして予測不可能である。正負のフィードバック・ループの影響がシステムを均衡状態から逸脱させる。(9)

そこで私は、複雑系の理論、歴史社会学そして社会理論の発展に注目し、技術的・社会的システムのデジタル化に関する地に足の着いた理論的な説明というのが、以下の七つの観点を基盤とすべきであることを論じる。こうした技術の体系とデジタル・ライフの複雑かつ重複し合う連関は、私がこれから詳細に論じるような社会学的議論でもって、分析や批判的な検討を実施することが可能である。

一点目は、デジタル化したシステム、技術的オートメーション、ＡＩにより接続された幅広い領域にわたる社会関係があることだ。これらの全てが、グローバルな規模でのデジタル経済を可能とする鍵となっているという点である。世界の人口のおよそ半数に達する30億もの人々が、オンライン上でデジタルな相互行為を行っているが、このことが、デジタルな資源が限られた人たちへの影響をますます深刻なものにしている[10]。デジタル化された複雑なコンピュータ・システムは、ビジネス、余暇、消費文化、旅やガバナンスなどといった社会活動の場での生産活動の遂行を可能とした（と同時にそれらの関係をより密接なものにしている）。私たちの日常生活では、コンピュータ・データベース、ソフトウェアのプログラム、Wi-Fi、Bluetooth、ＲＦＩＤ、ＧＰＳやその他のテクノロジーから成るシステムが、検索エンジンへの入力、オンラインショッピング、ソーシャルメディアなどから成る、ネットワーク化された相互行為を可能にしている。こうしたシステムは、ネットを介したスマートフォンでのやりとりや、オンラインバンキング、音楽ストリーミング、個人情報の更新、ブログや動画配信、検索やタグ付け作業などを支え、デジタル化による予測可能で比較的ルーティン化された作業を促進する。デジタル化されたシステムが反復作業を可能とするのである。今日のデジタル・ライフの世界では、そうしたシステムにはソーシャルメディア、防犯カメラ、クレジットカード、ラップトップコンピュータ、タブレット、ウェアラブルコンピュータ、ＵＲＬ、スマートフォン、電子メール、ＳＭＳ、人工衛星、コンピュータ・アルゴリズム、位置情報タグなどが含まれる。今日繁茂する複雑で自律的なデジタル・システムは、世界中の社会関係、生産、消費、コミュニケーション、移動、交通機関、監視システムの編成および再編成をますます促進している「流動するアーキテクチャ」（flow architectures）なのである[11]。

デジタル・システムの急速な拡大に加えて、ロボット工学の拡大も世界中で重要となっている。パッケージ詰めや製品検査から微小な電子機器の組み立てに至り、製造業を一変させた産業用ロボットは、ロボット工学のなかでも最も急成長を遂げた分野である。初期の産業ロボットの1台がオンタリオ州のとあるキャンディー工場で操業を始めた1960年代初頭から、新たなテクノロジーによりロボットと労働者が互いに連携し合うことが促進された2010年代に至るまで、ロボット工学は拡大の一途をたどり、ロボット技術に関連した特許公開は増加し続けた。アメリカでは、1970年には200台であった産業ロボットが、1981年には5500台、そして2001年には9万台へと激増した。2015年には、世界全体で販売された産業ロボットの台数はおよそ25万台にも達した。産業用ロボットの製造そのものが、年10%程度での成長を世界規模で享受している産業なのである。自動車産業と電子機器製造業はロボットの使用において最大規模の産業であったが、他分野でもロボットを導入し技術的な自動化を図るところが増えつつある。なかでも集束的なモバイル・テクノロジーと連動したロボット工学は、ロボットの使用を拡大してきたアジアにおける産業を一変させたが、中国はその最たる貢献を担った。しかし、さらなる生産効率性や大規模なカスタム化、製品の小型化、そして短縮される製品ライフサイクルといった需要に対応するため、とりわけ日本、ドイツ、韓国、アメリカが中心となって、ロボット工学を世界的な規模で成長させたのである。

二点目は、デジタル・システムを単に現代の製品として見るべきではなく、部分的には歴史的に早期の段階で発展したテクノロジーによるシステムにも負うところがあるという点である。ジョン・アーリ(John Urry)は、「旧来のテクノロジーの多くは単に消失したのではなく再編成されたのち、予測不可能な組み合わせにより『革新的なもの』と結びつき経路依存的な関係を経て、残存し続けている。その興味深い例として、現在も紙は『ハイテク』なオフィスで重要な『テクノロジー』であり続けていることが挙げられよう」と書いている[13]。したがって、デジタル・テクノロジーの発達と拡大は、デジタル以前の無数のテクノロジーと複雑に絡み合っている。言い方を変えれば、私たちのワイヤレスな世界は、有線テクノロジーとの相互依存の関係にあるということだ。Wi-FiやBluetoothやRFIDといったデジタル・テクノロジーとつながっているのは、デジタル時代以前の1830年代、1840年代、そして1850年代にさかのぼる、ワイヤーやケーブルや連結機器などの無数の有線のテクノロジーなのである。そういった歴史的な時期、通信手段のための電気を用いたシステムが驚くべき規模で普及していった。この時代に由来する電気通信を基盤としたシステムについては、（1830年代にはイングランドやドイツやアメリカで試験的に導入されていた）電磁学的電信や、（1843年にアメリカ議会の資金提供を受けたモースによって）ワシントンDCとボルティモア間に引かれた最初の本格的な電信や、1851年から52年に敷設に成功したイングランド＝アイルランド間と英仏海峡間の初期の海底ケーブル敷設や、（1854年にアントニオ・メウッチ（Antonio Meucci）によりニューヨークで実演が行われた）電話式音声伝達装置（その数十年後にはアレクサンダー＝グラハム・ベル（Alexander Graham Bell）が通信システムとしての電話の構想に至った）、などが挙げられる[14]。

この時代に続く20世紀には、さらに多岐にわたる、テクノロジーによるシステムの登場と発展が見られた。1920年代から始まったラジオ、1940年代から始まったテレビという放送システムは、マスコミュニケーションと共に、広範囲かつ大規模な社会変化をもたらす結果となった。1960年代には、地球規模での同時通信をほぼ可能とする世界初の静止衛星が打ち上げられた。この時代は、パソコンや携帯電話などのテクノロジーといったものとは別のシステムが開発された初期でもあった。日々の社会的生活において大半の人々が気がつかない、こうした「システム」の相互連結と連鎖のダイナミクスこそが重要なのである。異なるテクノロジーが互いに浸潤し高め合っていることに依拠した複雑なシステムの前提条件や規模や影響に対して人は、必ずしもそれを知ることなどないし、それを深く意識することもないのである。

三点目は、複雑な通信ネットワークの構築の出現は産業化の出現と一致するとはいえ、デジタル通信技術やネットワーク網が世界中でシステマティックに整備されるようになったのは、ようやく20世紀後半や21世紀初期に入ってからだという点である。こうしたネットワークの構築において1989年から2007年の間に起きた種々のテクノロジー的転換が途方もなく重要であることは強調されてしかるべきである。この時期、デジタル・テクノロジーは飛躍的な発展を遂げたのだが、1989年こそデジタル・ライフの構築において決定的に重要な年であった。なぜならこの年、ティム・バーナーズ＝リー（Tim Berners-Lee）が、革新的なURLやHTML、HTTP等によるワールド・ワイド・ウェブを発明した年だからだ（とはいえ、一般人は1994年までウェブにはアクセスできなかったのであるが）。また1989年はソビエト共産主義が崩壊したという点でも意味深い年である。マニュエル・カステル（Manuel Castells）によれば、ロシアの新情報テクノロジー開発の失敗がそうした事態につながったとされている。(15)

同じくこの年、即時的な通信とオンラインでのリアルタイムな取引によって、グローバルな金融市場が急速に統合された。また、GSM（第二世代移動通信システム）により、ノキアやボーダフォンを始めとした携帯電話通信も始まった。1991年、ノキアの機材によってフィンランドのラディリンジャ（Radilinja）というネットワーク上でのGSMでの初の電話通信が行われた。

コンピュータテクノロジーが原動力になった1990年代が、やがてはソーシャルメディアが出現する2000年代となるにつれ、デジタル・テクノロジーの隆盛は最も影響力を有する出来事と捉えられた。したがって社会のデジタル化と並行し、その後の10年で様々なプラットフォームやアプリ、機器が現れるようになった。2001年にはiTunesとウィキペディアが始まった。商業ソーシャルメディアも新規に始まった。LinkedInは2003年に、Facebookは2004年、YouTubeとFlickerは2005年、そしてTwitterは2006年にサービスの提供を始めた。日常生活にデジタルなものが大量に取り込まれたというより、これらによって個々人がデジタルな領域に社会的なニッチを確保するようになった様がうかがえる。2007年にはスマートフォンが販売され、2010年にはタブレットの登場がそれに続いた。2010年代にInstagramやSpotify、Google＋、Uberなどの新たなプラットフォームが現れ、個人情報の更新や、SMS、（ネットへの）投稿、ブログ、タグ付け、GPS、バーチャルリアリティにより、文化や社会というものが表されるようになった。デジタル技術が社会的活動を変容させたのである。

四点目は、グローバルなネットワーク上のそこかしこで今日の無数の自律システムが、（多かれ少なかれ）デジタル化された情報を瞬時に転送し、コード化し、分類し、再分類し続けている点である。デジタル化と技術的オートメーションから成るシステムにより、情報処理は緻密にネットワーク化され、環境の隅々まで行き渡るアーキテクチャとなる。かつてないほど社会が情報化されたことで、デジタル化は全てをコード化し、タグ付けし、スキャンし分類する管理手法の基礎となる。デジタル・テクノロジーにより複雑に自動化されたシステムは、日常生活や現代の諸制度を「包み込む」ものとして現れる。テクノロジーによるこれらのシステムは、いまや一般的なものとなった、情報のデジタルのそしてバーチャルな世界へと導いてくれているようだ。すなわち、こうしたテクノロジーが、現代のアクティビティのシステムの隅から隅までますます浸透し「一面を覆う」（wall-to-wall）機能を呈しているのだ。今日の自律的なデジタル情報システムは「あらゆる所にあるソフトウェア」（everywhere and everyware）という、アダム・グリーンフィールド（Adam Greenfield）の言葉を彷彿とさせる。[16] ＧＰＳからＲＦＩＤタグ、拡張現実からモノのインターネットに至るまで、様々な自律システムが、空港の自動ドアが開いたり、クレジットカードで決済が行われたり、ＳＭＳを使ったり、ビッグデータにアクセスするためのアーキテクチュアルな環境や管理方法の土台となっている。グリーンフィールドが論じるように、ますます浸透しつつあるデジタル環境が「日常生活のなかにさらに洗練された形で、認知される前に日常のなかに埋め込まれていき、緻密にネットワーク化された環境の全ての能力」を汲み上げるのだ。[17]

デジタル化のシステムを検討する際こうした不可視化の可能性を引き合いに出すことで、グリーンフィールドが述べるように、その隠蔽性と不可視性に対する疑念が生じる。スーパーコンピュータやビッグデータ、ＡＩなどによって制御されるデジタル・ライフは、不可視性に対する意味の変容や、可視化されたものと不可視化されたものの関係や、権力との関係性の変容をもたらす。私がいわんとしているのは、20世紀後半から21世紀初頭におけるデジタル・テクノロジーによるシステムの出現が、ソフトウェアのコードや、コンピュータのアルゴリズム、そしてＡＩのプロトコルの性質や情報処理の方式に端を発した、新たな不可視性を創出したということである。デジタル・テクノロジーによって生み出されたこの不可視性とは、日常生活に関わる無数の接続、演算、権限付与、登録、タグ付け、アップロード、ダウンロード、そして取引に関わる編成と再編成を行う、プロトコルによるインフラそれ自体と化している。個人情報を管理、測定、記録するための数々の機器やアプリやウェアラブルなテクノロジー、そして自動追跡ツールなどをとおしてコミュニケーションや個人情報を共有されているその場で、コードやアルゴリズム、プロトコルなどは不可視化されている。したがって、Wi-FiやBluetoothやＲＦＩＤそしてその他新たな人工知能テクノロジーは、ある独特の不可視性を伴って新しい社会性を創出してきたのであり、そこでは遍在する非接触的なテクノロジーをとおし、自己同一性や身体に影響が与えられながら、社会的相互行為が構成されるのである。しかしながらもちろんのこと、デジタルな領域ははるかに広大であり、スマート・オブジェクト（あるいは非ウェアラブルな機器）や、その他のデジタルなデータ収集技術をも可能となっている。繰り返すが、ショッピングセンター、空港、有料道路の料金所、学校、そしてその他多くの施設にて、不可視化されたプロトコルによるインフラと、それによって拡張した社会関係を伴う無数の製品や周辺機器が、センサーやインタラクティブな可視化装置、そしてデジタルなダッシュボード機能によって「スマート」化を行ってきたのである。

五点目は、デジタル・ライフを秩序づけそして再編していくこうしたシステムが、ますます複雑かつ複合的なものになりつつある点である。拡大する複合的なシステムは、遍在するコンピュータやＡＩの勃興を推進し、テクノロジーやそれに関わる社会変化の指数的な展開にて表されてきた。「ムーアの法則」は１９６０年の中盤以降革新における導きの金言であり、それはすなわちコンピュータの能力が２年おきに倍になってきたことを示している。コンピュータの能力は集積回路内部のトランジスターの個数にもとづいている。そしてどんどん小型化していく回路を基盤として、エンジニアはそれらを指数的な勢いでマイクロチップの上に配置することをやりのけてきた。こうして、コンピュータはさらに複雑かつパワフルで安価になった。例えばスマートフォンは、以前なら大型汎用コンピュータでしか発揮できなかった能力を備えているのである。近頃では、サムスン電子やIntel社のような様々なテクノロジー関連企業の報告書が、２０２１年以降はもはやこれ以上トランジスターを小型化することは起こりえないだろうと指摘している[18]。この極小化技術の限界は、ムーアの法則が終点に達したかどうかという議論を推進することにつながった[19]。コンピュータの処理能力の持続的な拡張への新たな道を量子コンピュータが示すだろう、と主張するアナリストもいる。そして、ナノテクノロジー、バイオテクノロジー、情報科学などが収斂した文脈から見て、遍在するコンピュータやＡＩが、技術的な複合性、社会的経済的な革新、そして社会変化を指数的な勢いで推進し続けると、多くの人は確信している。確かに、デジタル・テクノロジーの遍在性、そしてとりわけＡＩやロボット技術の複雑さというものは、多様な結節点から成る情報の流通経路に関わるものであり、逆にそれは技術的特化や複合的な専門化システムに大きく依存していることでもある。

六点目は、複合的なシステムと技術的なインフラは、単に「向こう側にある（out there）」過程や出来事ではなく、社会関係や人々の暮らしの基本的な構造に凝縮されている点である。すなわち、複合的でデジタルなシステムは、自己や個人のアイデンティティの形成過程を再構築するのと同様に、新たな社会関係をも生成するのである。例えば、複合的なコンピュータ・システムが、コンピュータによる接続と断絶の相互作用を基盤としながら、社会関係を、手早く、断片的で、そして散発的なものに「押し曲げていく（bend）」。多彩なデジタルのプラットフォームの様々な機器を人々が用いて、専門領域、ビジネス領域、家族、そしてレジャーなどの諸領域が縒り合わされていくにつれ、21世紀の初頭には（シェリー・タークル（Sherry Turkle）のいう）「接続された心（Life on the screen）」が、ますますはっきりとしてきている。第4章で取り組むことになるが、デジタル・テクノロジーは、DIYで個人化に向かっている人生戦略と複雑に結び合わされているのであり、人々は日々の暮らしにおけるスケジュールの管理やその変更のため、そしてデジタル化された生活を実践してみるために、機器やアプリやボットの使用にいそしんでいるのである。「リアルタイム（instantaneous time）」な体験を通じ、デジタル・テクノロジーの体系は自己自身をさらに抱え込み、そのデジタルなアイデンティティを構築し刷新するための個人作業というものが「検索」「カットアンドペースト」「消去」「削除」そして「中止」といったコンピュータ上での即時のクリックから成っているのである。

「移動中（on the move）」でも利用できるスマート機器の利用を促進し、アプリやボットを含むファイルをデジタルな方法でダウンロードしたり送信したりすることがいっそう進展し、現代のウェブベースの社会関係では、デジタル・テクノロジーが持続的な役割を果たしている。アップルのアップストアだけでも、２００８年以降でアプリのダウンロードが１０００億を超えたし[20]、スマートフォンの利用者の75％以上が、Facebook MessengerからWeChatやViberに至るメッセージアプリを活用している。即時性、そのジャストインタイム文化が、豊かな北半球に暮らす無数の人たちのコミュニケーション、仕事、そして社交のための最たる手段となったのである。しかしながら２０２０年代には、加速するウェブベースのデジタル・テクノロジーとこれまたモバイルなチャットボットの登場が、社会関係を根底から変化させることになりそうだ。これはそれまでコンピュータにおいて拡大してきた変化の一部であり、ホテルの予約やピザの注文のためにデジタルアシスタントを呼び出すために、ここでは言語が新たなインターフェースとなる。ダウンロード可能なうえに機能的でスマートなボットについての大規模なオンラインソースのネットワークがすでに存在しており、第4章では、現在そして将来にわたるモバイルなチャットボットの普及が、社会的関係をどのように変化させるかを検証する。

七点目は、複合的なデジタル・システムの登場により活性化したテクノロジーの変容が、これまで生じたいかなる事態とも全く異なる監視体制や権力の変容過程に関連している点である。監視能力の拡大が、社会活動の統制における中心的媒介となり、人間の行動を観察し、記録し、追跡するデジタル・テクノロジーの展開による、人の行動に対する「空間と時間の統制」と化す。ある面では、ジョージ・

オーウェル（George Orwell）のビッグブラザーやニュースピークと似通った監視体制を強めたデジタルな監視体制の到来が、複合的なデジタル・システムによってもたらされたともいえる。公共空間に遍在する防犯カメラ、データマイニングソフト、パスポートや身分証に埋め込まれたＲＦＩＤチップ、道路状況や自動車の速度を自動制御するソフト、そして様々に組織化された生体認証によるセキュリティ装置、すなわち、集約的に展開するものに関わる全てが、デジタルな監視体制を劇的に拡張してきたのである。市民の行動に対してデジタルな手段によるモニタリングや、オンラインでのやりとりやスマートフォンによる個別の相互行為の監視を行ってきた企業や政府団体の数は明らかに増えている。２０１３年に元ＣＩＡの内部告発者エドワード・スノーデン（Edward Snowden）が、大手通信会社や様々な政府機関と共にアメリカ国家安全保障局が行っていたあまたのグローバルな監視プログラムの告発文書を公開して以来、デジタルな監視はグローバルな政治的事象の中心に躍り出たのであり、新自由主義化の時代における市民のあり方とそのガバナンスについて、多くの批判を引き起こした。不眠不休の電子的監視の成立と併せデジタル・テクノロジーに牽引された（防犯カメラから通信ロボット工学に至る）様々な「監視のテクノロジー」の増加が、近代国家の政治的領域での市民主体への監視に対する著しい拡大を示しているのである。

デジタルな監視への批判はフランスの歴史家、ミシェル・フーコー（Michel Foucault）のパノプティコンの概念に強く影響されている。[21] 広く知られているように、フーコーはジェレミー・ベンサム（Jeremy Bentham）のパノプティコンを近代における規律的権力の先駆けと見て取った。そして彼は、牢獄、収容所、学校や工場といった施設が、権力を保持するものが監視の中心的な位置から個々人を監視し捕捉することができるよう設計されていると論じた。フーコーによるパノプティコンのメタファーは、監視の意識、特に（囚人に目を光らせている警備員や子どもたちの教室を見張っている教師において見られるような）監視体制下での持続的なまなざしを重要視した。これらのような規律型権力はデジタルな監視により広がり、深まってきた。例えば、いまや囚人を24時間電子監視下に置くことが可能である。デジタルな監視技術の拡張は、監視の内在化と規律型権力によるさらなる抑圧という点で極めて重大なものとなっている。そのため、デジタル装置による監視が24時間365日徹底して行われるこのデジタルな時代について、それをパノプティコン的なまなざしへの相乗効果をもたらすような類いのものであると捉える批評家もいる[22]。

デジタルな監視が現代社会の権力関係を変容させたことにまず疑いの余地はなく、次世代の爆発的な技術的革新の結果、ますます急激な展開に至ることであろう。だがデジタルな監視機構を、フーコーが述べるような規律型権力を拡張するものとして捉えるのは誤謬だといいたい。確かに、デジタルな監視システムには監視と統制の権威的な型に依拠しているものもあって、その点では、フーコーが論じた直接的な監視の多くの例になぞらえることもできる。しかしこのことは、デジタル・ライフにおいて幅をきかせている監視機構の一側面に過ぎない。今日の監視は間接的であり、情報の収集、整理と統制にもとづいている。ソーシャルメディアなどのデジタルな相互行為の特質とは、個人が監視されるような中心をそこに持たないことにある。そこには代わりに、枠組みを越境し様々なネットワークを介して操作されたデジタルな相互行為の展開がある。このことは、デジタル・テクノロジーのルーティンな利用が、不安を招かないような方法によって捉えられてしまうことを示唆する。今では多くの人々が、自身の健康状態をモニタリングし、心拍数、脈拍、燃焼したカロリーや体温など身体機能についての情報を提供するFitbitやナイキのFuelbandのようなセルフトラッキング装置を利用している。遠隔医療における新たな展開が、高齢者や病人への24時間365日のモニタリングを可能とした。医者や、患者の健康データへのアクセスやモニタリングを行うことが可能な医療専門家らによるデジタルなモニタリングシステムを介し、セルフケアを望む患者は支えられている。かつては遠隔地や僻地の患者に対して実現不可能とされていた特殊な顕微手術や整形手術や最小侵襲手術を可能にするなど、近年の医療や手術に伴う通信ロボット工学技術の発展にはめざましいものがある。このような技術的文脈において権力関係に生じているあまたの社会的な変化を、単なる規律や抑圧だとして把握することはできない。それらはセルフケアの新たな実践や自己とアイデンティティの新しい形であったり、社会の再帰性の広がりにも寄与しているのである。

デジタルな監視装置というのは多くの場合、拡散したモニタリングとして、すなわちセルフトラッキングから自動データ収集に至る相互に接続された、おびただしいデジタルな活動として捉えるべきなのかもしれない。多様なプラットフォームやネットワークが組み合わされた、この拡散した情報のモニタリングという概念の中心にあるのは、デジタルな技術を用い、人が互いに距離を隔てながらも相互監視するという「スーベイランス（sousveillance）」という概念である[23]。人はデジタル・ライフにて情動的でスマートな環境の一部と化し、そうしたデジタルなシステムが群衆行動を増幅させる。高度なデジタル監視技術により、専門的な情報も私的な情報も政府機関に巡回的に収集されていることが明らかにされており、重要なことは、人がデジタル・テクノロジーを用いて「いいね」「お気にいり」「リツイート」などをクリックすることにより、間接的な「下からの」監視活動がますます広がりつつあることだ。この観点からいえば、Facebook、YouTube、Twitter、Instagramなどのソーシャルメディアを通じて「互いに観察し合っている」人というのは、自己を統制し流動化する広範囲な監視のプロセスに瞬時にして取り込まれてしまうのである。[24]

プラットフォームやネットワークに展開する情報監視のまた別の特質として、遠隔からの監視というものがあり、データは流動的で脱中心化されて転送され、常に第三者に共有されている。データマイニングが急速にプラットフォーム・エコノミーのＤＮＡと化すにつれ、ＡＩの普及による意図しなかった想定外の副作用として、市民の個人情報を記録し、測定し、評価する複雑なシステムが、政治や選挙や投票ビジネスの材料となってしまった。イギリスの政策コンサル会社であるケンブリッジ・アナリティカ社（Cambridge Analytica）が２０１６年のアメリカ大統領選挙において有権者に影響をもたらす目的で数百万人のFacebookプロファイルからデータを抽出した、２０１８年のスキャンダルは注目すべき例である。[25]データはケンブリッジ・アナリティカと契約のあったケンブリッジ大学の心理学者アレクサンドル・コーガン（Alexandr Kogan）によりマイニングされたが、Facebookはその前にコーガンに対し学術的な目的に限り、彼が作成したthisismydigitallifeというアプリでオンライン上の個人プロファイルを抽出することを認可していた。これはそもそもFacebook利用者の性格判断クイズアプリであった。しかし利用者はクイズへ回答する前に、アプリがFacebook上の自身とFacebook上でつながりのある友人のプロファイルにアクセスすることに同意しなければならなかった。27万人ものFacebook利用者がこのクイズに回答し、最終的にコーガンは8700万人ものプロファイルを取得するに至り、内3000万人分のプロファイルについては他のデータとも照合するに十分な量の情報を得ていた。ケンブリッジ・アナリティカはコーガンによるデータ収集におよそ700万ドルを投資していた。ケンブリッジ・アナリティカのデータサイエンティストで、このスキャンダルの主たる告発者であったクリストファー・ワイリー（Christopher Wylie）は、投票者個人の心理的なプロファイルを構築し精緻化するためこのデータが利用されていたとコメントした。300万票もの差をつけられた一般投票の結果を覆し、選挙人投票にてトランプ陣営に勝利をもたらしたものこそまさにこのデータであったと、多くのコメンテーターが言及している[26]。

投票結果に密かに影響を与える（消費嗜好や政治的な指向そして個人的な好みなど）人の行動に対する「行為へのマイクロ・ターゲティング（behavioral micro-targeting）」の傾向は、AI時代の監視における「闇の一側面」の一側面である。遍在する大衆監視装置システムが、現代社会の企業や政府の機能の中枢を担うものとして出現していると訴える批評家もいる。人々の公私にわたる生活を監視・追跡するデジタル・テクノロジーは、（Facebook、Snapchat、Instagramなどの）ソーシャルネットワークに始まり、（PayPal、Apple Pay、Google Walletなどの）モバイルな決済システムや（Google、Yahoo、Bingなどの）インターネットの検索エンジンに至るまで、デジタルなプラットフォームの全般で機能している。企業は、ユーザーの利用位置を追跡したり、消費者の消費傾向を記録したり、メールを保管したり、ソーシャルメディア上での活動や、スマート・アルゴリズムに紐づけられた結果へと誘導するために監視技術を利用している。ザイネップ・トゥフェクチィ（Zaynep Tufekci）が書いているように「Facebookは強大な監視マシン」なのである。データの売買を行う企業から個人向けにあつらえられた広告に至るまで、監視ビジネスは膨大なデータマイニングに関わっており、個人の同意なしに市民の個人情報が日常的に売買されている。市民の公私にわたる生活に向けられた企業による監視は野放し状態であり、その結果、人間の自由やプライバシーが脅威にさらされているのだ。

監視とは、デジタル時代の最たる構造的問題というだけではない。市民を操作し統制するため世界中の政府がこれに直接参与してきた。ブルース・シュナイアー（Bruce Schneier）は「超監視社会――我々のデータはどこまで見られているのか？」にて、私たちの私的な生活に介入するための政府の能力が、歴史的にも、これまでにない程度にまで拡大していると論じている。「世界各国の政府は、国民を監視し、国の内外でコンピュータへの侵入を実行している。政府は、全ての人を監視することを望む。テロリストや犯罪者を探すため、そして国によっては、政治活動家や反体制活動家、環境保護活動家、消費者運動家、さらには自由思想家をあぶり出すためだ」とシュナイアーは述べている。[27] これらの監視過程の大半で中心を占めている事象とは、国の安全保障部門がどれほどまでに想像を絶する規模と徹底さにてデータ収集のプログラムを運用しているのかということだ。例えばアメリカのPrismという監視システムは非米国市民を調べるために、Google、Facebook、Verizon、Yahooそしてその他のインターネット会社のデータマイニングを実施している。同様に、イギリス政府における政府通信本部は、サイバーアタックや政府関連施設へのハッキング、テロの陰謀を予測するため、ヨーロッパにおける全インターネットやソーシャルメディアのやりとりからデータを抽出している。ルイーズ・アムーア（Louise Amoore）のいう「デジタルな解剖（digitalized dissection）」、すなわち一個人のデータを安全保障に対する様々なリスクに断片化することが、新たな監視のテクノロジーにおいて極めて重要なこととなっている。(28) そのようなデータの解剖は国家規模だけでなく、むしろグローバルな規模で起きている。シュナイアーが結論づけるように、今日では「世界の全ての国が共謀して、地球上の全ての人を監視する――そんなグローバルな監視ネットワーク」が存在しているのである。(29) デジタル革命における世界の安全保障に関しての利点は一考に値する一方、市民に向けられた規律的な監視が野放しにされているという、多大な代償が生じている。その真の危険性とは、発言や表現の自由に対しての否定的影響や、自由が失われ民主主義が崩壊することだ。ＡＩ時代の民主主義への問題については、最終章にてより詳細に検討することになるだろう。

デジタル・ライフ――その理論的視座

21世紀初頭の現在、現代科学、バイオテクノロジー、そしてオートメーションのためのデジタルなシステムが、アイデンティティの根幹や社会関係の形成に影響を与えている新たな時代の最先端に私たちが立ち会っているということを、多くの人が論じている。デジタル・テクノロジーや、科学におけるブレークスルーに関する懸念や予測の多くが、アイデンティティ形成のあり方や他者との相互作用を行う基本的なフレームワークの解体を含んだ「人間なるもの（the human）」の消失の脅威として表現されている。このようなグローバルな変容を把握するために「ポストヒューマン（posthuman）」「トランスヒューマン（transhuman）」「パンヒューマニティ（panhuanity）」等を含んだ、驚くほどたくさんの用語が現れるようになった[30]。こうした用語を用いる著者らは、世界経済崩壊への深刻な不安、グローバルな環境破壊への終末的恐怖、あるいはオートメーション技術の急速な展開に依拠した、反機械闘争の勃発に主たる焦点を当て、技術システムの変容に注視している。より一般的には、こうした論争に言及する著者らがとりわけ注目しているのは、発達したデジタル・テクノロジーの展開によってもたらされた、人と人間でないものの結びつきや、人間の条件に対する私たちの認識の急激な変化である。

人工知能に関する社会科学分野での最初期の理論的な取り組みは、1960年代に、ヒューバート・ドレイファス（Hubert Dreyfus）と、マービン・ミンスキー（Marvin Minsky）、アレン・ニューウェル（Allen Newell）、ハーバート・サイモン（Herbert Simon）らを含むAI開発のパイオニアたちの間で交わされたやりとりに相違ない。初めにドレイファスは、社会組織の面からAIについて否定的な批判を展開した。ハイデガー（Heidegger）やメルロ＝ポンティ（Merleau-Ponty）の議論を引き合いにして、AIは自身がその一部である「参照の体系（systems of reference）」を補足できないと論じた[31]。人間の知性とは意識的な決定のみならずむしろ無意識的な精神に起因するのであって、ＡＩの算術的な法則では私たちの無意識の構造は捉えきれないとドレイファスは考えたのである。また、社会学や歴史学に由来し、いくぶんか人類学、美術史、文学研究および霊長類研究などの多岐にわたる学問体系にも負ったところのある理論的系譜に沿った別のものとして、ルイス・マンフォード（Lewis Mumford）、ジャック・エリュール（Jacques Ellul）、レオ・マルクス（Leo Marx）、ラングドン・ウィナー（Langdon Winner）やトーマス・ヒューズ（Thomas Hughes）らの著作が挙げられる。[32] ハリー・コリンズ（Harry Collins）のＡＩや暗黙知についての著作や、ランダル・コリンズ（Randall Collins）のＡＩと儀礼的相互行為についての著作、そして、人にできてもコンピュータにはできないこととは何かといった、アラン・ウルフ（Alan Wolfe）の科学の社会学における重要な著作も影響を及ぼしてきた。[33] これらは、人間の行為と機械の知性との相似性やその差異を説明することに焦点を当てている。

新しいテクノロジーや社会変動に伴う現状の難題に対し、人と人間でないものとの関係性の再考を広く知らしめることになった論者たちが基礎を置くのが、ブリュノ・ラトゥール（Bruno Latour）による見解である。[34] ラトゥールの著作は、Ａ・Ｎ・ホワイトヘッド（A. N. Whitehead）とウィリアム・ジェームズ（William James）を経て、ミシェル・セール（Michel Serres）やイザベル・スタンジェール（Isabelle Stengers）から成る哲学的系譜に依拠している。[35] ラトゥールが示すように、テクノロジーと社会とは互いを構成し合い、アクターはおおよそ人と機械の両方に拡張していると考えられている。この視点から見れば、人間と非人間的なものが深くより密にして複合的に折り重ねられるのが、近代の特質なのである。これら科学技術社会論（STS）として知られる分野への、ラトゥールの画期的な貢献とは、まずもってAIと社会変動に関する今日の批評にさらなる価値を付与したことにあるだろう。だが興味深いことに、AIや機械学習あるいはロボットなどについては、ラトゥール自身はわずかばかりの直接的な寄与をしたに過ぎない[36]。代わりにその最もな影響は大なり小なり、科学技術社会論者たちによってもたらされてきた。この系譜に立脚する社会科学者には、人とロボットの相互作用について研究しているルーシー・サッチマン（Lucy Suchman）、遍在的なコンピュータについて研究しているポール・ドーリッシュ（Paul Dourish）とジェネビーブ・ベル（Genevieve Bell）、社会の加速化や新たなデジタル・テクノロジーについて研究しているジュディ・ワイクマン（Judy Wajcman）、情報インフラを研究しているスーザン・リー＝スター（Susan Leigh Star）などがいる[37]。

科学技術社会論者の考え方の特徴として、人間主体と技術的に生み出された人工物との関係性の変容だけではなく、その間の、複雑かつ奥深い連合関係を強調する点が挙げられる。科学情報社会論的視点からの研究を進めている人たちは、AIや技術的オートメーションの進歩などを含む新しいテクノロジーについて悲観的な見解を示すことがよくある。この見方からすると、デジタル・テクノロジーやロボット工学やAIは、自己、他者、自然、文化そして未来と関わる全てのものと共に人間性というものを根こそぎ奪い去り、機械支配論あるいは「機械志向性（mechanic intentionality）」を招くこととなる。科学技術社会論的立場の強みとは、現代科学の複雑性を取り込んでいることであり、技術革新により生じた今日の文化的な不確実性との直接的な連なりを示してみせることにある。だが、アイデンティティ、文化生産、社会的連帯の形成における変化を理解するための科学と技術の複雑な関わり合いの帰結が論じられていないとする立場に立脚した重要な批判がある。例えば、哲学者であるロッシ・ブライドッチ（Rosi Braidotti）は「（このような立場の）科学技術論は（中略）大きく的を外している。というのも、この立場はヒューマニズム的な諸価値から選別した一部分を、反論を無視して取り入れている。（中略）科学技術論には、自身の立場を新たな主体の理論の外に位置づけようとする傾向がある。主体は眼中になく、同時にポストヒューマン的状況においても継続する政治的分析も見落とされているのだ[38]」と述べている。この主張には一考に値するものがある。

しかし私は本著で異なる方向性を展開したい。科学技術社会論的立場における反認識論や反主体性を批判するよりむしろ、アイデンティティや文化や社会に関し、デジタル・テクノロジー、ロボット工学、ＡＩなどが抱えているものに対する（哲学的というよりむしろ）社会学的な理解のあり方を展開するつもりだ。デジタル・テクノロジーによる今日のグローバルな世界の再形成、それは、デジタル化のダイナミクスや、発達したロボット工学、ビッグデータ、クラウドコンピューティング、そしてＡＩから生まれた近代的制度のなかで変容したものの全容を、つぶさに検証すべきだということにつながる。こうしたダイナミクスが社会をどう変えているかを分析するためには、単に「ポストヒューマン」だとかそれに類する用語を用いるだけでは十分ではない。代わりに、雇用や労働、社会関係、文化、アイデンティティ、モビリティ、権力や未来といったものを考慮し、今日のデジタル・テクノロジー、ロボット工学、ＡＩなどの複雑な相互依存関係が、グローバルな変化にどのように反映されているかを検証する必要がある。デジタルな世界と実生活との境目が新たなテクノロジーにより解消された結果として、私たちは極めて趣を異にした社会秩序へと向かいつつある。物理的な、コミュニケーション的な、デジタルな、そしてバーチャルな相互作用のやりとりが新たな秩序を生み出し、人間的なものや人間でないものの環境を再編する、それがグローバルな世界なのである。しかし、アイデンティティ、文化、社会の変容のこのような結末は「ポストヒューマン」の理論的な旗印の下に言及された分析とは全く異なるものである。テクノロジーによる自動化どころか、様々な自動化された機械やロボットやＡＩによって、人間が導かれ、分類され、捕捉され、タグ付けされ、そしてマッピングされるような世界へと、私たちは向かいつつあると主張したい。しかし、私が本著で展開したいと考える視点においては、人間の自動化とはまさしく人々の応答なのである。要するに、それは生身の人間主体におけるデジタル・テクノロジーへの関わり方なのである。

本著を通じて私の議論を発展させるうえで、現代の社会理論・文化理論をくまなく引き合いに出すこととなる。社会のデジタル化、そしてそれがＡＩやロボット工学とどう関連しているかを理解するために、主として三つの鍵となる理論的視座が挙げられる。一つ目は、グローバルな資本主義の時代におけるデジタル・テクノロジーと、文化生産や社会改革にまつわる情報システムの重要性を検証してきた社会理論家らのアプローチである。このアプローチから研究し、最も独創的で興味深い評論家の一人は、おそらくはイギリスの地理学者ナイジェル・スリフト（Nigel Thrift）であり、グローバルな経済における技術的オートメーションの中心的な役割を理解するうえで、彼は「知識の資本主義（knowing capitalism）」

という概念を提唱した人物である。[39]「情報のオーバーレイに対し自動化された新たなデジタル・テクノロジーによりタグ付けがなされることにより、世界が成り立っている」とスリフトは論じている。それは情報であふれた世界であり、さらにそこへと情報が充塡されようとしている。情報技術や、個人情報を自動的に収集し、連続的かつ間接的な相互作用を生み出す、途方もない量の情報とコミュニケーションによって社会的生活が満たされるようになる。新しい情報時代の到来によって「次々に生じる変異の加速化によるイノベーションと開発の度合い」が一貫して拡張され続けることで、資本主義や開発ビジネスはこれまでにないほど情報的なものとなっている。[40]デジタル・テクノロジーにおける資本主義のシステムが膨大な量のデジタルデータにあふれた環境を生み出し、絶えざるフィードバックとその反復により、知識（製品やサービス、選好、関心、好み、習性などについて「知ること」）を生み出すのである。

こうした規模での相互依存のテクノロジーの体系は、ある意味では政治的な再編成を前提としている。スリフトの考えは以下のとおりである。いわゆるニューエコノミーや、デジタル・テクノロジー、頻繁なリストラを繰り返す多国籍ビジネス、そしてアウトソーシングとオフショア化の時代において、イノベーションと新たな技術的知が、資本主義それ自身のごく変化に富む実践形式として、グローバルな経済において担保されるのである。平たくいえば、資本主義は、それ自身のデジタルデータとテクノロジーの体系によって知を発展させるということである。知の形態としてのデジタルデータが途方もない収益を生み出すことから、バーコードからオンラインミーティング、都市インフラ管理のためのソフトからビッグデータによる集団医療の生政治に至るまで、資本主義はこれまで見られなかった程度にまで物質世界に介入してくるテクノロジーに依存している。だが、デジタルデータ、プラットフォームやテンプレートというのは組織制度に浸潤するばかりではなく、社会的実践をも変容させる。それに応じて、アイデンティティを表明し「日常生活を実践する」ための特定の手段がテクノロジーと膨大な量のデジタルデータの商品化に依存することになる。スリフトにとって「ソフトの資本主義（soft capitalism）」の誕生とは、グローバル経済がそれ自体についてのイノベーションの理論を発展させたまさにそのときである。そこではテクノロジーが、人の行動、公共サービス、公衆衛生、教育、治安維持と監視、職場における生産性、環境、グローバルなガバナンスなどに関連するデジタルデータという形態を取った知を生み出しているのである。

スリフトの著作のすばらしい点は、デジタル・テクノロジーの登場を現代社会の必須の特質として扱っていることである。単にそれは、新しい技術がデジタルデータの形で知を生み出し、それが消費者の欲望をうまく把握し、一般市民の情報をカテゴリ化するための新製品やサービスが作り出されてきたばかりではない。原理的にこうした世界は文字どおり情報のオーバーレイそのものなのである。隅々まで普及したコンピュータ、拡張するリアリティ、タッチスクリーン、位置情報や仮想現実を覆い尽くす情報のオーバーレイは「背景画像（background wallpaper）」であり、拡張する「図式的世界（diagrammatic world）」のなかを駆け巡るデータが、あちらこちらで捕捉され、記録され、追跡されている。スリフトが描くグローバルなデジタル経済の中心を成しているのは、彼が「際限なき流通化の世界（a world of infinite mobilization）」、あるいは「移動空間（movement-space）」と呼ぶものである。それは決してとどまることのない（電子メール、テキスト、ソーシャルメディアの更新や投稿、ブログなどの）コミュニケーションと、データのアップロード・ダウンロードの反復による世界なのである。

本著で引き合いに出す第二の系譜とは、近代の発展とそれに伴う自我の変容に関する多様な社会理論を扱った著作である。このような理論家で最も著名なのが、アンソニー・ギデンズ（Anthony Giddens）、ウルリッヒ・ベック（Ulrich Beck）そしてジグムント・バウマン（Zygmunt Bauman）らであろう。[41] グローバル化が自己に及ぼす影響やポスト伝統的な自己実践の出現について、構造化とシステムの理論から初めて検証した先達者の一人がギデンズであった。彼の主張を手短にいえば、グローバルな経済は新たな展開に突入し（彼が「後期近代」と呼ぶものの登場である）、従来の社会的生活の様式が再検討されるようになり、ある部分では、自己実践のあり方を変えるようなコミュニケーションや情報のフレームの変化に直面するようになった。ベックも同様に、産業社会から新たに展開した近代化（彼のいう「再帰的近代化」）への重大な変化が、グローバル化によってもたらされるという視点を推し進めた。だがそれは、女性も男性も誰もが、ポスト伝統社会やそこでの社会的行為の条件とそれがもたらす結果による自己分析（self-confrontation）に駆り立てられるという、強度の葛藤や両義性、そして複数性を抱えたモダニティである。バウマンの著作もこのようなアプローチには呼応してはいるが、それは極めて異なる方向へ展開している。彼は、グローバル化が従来の世界観と社会的行為から成るシステムから現代社会のそれへと広範囲な変化を及ぼした点を過度に強調もする。それが、彼のいう「ソリッド」から「リキッド」なモダニティへ、または「ハードウェア」から「ソフトウェア」のモダニティへの変化である。そこでバウマンは、ますます不安定になった人生設計（彼のいう「生活戦略（life-strategies）」）に対し、発展した消費文化やソーシャルメディア、情報システム等の混在がもたらす様々な影響について注意を向けるよう促す。液状化した世界の社会的状況下で、社会的紐帯や政治的行動の基盤となる連帯感が衰退したことにより、豊かな北半球の都市圏では自由の意識が高揚しているとバウマンは述べている。

ギデンズやベックそしてバウマンの著作は、コミュニケーション、メディア、情報システムなどのグローバルな組織化が現代社会を著しく変容させると同時に、新たな権力関係の不均衡や社会的不平等が生じているという事実を特に強調する。だがここでは、グローバル化のダイナミクスを論じるためにこうした特定の理論家による見解をこれ以上つぶさに検証するつもりはないし、近代のさらなる発展系を構造的に捉えるつもりもない。そのかわり、彼らの著作に明確に示された疑問点に焦点を当てたい。それは、脱領域化された生活やポスト伝統主義的な思考の登場が、自己や人々の社会的関係性の組織化にどのような影響を及ぼしてきたのだろうかという点だ。というのは私の見たところ、グローバルな時代における自己のあり方のダイナミクスについて省察を行っているこれらの理論家のなかには、デジタル・ライフやテクノロジーによってオートメーションの進んだ文化をより理解するための何かがそこに含まれているからだ。この点で特に重要なことが、ギデンズやベックにより（先述したように全く異なるやり方ではあるが）再三にわたり展開されてきた「再帰性」の概念である。ギデンズやベックにとって、再帰性とは社会の組織化の全側面にて必要不可欠なものであり、一連のグローバルな経済においてより顕著に変容を遂げつつ傑出してくるものだ。再帰性は近代社会を生きる人々にとって必須であり、人生の選択肢や社会的行為の経過に関わる情報の持続的なモニタリング（とその反省）に関わっている。ギデンズが書いているように、「近代の社会的生活の有する再帰性は、社会的実践の営みが、まさしくその営みに関して新たに得た情報によって常に吟味、改善され、その結果、その営みの特性を本質的に変えていくという事実に見いだすことができる」のである。[42] 今日諸個人は、消費文化やソーシャルメディアやコミュニケーション革命の影響によって、ますます構築されるようになり、物事に対するこれまでのやり方が崩壊し、いっそう疑問視されるようになった。より多彩な選択肢から選ばなければならなくなり（ギデンズが強調するように、選択する以外の方法はないのであり）、自己に対してはさらに能動的に、そして自分や他人の人生を彩ることに向けてはますます開放的にならざるを得ない。

再帰的な自己の構築がますます社会に膾炙しているということ、それは私たちが再帰性の投げ売り状態の世界に突入したということであり、ギデンズにとってこれは、再帰性の概念それ自身に対する絶えざる再帰性を意味している。この点で好例となるのが、ギデンズがたびたび著書で取り上げる、コミュニケーション・メディアや新たな情報技術の増大である。近年の情報技術とソーシャルメディアの発展は間違いなく世界をいっそう結びつけ、この惑星の一方の側で起きたことがほぼ瞬時にして惑星の反対側に中継され、そのことに対する（予期せぬまたは想定外の）結末がたいていはもたらされる。人々がスマートフォンやタブレットやラップトップを使って日々の活動にいそしんだり、出会いやイベントを予定したり再調整したりすることを通じたテクノロジーの再帰性には、おおむね「小さな結末（small consequence）」がもたらされる。待ち合わせとは実際にどのようなものかという時間感覚を情報テクノロジーが再構成することから、待ち合わせの予定や練り直しが即興的なものと化し、このような場面でさえも再帰性の影響が見られることに注意を払う必要がある。小さな（あるいは社会学者のいう「ミクロ」な）行為的状況がいかにして大規模な社会変容に影響していくかという一つの例であり、第4章では「時計の時間（clock-time）」から「交渉された時間（negotiated time）」への変容を現代社会にもたらす、デジタル・テクノロジーの役割についてさらに論じるつもりである。しかし再帰性の中心核として、制度的かつ集団的な営みもまた存在することを強調しておくことも重要である。大企業にとっての潜在的な消費者を特定する、ＡＩによる視線追跡技術を基盤とした相互行為形成の促進に活用されるビッグデータによる専門的な再帰的システムの、日常生活への貫入は、デジタル・ライフの世界や技術的にオートメーションされた文化の中心事項となっているのである。

ギデンズは最近の論文でデジタル・テクノロジーについて、現代社会を「歴史の向こう側（off the edge of history）」に連れ出すものとして言及している[43]。ギデンズによれば、デジタル化の隆盛は今日の私たちの生活の複雑性や速度、意外性というものをとうに変容させたが、現時点でも、スーパーコンピュータやロボット工学なども含んだデジタル・テクノロジーが、未来にさらなる大きな影響を及ぼすことになるという。ギデンズは以下のようにコメントしている。

人々はかつてないほどのさらなる知識を獲得し、これまでにできなかったことができるようになる。スマートフォン、あるいはＰＣやタブレットは、驚異的なアルゴリズムによる計算能力を有している。数十年前には不可能であった方法で私たちは、ジャスト・イン・タイムな暮らしができるようになった。これは制度的なレベルにおいても同様である。今後も経済から政治に至るまでの全般的な影響を及ぼしていく、真に構造的な変動なのである。徹底的とまではいえないまでもまさにそれは産業革命のようだ、だがしかし、それよりもさらに迅速に起きている。

ギデンズによると、私たちがデジタル革命として認識する文化的体験は、矛盾と両義性に満ち満ちている。よって、デジタルな技術革新が社会を席巻するときには極めて混沌とした結果が生じる。官民双方においてデジタル・テクノロジーの発展は技術革新達成への重要な役割を果たす。医療保険制度はそれを示す一例として注目すべきであろう。「情報を扱っているスーパーコンピュータと遺伝学との交わりが、いずれも医療診断と治療方法の多大な発展を本質的に促進させている」とギデンズは述べている。しかしそのチャンスの背後にはリスクがあるわけで、新たなテクノロジー開発の政治的そして経済的搾取に関する危険性が拡大しつつある。デジタル・テクノロジーの発達により高確率で生じうるリスクについて「気候変動、とどまることを知らない世界人口の増加、核兵器の存在といった、21世紀に私たちが直面している他の根本的な問題と（そのリスクは）重なり合っている。歴史的には、偉大な発明の多くが戦争にて始まりそして潰えるのであり、デジタル革命とて例外ではない」とギデンズは述べている。したがって、デジタルな技術に対する能力のギャップの拡大や、それに伴う所得格差によって世界はますます断片化することとなる。そうした結果について、あらかじめどのようにして事前に把握するか、ギデンズにはその見当はついていない。つまるところ、グローバル化したデジタル・テクノロジーによって、私たちは全く異なる世界に突入したのである。その世界は、すばらしい契機と危険極まるリスクを生み出す、デジタル化された情報から成り立つ世界である。デジタル・ライフを生きるということは、こうした矛盾を受け入れることなのである。

私の論点を示す第三の系譜は、リインベンションや革新そして試行についての（多彩な段階で展開されている）批判的言説に関連するものである。[44] 新たなテクノロジーと現代社会の関係を捉えることに寄与してきた著者による、現代社会に対するあまたの分析によって、このような論点が展開されてきた。以下では様々な論点でチャールズ・レマート（Charles Lemert）、ジョン・アーリ（John Urry）、ブライアン・S・ターナー（Bryan S. Turner）、片桐雅隆、澤井敦や、その他の研究者らと行ってきた近年の研究に立ち返ってみることにしよう。[44] これらの批判的言説は、デジタル・テクノロジーは情報のオーバーレイから成る世界を包摂したり、図表的なレジームやプロトコル的なインフラ、そして再帰性を推し進めたりするばかりか、自己のリインベンションをも根源的に変容させる点を強調する。こうした研究は、自己のファッション化という社会的イデオロギーに新傾向が生まれていることに目を向けさせる。それは、デジタル化された欧米の都市部に住み、イノベーションの新たな波に乗った女性や男性の空想を、即座に、無数に、柔軟に、そしてほんのわずかな間だけ満たしてくれる。「自己のファッション化」への肯定感はすでに、今ある生き方のあらゆる側面をいかに「改良」し、「より良いもの」にし、そして「改善」できるか、という意識に絡め取られている。そのことは、就労やキャリアや職業人としての生活に限らず、親密性、セクシュアリティ、食生活、健康そして身体にまで及ぶ。このような考察の系譜は、デジタルな世界の複雑な相互依存関係――ポピュラーカルチャーの世界、学界、政界など多くの分野で顕著である――を捉え直し、技術的オートメーションやＡＩに対し高まりつつある重要性を認識し、私たちは「生（life）」そのものに対する意識をリインベント（再創造）しなければならない、といった議論に対する批判的な探究のために有意義なのである。

予測不可能性に彩られ、好悪様々なフィードバックを抱えて複雑に重層化した複合的なデジタル・システムが、世界を横断した社会関係を成立させている。こうした複雑なシステムは、人間の行動や大規模な組織の再帰性を支えると同時に維持する。しかし、こうしたデジタル化、情報、そしてコミュニケーションの複雑なシステムは、再帰性を超えた文化的なリインベンションや社会的な新たな挑戦の基盤にもなる。ますます構造化するデジタル・システムや技術的オートメーションによって、多くの社会では、伝統が有していたものが瞬く間に消失し、極めて多彩なデジタルあるいはバーチャルな新構造が刷新や新しいことを体験したいという新たな行動様式によって無数に生み出される。この両側面を理解するための補助線として私はかつて、「リインベンション・ソサエティ（reinvention society）」あるいは「新たな個人主義（new individualism）」という概念を用いたことがある。それは、大規模なデジタル産業、ソーシャルメディア、ビッグデータ、スーパーコンピュータ、ロボット工学、そして一般的にはコミュニケーションと情報技術のグローバル化等によって、一瞥して分かる程度までに秩序化あるいは再秩序化された社会システムに通底する、（新規なものに対する）チャレンジ精神の、あるまた別の側面を指してもいる。また別のところでは、ライフ・コーチングや婚活に始まり、衝動買いやリアリティTV、そしてセラピー文化や美容整形に至る新たな個人主義のパターンと、自己の生き方や生活戦略を自ら切り開こうとする意識向上の下で、職業的そして個人的ライフスタイルのリインベンションが、いかにしてグローバルな規模で重要になっているのかを分析したことがある。なかでもオートメーション、ロボット化、そしてAIの勃興が凝集しているグローバルな経済下で高まる文化的なリインベンションと社会的な新たな挑戦を、複雑なデジタル・システムがどのように成り立たせ、持続させているのかを解釈するため、本著の後半ではそれらの概念を余すことなく用いることにしたい。

グローバル化の影響、とりわけグローバルな規模で電子化されたオフショア化やアウトソーシングの発達は、人々やネットワーク、集団そして大規模組織といったものが、リインベンションや新規なものへの経験主義で彩られたポスト伝統社会に応じて対処する仕組みを再編成するうえで、極めて重大なものであった。多彩で複雑なデジタルおよび専門化されたシステムにより、リインベンション・ソサエティが支えられている。これらのシステムは監視され、序列化され、タグ付けされ、追尾されている現代の生活に再帰的な副作用をもたらし、自己の再構築や自己測定が継続的な過程と化している。こうした連なりに対して、リインベンションやイノベーションや新たな体験に対する近年の社会理論をとおして、デジタル・ライフとオートメーション化された文化の条件とその行く末に関する多くの研究が行われている。再びヘルスケアを事例に考えてみよう。カメラやセンサー、その他のデジタルなデータ収集技術を備え、身体に直接身につける様々なデジタル機器の登場が、個人の能力をしてさらなる再帰性へと強力に変容させた。こうしたデジタルなセルフトラッキングや、フィットネス、食生活、睡眠、体重等のデータを収集する装着型デバイスやウェルネスに関連するツールを装着することは、個人の健康目標を再帰的にモニタリングするためだけに行われているのではない。むしろ、そうしたデジタルな自己追跡の営みが、キャリアアップや、個人的な目標達成、企業命令やその他多方面に及ぶ、リインベンションへの必要要件を提供すべく集積されたりもするのである。

それぞれが互いの内容に踏み込みつつ、またあるときには互いにつながり合ったこれら三つの理論的な視点を取り上げて本著では、一方で新たなテクノロジー（とりわけAI、機械学習そしてロボット工学）の関係を取り上げ、他方で現代社会や近代文化を検証していく。そうした関係を十分に理解するため、リベラルかつプラグマティックな観点から、それらへの理論的省察を引き出す。(46) これらの理論的アプローチにおける中心的なアウトラインが、AIの文化の成立と拡大を批判的に考え得る枠組みをもたらす。そうして、デジタル化とAI技術により日常生活や近代制度がますます影響を受けながら形作られているという、一般的な社会過程を示すつもりである。この過程を理解することが、現代世界、すなわちコミュニケーションのデジタルネットワーク、AIによるシステム、組織的な自動化、そして発達したロボット工学によってますます覆い尽くされつつある世界を理解するために重要なのである。

第2章

ロボット工学の勃興

ほとんどの場合人は生活の糧を得るために、会社、企業、または政府関連機関との雇用契約にもとづき働いている。したがって雇用とは、労働者と雇用者間の関係性の多様な側面を捉えているに等しい。そこには「苦労」「骨の折れる仕事」「辛い仕事」「過酷な仕事」「退屈な仕事」といった否定的な意味が含まれる。だがそこには「天職」「職人技」「手仕事」「構想」「創造」「傑作」など、仕事のより肯定的な面も挙げられる。技術的オートメーションとロボット工学によって、労働と雇用の様々な側面がどのように変化してきたのかという議論は、まだまだ未成熟な段階であろう。販売員、オフィスワーカーあるいは専門家が「何も心配はいりません。業務のことは隅から隅まで分かっているし、どんな類いの仕事もやってのけてみせますよ」と公言するのを想像してみよう。先端的な技術革新、とどまることのない企業再編、生涯学習、ネットワーク化されたチーム、そして複数のプロジェクトが同時進行するこのすばらしい新世界で、何とかせねばと労働者が奮闘する羽目に陥るのは一目瞭然だ。自分の仕事に自信がある従業員であっても、流動性や適応性や柔軟性を要請された業務に対し悪戦苦闘することになる姿が目に浮かぶ。しかし、ロボット工学やＡＩが社会において雇用や労働にどのような影響を及ぼすかという点については、まだまだただの憶測程度に過ぎないのではないだろうか。

１９３０年代初期、イギリスの経済学者ジョン・メイナード・ケインズ（John Maynard Keynes）は、機械が労働者に取って代わるだろうと予言した。ケインズは彼の予言的著書『孫たちの経済的可能性（*Economic Possibilities for our Grandchildren*）』にて、オートメーション技術が、未来の労働者の労働時間を「週15時間」止まりに低減するだろうという推測のもと、「技術的失業（technological unemployment）」という概念を唱えた。(1) それからおよそ100年近くが経とうとし、ケインズの予言が的中することはなかったが、技術的失業に対する文化的な側面からの懸念は増加した。ロボットは私たちの仕事を奪ってしまうだろうか？　これが私たちの時代における重要な問いの一つとなった。発達したロボット工学と加速化するAIの分野が深刻な経済的混乱を引き起こすのみならず、業務や、雇用や失業水準に対しテクノロジー津波《ツナミ》をもたらす。もしあなたが建設労働者なら、仕事を見直す時期に来ている。ニューヨークに拠点を置くConstruction Robotics社は、2017年にかつてない速さでレンガを積み上げることができるロボットをリリースした。半自動型レンガ職人（SAM）と呼ばれるそのロボットは、驚くべきことに1日で3000個ものレンガを積むことができ、それは建設労働者の1日平均500個のそれをあっさりと凌駕している。もしあなたが棚卸し業者なら、仕事を見直す時期に来ている。サンフランシスコに拠点を置くSimbe Robotics社は、Tallyと呼ばれるロボットを開発したが、それは商品が配置され、入れ替えられ、適切な価格に設定されているかを確認しながら、店頭や倉庫を巡回する。Tallyは充電なしで12時間稼働し、95％の正確さでもって2万点に及ぶ商品の棚卸しを自動的に行うことができる。もしあなたが警備会社に勤めているなら、仕事を見直す時期に来ている。パロ・アルトに拠点を置くCobalt Robotic社は、超音波機能、高感度機器とカメラを含む60のセンサーを持ち、周辺の人やものを感知するために360度を見渡せるカメラおよび夜間カメラを備え、24時間休みなく巡回する機能を持つロボットをリリースしているのである。

本章では、このようなオートメーション技術の展開が、グローバルな経済、そして多くの社会、経済そして政治的変容などに対し、どのように組み込まれているかを検証する。ロボット工学は先進国のヘルスケア産業、卸売業、教育産業、建設業、その他の主要な産業での雇用に影響を及ぼしている。しかしながら、これはただ単に就労や雇用の問題ではなく、労働者へ再訓練を促し、新技術を習得させ、同時に世界全体で社会のライフスタイルに変化を及ぼしつつ、経済的生産性や、新しいビジネスモデルと関わっているその他の多くの領域に広がった問題なのである。こうした変化の何もかもがいまや広がりつつあるが、その分布は不均衡で、大半はまだまだ実験段階である。本章で検討しようとしているのは、革新的な技術的オートメーションの現状と、そしてそれが労働や日常生活をどのように再形成しているかということである。次節では簡潔に、オートメーション技術を幅広い社会的・歴史的文脈において位置づけてみたい。

テクノロジーとオートメーション

モダニティの成立とその発展の両方で、オートメーションはその中心的な役割を果たしてきた。工場機械導入の根幹にあるのは、労働者個人を「死んだ労働」へと再編することであるというのがかの著名なマルクス（Marx）の分析である。[2] マルクスにとってオートメーションとは、近代社会の到来による、複合的でダイナミックな変化の状態を指す。資本主義において、経済的、社会的そして政治的な活動が絶え間なく機械化されていくとマルクスは分析した。ある視点から見れば、マルクスの描く近代資本主義とは全てが機械に関することであって、なかでもそれは、オートメーションにより人間の労働が置き換えられていくということに尽きるのだった。生産様式において本質的に保守的な封建社会とは異なり、資本主義はそれ自身を絶えず変化、拡張、変容させていく。このような持続的で革命的なパワーが途方もなく解放されていくということはマルクスにとって、オートメーションの過程は進行していくという意味であった。資本主義の発展は現在進行形のオートメーションにより人的労働を機械労働に置き換えていく。「大工業が発展すればするほど、現実的富の創造は、労働時間と充用された労働の量とに依存するよりも、むしろ労働時間中に動員される所作要因の力（マハト）に依存するようになる」[3]とマルクスは述べている。オートメーション革命は、変化してこなかったり確かであったりしたことや制度化されたもの、それら全てを跡形もなく消し去ってしまうとマルクスは述べた。このような技術革命において、人間そのものは工場の機械に対する「単なる生きた付属物」に一変させられることはいうまでもない。したがって、マルクスはオートメーション技術を、個人と社会に対するかつてない挑戦だと見て取った。「労働者はもはや生産過程に内包されたものとしては現れないで、むしろ人間が生産過程それ自体に対し監視者ならびに規制者として関係する」[4]とマルクスは述べている。

労働者を機械に置き換えるものであるとする、マルクスの資本主義に対する予見的で重要な説明については多くの批評家が強調するところだ[5]。批評家たちが一般的に力点を置いてきたのは、マルクスが分析してみせた近代資本主義社会における自己崩壊のダイナミズム、すなわちオートメーションが経済の全般にわたり労働者を無用としていく過程である。しかしおそらく、マルクスの著作に含蓄されているおそらく、オートメーションの展開の複雑さを十分に正しく理解している批評家はいないようだ。マルクスは一方で、生身の工場労働者が社会機構のオートメーションによりすり減らされていくことに深く絶望していた。工場労働におけるマルクスの批判は、その全てが人間の消耗された生という悲劇に対して向けられているが、それはつまり、あまりにも多くの女性や男性が、単調で、繰り返しで、そしてつまらない労働に追いやられていたということだ。他方でマルクスが考察したのは、そしてこれこそ彼がその著書でいわんとしたことなのだが、人間の創造的な力を鮮やかに解放する可能性を秘めたオートメーション技術の下で、人間の潜在能力が促進され、異なる活動形態や、従来は見られなかった社会形成へ向けた新たな能力が生み出されるかもしれないということなのだ。マルクスにとってオートメーションとは「人間の労働を短縮し生産能力を上げるすばらしい力」なのである。オートメーションのこのような破壊的側面と解放的側面が同時進行であることには注目しておくべきである。マルクスにとって、オートメーション技術は解放的なものであると同時に有無をいわせぬものであり、そして有用であると同時に破壊的なものなのである。マルクスに影響を受けた文化批評家のヴァルター・ベンヤミン（Walter Benjamin）の言葉を借りれば、オートメーションとは、文明化の過程であると同時に蛮行の記録でもあるのだ。

第四次産業革命への懐疑論とその批判

オートメーションが社会や経済にもたらす影響についてのマルクスによる分析がなされて以来、オートメーション技術や、雇用や失業につながる技術革新が現代世界をどのように再編しているかという点に関しては、多くの学術的または政策的な文献で注目されてきた。[6] こうした研究の多くは、産業国家における技術論的なシナリオと、それに伴う雇用や失業への影響に傾注している。こうしたシナリオにもとづいた発想では、未来の可能性がまず初めに検討されるために、ロボット工学やＡＩによる昨今の技術革新が、雇用や世界中の労働を根本から抹消する結果になるのを問題視する人が多数存在していることとは、そう驚くには値しない。事実、ロボット工学と労働と失業とに関する論争は多くの文献で認められるが、私が「変容論者（the transformationalists）」と呼んでいる、現代のロボット工学を極めて革命的なプロセスだと捉える人たちと、私が「懐疑論者（the sceptics）」と呼んでいる、そうした主張は全く大げさで現代の労働や経済の再編における重要な点を見逃しているとする人たちとの間には、比較的はっきりとした溝がある。変容論者は、ロボット工学革命は社会を根底から変化させると固く信じている。それとは対照的に懐疑論者は、グローバルな経済のほとんどが通常の就業とさほど変わりないと見る。

懐疑論者にとって「何も重大な変化はない」という真言は善を意味する。ロボット工学は産業や企業を席巻しているかもしれないが、革命的とまではいかない。スーパーコンピュータや、インテリジェントマシン、ロボットやアルゴリズムの登場は、仕事や日々の働き方に影響を及ぼしているのは間違いないし、そのことについては十分に認識されている。実際、ロボット工学革命について誇大に吹聴されているものは、それゆえに不十分な内容があるとしつつも、ロボットが日々の反復的労働の多くを担う点も認めている懐疑論者は多い。他方、インテリジェントマシンが台頭する結果として、ある種の労働者は厳しい状況に置かれるとの認識を示す懐疑論者もいる。とはいうものの、職場革命論というのはきっぱりと否定されている。ロボット工学のどの点が「変容的（transformational）」なのか、それが懐疑論者の問いだ。懐疑論者の主張は、今日の経済はグローバルなロボット工学により大きく変わることなく、技術的な発展を見ながらも労働力という構造はそのままであるとするものだ。この懐疑的な解釈の骨子は、技術革新の登場に対し労働者がそれをやりくりすることで、労働者と機械、人と技術という二つの力が関わり合うことによって職場は変容を遂げるという発想である。このような視点は現代のロボット工学を、広範囲で長期にわたる歴史的変化として位置づけている。近代化、とりわけ農業の機械化が経済を破壊しなかったように、ロボット工学もまたしかりというわけだ。多くの懐疑論者には、技術的な革新は仕事を奪うよりもさらに創出するということを歴史が示してくれている。[7] 発達した技術が就業に対する重要なリスクになることを暗黙の前提としている懐疑論者は他にもいるが、そのリスクは反復作業である非熟練労働に限定して理解されている。いずれにせよ、発展する情報技術は、職を失った労働者に新たな技術を習得させる契機となり、新しい仕事を生み出すとされる。雇用の価値をこのように強調する見方は、技術的な革新と経済的生産性をかくも分かち難く結びつけている。要約すると、テクノロジーに牽引された生産力が雇用を創出し、賃金を向上させると懐疑論者はいっているわけである。[8]

テクノロジーとそれから生み出される雇用は、諸刃の剣となる。発展した技術の大半が、低賃金で非熟練の雇用者の仕事を奪う。しかしながら、デジタル・テクノロジーにより生み出される新たな雇用機会の範囲や深度のいずれをも私たちは過小評価してきたという人たちもいる。これはジェフ・コルヴィン（Geoff Colvin）によって示された見解であり、テクノロジーがいかに雇用を再創出するかという点について書かれた話題になった著書『過小評価される人間――高い成功者が知っている、機械が決して知り得ないこと（*Humans Are Underrated: What High Achievers Know That Brilliant Machines Never Will*）』の主題である。[9] コルヴィンは極めて哲学的な形での懐疑論を提示している。例えば彼は、発達したテクノロジーが歴史上初めて、新しい職種が創出されるよりも先にそれを奪い取ってしまうであろうことを受け入れる。つまり、ＡＩやロボット工学は、雇用を生み出す以上にそれを減少させる結果をもたらすことを彼は認めるのである。しかしながら彼は、デジタル・テクノロジーによる理解の範疇を超えるような革新に対し、将来的には労働そのものが見直しを余儀なくされるであろうと警鐘を鳴らす。コルヴィンの論点の中心になっているのは、新しいテクノロジーにより人間の能力が再評価されるというものだ。彼は、女性や男性による深い相互行為の能力は、テクノロジーが進歩するにつれますます重要なものになるだろうと強く訴えている。そこで彼はこのように述べている。

最も価値あるものとして証明される能力とはもはや、過去３００年以上にわたり労働者に経済的発展のために求められてきた、技術的、講義内容的、左脳的な能力ではない。これらの能力は絶対的に重要であり続けはするだろうが、重要であることがすなわち価値あることと同じわけではない。（中略）代わって新たに高い価値を有するのは、私たちの奥深いところにある性質、文字どおり私たちを人間たらしめている能力である。それは、他者の考えや感情を理解したり、仲間と働いたり、関係性を築いたり、一緒に問題解決に取り組んだり、論理的になし得る以上の力でもって自己表現を行ったりする能力である。これらは、かつて経済的なものが最も高く価値づけてきたこととは原理的に異なるタイプのものだ。そして、経済的なものが重視してきたこれまでの革新的なものとは異なり、この革命は私たちの人生に経済的繁栄をもたらすのみならず、感情的に豊かでいっそうの満足感を生み出す可能性を秘めている。(10)

要約するとコルヴィンにとって、スマートマシンの時代には、クリエイティブな能力や感情的な知性といったものが重要になるということだ。(11)

これとはいくぶん異なる方向性を持った懐疑論者に、ロボット工学の経済的効果を測定するうえで経験的な検証を組織的に行っている人たちもいる。例えば、ゲオルグ・グレーツ（Georg Graetz）とガイ・マイケルズ（Guy Michaels）らは、既存の業務の大半がロボットに置き換えられるという誇張した論調には懐疑的であり、代わりに雇用と生産性に関してロボットが与える経済的な影響についての経験的な精査を行っている。(12) グレーツとマイケルズは、1993年から2007年にわたる17ヵ国の広範囲な産業で産業ロボットが与えた経済的な影響についてのデータを検証している。国際ロボット機構やその他のデータを用いた彼らの分析は、ロボットの価格低下によって、多くの産業でロボットの投入が拡大したことを明らかにしている。特にドイツ、イタリア、デンマークなどでは、化学、輸送や金属工業においいてロボットの台数の急上昇が顕著に見られたと述べている。しかしながら、ロボットが雇用に否定的な影響を及ぼすかという点については、「ロボットの集中度合い（robot densification）」に関するデータは、労働者の総労働時間数に対し有意な結果を示さなかったとグレーツとマイケルズは結論づけた。熟練度別に見れば、ロボットが非熟練あるいは中程度の熟練労働者の総労働時間を減少させているという証拠を見いだしたが、高技能熟練者の労働時間については変化がなかった。そこからさらに一歩踏み込んで、ロボットは「情報通信技術（ICT）と異なり労働市場を二極化していない。なぜなら非熟練労働者と中程度の熟練労働者ではその否定的な影響が変わらないからだ」[13]とグレーツとマイケルズは述べている。

グレーツとマイケルズは、ロボット（の導入の拡大）と、一国家あたりの経済力や社会の生産性の拡大とがますます関連しつつあるという論調には疑問を呈している。労働の配分において、ロボット密度上昇による有意な効果は見られなかったと彼らは述べている。ロボットの台頭というテーゼに対しグレーツとマイケルズは、ロボットが将来の経済成長に与える影響は大きいが、変革をもたらすほどではないと主張する。彼らは、ロボットよりむしろICTの方が、経済や生産性をより変容させているのではないかと示唆し「ICTにおける資本サービスの総価値は、ロボットによるサービスの少なくとも5倍に匹敵する」と述べている。

こうした発見は重要かつ啓蒙的である。他の分析者による考察とは異なり、ロボットによる雇用の変化は不均衡であり一元的なものではない[14]。グレーツとマイケルズが分析したデータは古いものだが、確かにこうした結論は誤っていない。2007年以降、ロボットによるオートメーションはさらに一般化すると同時に急速化した。ソフトボットや、社会的支援を行うロボット、そして多くの新たなデジタル・テクノロジーが、グレーツとマイケルズが検証したような前世代の産業ロボットを支援したり、それらに置き換わるようにさえなってきた。近年では特定の産業分野、とりわけ製造や自動作業の分野でますますロボットが用いられるようになりつつあり、衣料産業におけるロジスティクスや売り上げ分析から完全自動化されたスーパーのレジに至るまで、ロボットの導入はいまや他部門でも急速に拡大し始めている。グレーツとマイケルズは見落としているが、重要なのは、ロボット工学の発展にはかなりの潜在的可能性があるということだ。かつて人間の独壇場とされていたところでインテリジェントマシンがますます活躍している。例えば、日々増加する日常のやりとりへの対応などがある。これらを背景とした重要な問いとは、AIやロボットがありふれたルーティンワークを引き受けるのみならず、専門業務や熟練業務までも引き受けるようになったとき、一体何が起きるのかということである。これについては、また後ほど本章にて扱うこととする。

経済的、社会的そして文化的な活動の重要性の多くに、オートメーション、ロボット工学、そしてAIが関わっていることは明らかだ。そうしたテクノロジーの変容は経済的側面ばかりに影響しているのではなく、その拡張性と強度の両面においてAIは文化的社会的そして政治的活動をも急速に再編している。そこで変容論者の話に入ろう。以降の内容はこれまでとは全く異なる。鍵となるのは、オートメーション技術の発展に伴う雇用の変化に対する懸念である。雇用や職場へさらなる革命をもたらすと同時に、経済のグローバル化、トランスナショナルな市場、社会、経済、政治の複雑な連関に変容をもたらしているロボット工学の発展が、こういった変化を生み出している。変容論者は、ロボット工学は21世紀の資本主義における既存の社会経済構造に適合しているか、または適合していくことになるとした、懐疑論者の主張を退ける。グローバルな経済にとって変わらぬ日常というのとは逆に、近代組織や現代社会の諸相にてロボット工学はますます広範囲なデジタル化を押し広げるというのが、変容論者の主たる論点である。ＡＩ、ワイヤレス・コミュニケーション、スーパーコンピュータ、３Ｄプリンタ、ＩｏＴ（モノのインターネット：Internet of Things）や、情報処理システムを用いたモノのインターネットと日常にありふれたものとのネットワークなど、様々な分野での展開を見ればこうした変化は明らかだと論じる。

変容論者の主要な論点の一つが、社会的変化とは雇用や職場ばかりか、広い意味での文化や政治への影響でもあるという考えだ。変容論者にしてみれば、デジタル・テクノロジーと高度なロボット工学との双方の影響によって、社会生活およびグローバルな規模での秩序組織化の原理が大きく変化している。つまり、ロボット工学による革命とは、どう仕事をするのかのみならず、どう生きるかという点でも変化をもたらすのである。それは、社会経済組織、日常生活、権力などの従来のパターンをデジタルなものに変えていくことである。エリック・ブリニョルフソン（Erik Brynjolfsson）とアンドリュー・マカフィー（Andrew McAfee）は『ザ・セカンド・マシン・エイジ（*The Second Machine Age*）』のなかで、「コンピュータが病気を診断し、私たちの話を聞いたり語りかけてきたり、質の高い詩を創作したりするようになり、他方ではロボットが倉庫を巡回したり、最小限の指示または指示なしでも車を運転したりするようになってきた」と書き記している。[15] 変革主義者の解釈によれば、画期的なテクノロジー、デジタル・コミュニケーションや高度なロボット技術は、様々な業務やそれに求められる多様なスキルの要請につながり、ごくごく最近のものとでさえ異なった生活様式を生み出している。そのような幅広い合意事項の先では、変容論者の立場にかなりの差異があることが分かる。変容論者の多くは、デジタルな技術がもたらすものを何らかの形で肯定している。そうした著者たちによれば、ＡＩは革新を約束し、ロボット技術は生産性を高め、そしてデジタルな革命が経済成長を促進するという。しかし、長期的な経済予測や社会的なつながりの展望に対し、（変容論者のなかにも）より否定的な結論を出す著者もいる。そうした著者の主たる懸念とは、ロボット技術による革命を社会・経済・政治の変容であると捉えながらも、経済成長と社会的平等が同時に達成されることはないとする。例えば、マーチン・フォード（Martin Ford）は、既存の職種でＡＩの影響を受けないものはほとんどないだろうと論じている。[16] フォードによれば、その結果、とりわけ高等教育分野、医療、消費者文化、そして何より最要な、産業社会から脱工業社会を通じて労働市場を中心に編成されてきた既存の所得分配システムに対し、破壊的な波及効果が生じることになるという。このように変容論者たちの異なる立場については、以下でさらに詳細に検証してみることにする。

変容論者によるもう一つの主要な論点が、デジタル化されたネットワークのダイナミズムによる、グローバルな経済の新しく重大な変化を捉えることである。「第四次産業革命」「第二の機械時代」「ＡＩ資本主義」「デジタル資本主義」、そして「ボット経済」、こうした社会的歴史的変化を記述するために、目がくらむほど多数の用語が生み出されてきた。こうした著作のなかには、今日のグローバルな経済を前時代のそれと区別し、新たなテクノロジーの急速かつ混沌とした変化に目を向け、その主要な点をデジタル化に当てているものも含まれる。しかし、これらの著作のほとんどが、技術的オートメーションやデジタル化の拡張に伴う職場環境によってグローバルなシステムの核となっている経済が、どのような重大な変化を経験してきたかという点に注目してきた。ここで再び、変容論者のなかに異なる見解が現れる。近年要請されるようになった、ロボット技術革命によって支えられたデジタルなスキルにもとづく新しい雇用の創出を肯定的に述べるものもいる。AIの時代において被雇用者は新技術への適応を求められるにもかかわらず、その成功の見込みはほとんどないという現前の事実がごまかされているという事態を指摘し、より警戒を高めるものもいる。社会学的な議論においては一般的に、今日起きているのはハードウェアからソフトウェア資本主義への移行、そしてポストモダニズムからポスト・ヒューマニズムへの移行だといわれている。

変容論者の最たる人物として、世界経済フォーラム創始者のクラウス・シュワブ（Klaus Schwab）がいる。計画立案的な著作『第四次産業革命――ダボス会議が予測する未来（*The Fourth Industrial Revolution*）』にてシュワブは、従来の経済的、社会的、そして組織的過程が根本的に変容しつつあり、新たな時代が到来したと論じている。(17) シュワブは、この新しい産業革命ではデジタル化、AI、知識マシンやロボット工学がその中心となるという。第一次では蒸気機関が、第二次では電力が、第三次ではコンピュータが産業革命の最重要なものであり、第四次産業革命は「これまで人類が経験してきたいかなるものとも異なっている」とシュワブは考えている。これは本質的に新たなテクノロジーによる革命のスピードや拡張、そして深みに由来していることから、シュワブは「極めて途方もない変化」の時代における、強力で高度な管理体制について言及している。こうした変化の説明をさらに発展するうえでシュワブは、新しいテクノロジーのプラスとマイナス両側面の分析に焦点を当てる。経済やビジネスから、都市、国家、地域やグローバルのガバナンスに至るまで、社会の全てで新たな試みやその機会が生まれる。AIは利潤やコストの削減に重要な影響を及ぼすはずだが、仕事のオートメーションを著しく拡大する結果につながるかもしれない。3Dバイオプリンティングは、臓器提供の国際的なドナー不足を解消するかもしれないが、闇の臓器製造につながるかもしれない。第四次産業革命の社会経済的展開の将来に確信を持てる人間などまずいないが、シュワブはこれらの重大かつ横断的なテクノロジーの発展に伴うリスクと契機の両方を強調する。シュワブは、技術的革新にどのように応じるかは私たち次第であるという。新たなテクノロジー革命は、経済、ビジネス、地域や都市のみならず、地政学やグローバルな秩序に至るまで、多様な影響を及ぼすであろう。シュワブにとっての重要な問いとは、社会はこの新しいテクノロジーを受け入れることができるか否かということ、そして共同体への貢献や社会的紐帯の拡大に伴い、技術革新が組み込まれた未来を創造できるか否かということなのである。

（経済と社会で同時に）多くの新しい契機がAIから生み出されており、これらがクリエイティブ産業界のみならず、実業家や政策立案者の想像力をかき立て、そのような社会経済的な契機が就労や労働における新しいタイプの技術習得やトレーニングを生み出すことも明らかになってきた。ロボットやAIによって代表される発達したオートメーションについて書き表している多くの著者によって、このようなかなり肯定的なアジェンダが描かれてきた。ブリニョルフソンとマカフィーの『ザ・セカンド・マシン・エイジ（*The Second Machine Age*）』は、変容論者の文献にてたびたび言及される著書で、その副題「輝かしいテクノロジーの時代における労働、発展そして繁栄」が、著者たちの楽観的な立場を強調している。彼らは、機械間のコミュニケーション、低価格なセンサーの登場、無人運転車やモノのインターネットなどの全ての領域において、テクノロジーの変化のダイナミクスとその程度が「変曲点」に到達したことで、そこではドラマチックな社会経済の可能性が解き放たれているのだ、という議論を展開する。著者たちが主張するような労働における輝かしい新世界にあっては、そこではもはや経済成長率は就労や収入と関連づけられることがない。

デジタル・テクノロジーが変化をもたらす範囲から逃れられるような雇用の領域など、もう存在しない。変容論者は、シリコンバレーの隆盛の大半が、産業全般にわたる大変動ばかりか労働そのものをも変容させてきたと理解してきた。グローバル化とオートメーションに板挟みにされ、ほとんど予測可能でルーティンかつ反復的な業務をこなしてきたブルーカラーの労働者は、自分たちの仕事がテクノロジーとロボット化によってどんどん奪われていることに気がついた。最近の研究では、中流層や従来の専門職に従事している人たちもデジタル・テクノロジーに仕事を奪われる脅威にさらされていることを認識しつつある。リチャード・サスカインド（Richard Susskind）とダニエル・サスカインド（Daniel Susskind）は「プロフェッショナルの未来――ＡＩ、ＩｏＴ時代に専門家が生き残る方法（The Future of the Professionals)」で、新たなテクノロジーが専門家を再編成すると論じる。(18) 彼らは、技術的革新における現代の状況が、かつては専門家によってのみ遂行されてきた仕事の多くがインテリジェントマシンや準専門家によって遂行されることを可能にすると述べる。例えば会計に関していえば、いまや5000万人ものアメリカ人が、確定申告の手続きを会計士に依頼せず、オンライン上のソフトを利用していることなどが挙げられる。法的なものであれば、最も著名な法律事務所の一つに、従来の事務所ではなくlegal-zoom.comというオンラインでの自動化されたサービスがある。医療保健領域では、看護師や医療専門家が、コンピュータによる診断ツールを用いることで、かつては医師による排他的な領域であったはずの業務に従事している。サスカインドらは、デジタル・テクノロジーが「従来の専門家集団を解体する」と結論づける。エキスパートの技術や専門的な知見が全てソフトウェアに入力され、準専門家や完全に自動化されたシステムによる様々な新しい集団により、従来の専門家による仕事はさらに複雑なデジタル・システムに置き換わるであろう、と論じている。

たいていの場合ロボット工学は階層を問わない（collar-blind）ように見える。しかし、オートメーション技術というものが現代社会の一般原理になったのだとしても、人間と、部分的にオートメーションされた人々の生とがどのように関わっていくことになるか、という厄介な問題が残り続ける。未来の仕事はどうなるのだろうか。どのような職種があるのだろうか。そして、誰がその仕事を得るのだろうか。発達した情報技術や、スマートマシン、ロボット工学や人工知能を背景にして、こうした技術革新が、非熟練労働者や多数の熟練労働者たちが従事している仕事は時代遅れだとおびえなければならないような大きな混乱を生じさせる経済的脅威なのだと、変容論者は論じている。ジェレミー・リフキン（Jeremy Rifkin）は、私たちの時代の技術的変化がどのようにして「労働の終焉（end of work）」をもたらすかについて、説得力のある分析を行っている[19]。リフキンは、人工知能の発達に伴うインターネット・テクノロジーを基盤としたコミュニケーション革命は、現代経済の変化を理解するうえで重大な影響力を持っていると述べている。リフキンによれば、オートメーションの技術は私たちを「労働なき新しい世界」のすぐそばにまで導く。なかでもごく最近の事例であるテクノロジーの革命や機械の経済は、新たなリスクをグローバルな規模で生み出している。3Dプリンタ、ロボット、そして発達したオートメーション技術に伴う混乱が、極めて大規模な失業やグローバルな不況につながるかもしれない。スマートテクノロジーの潜在可能性は、ライフスタイルの変化、余暇時間と市民社会の向上に収斂する。またリフキンは、現代のテクノロジーの変容を非営利的な市民社会における社会関係資本を創造するものとして描いており、それは協調的なネットワークと新たなクリエイティブ・コモンズの実現でもある。

変容論者と懐疑論者とのデジタル革命をめぐる論争は、単なる解釈の相違だとか、学術論争や政治的主張における対立の一端に過ぎないということではない。学術的・政治的議論に加え、新進企業や産業内の組織的なレベルにおいても、この論争は深い影響を及ぼしてきたのである[20]。企業はテクノロジーの急展開とデジタルな技術革新の加速化に対応しつつＡＩ革命に対処するのみならず、それと同時に、ＡＩにより生み出された新たな課題、あるいは社長や局長や上司らが変容論者か懐疑論者のどちらかまたはその中道に傾いているか否かという、組織内部でのいざこざにも対処しなければならなくなった。Ａ

I革命は一時的な流行に過ぎず、それは企業や組織を現在よりも強化しリジリエンスを強める際に生じた一時のはやりの、技術的なうたい文句だろうか？　発展するAIや加速するオートメーションのいずれもが、既存の管理方法や組織運営を脅かす分水嶺となるのだろうか？　そこでは、対立する意見や異なる言い分の根本的なところが、企業内のミクロな政治、またはヘンリー・ミンツバーグ（Henry Mintzberg）が指摘する「連立構築ゲーム（game of coalition building）」と化してしまっているのである。[21]

　今日、気がつけば会社や企業が立たされてしまっているこういった分岐点にて、まだまだ先の話であるテクノロジーの大いなる変化に対応しようとすれば、AIの時代にいかにして事業を打ち立て、組織化し、リソース化できるかという「連立構築」にたいていの場合は巻き込まれてしまう。こうした「連立構築」を全くの混乱状態にある変容論者や懐疑論者らの解釈の複雑さにうまく当てはめられず、明確な管理方針が取れなくなり、そうした曖昧さが企業や組織のリーダーを翻弄する。大規模製造業、とりわけオートメーション化されている部門における政治、管理手法や権力争いのもととなっている大きな転換が、このような事態を十分に物語る。例えばBMWにおけるコネクテッド・ドライブは、自動運転、インテリジェント・コネクティビティ、そして家庭における完全に連結されたデジタル・ライフに革命的な技術的革新をもたらすことを目指し、あらゆる移動を構築するという構想を示している。[22]連立構築ゲームとしてのBMWコネクテッド・ドライブは、移動計画、人の行動と機械知能、そして距離といったデータを貯蔵するものとして会社を位置づけようと目論んでいる。だが、私たちのモバイルライフにAIを埋め込もうという目標は、BMW社内の古参による連立構築を集積した「より良い自動車を作る」というイメージでは決してないことはいうまでもない。このようなミクロな政治抗争で根源的に互いの葛藤が生じるような場では、連立構築のゲームが、不明瞭かつばらばらで曖昧になってしまうのである。

グローバル化とオフショア化

オートメーション技術や仕事の未来に関する論争について、懐疑論者と変容論者との間に明らかな亀裂があるかのように描くのは過度に単純すぎることを知るべきだ。懐疑論者と変容論者の対立する解釈は、ロボット工学や雇用についての論文内の見解の相違の根本的な部分を示しているのは間違いないのだが、このような初歩的な二分法は、特定の著者の論考における独特なイデオロギー的立ち位置や、その聡明な考察を捉え損ねてしまう。文献では非常に多くのテクノロジーの変化についての議論が取り上げられ、ロボット工学や職業の未来に関する論争は、無数の意見やねじれた問いに満ち溢れている。そして結局のところ、不確実性にまみれてしまっている。その原因の大半は、ロボット工学やＡＩが急速に発展しているせいであり、グローバルな経済や社会全体をどのように変えるのかということについて無数の可能性があるためである。オートメーション技術や発達した情報技術が仕事に劇的な影響をもたらし、分野によっては失業を増加させたことは否めないが、それればかりではなく、より成熟した議論においては、経済や社会に驚くべきチャンスと同時に重大なコストをもたらす変化がどのようにして一般化されていくのかが論じられてきたのである。

しかしながら、オートメーションの促進やそれに伴う労働の変化、失業やライフスタイルの選択肢に関連しているのは、発達したデジタル・テクノロジーばかりとは限らない。その他の社会的、そして技術的な変化もまた重要であった。それらの変化も内部では複雑であり、こみいった学術的な検証がなされてきた。ここでは、オートメーション技術の発展の帰結に伴い一般の人々に最も直接的な影響を与えている、今日の二つの難題を端的に示してみることにする。

一つ目は、グローバル化の影響である。イギリスの社会学者アンソニー・ギデンズ（Anthony Giddens）は、社会的、政治的そして経済的側面に対するテクノロジーの絶え間ない加速化を「逃走する世界（run-away world）」と呼んだ〔邦題は『暴走する世界』〕[23]。前世紀最後の四半世紀頃には、生活の「加速化」が生じたと分析する者もいる[24]。これに関して特に重要なのは、1970年代初頭に打ち上げられた初の通信用静止衛星であり、このことが事実上、即時の電気通信による地球規模でのコミュニケーションの到来を告げたのである。人工衛星とデジタル・コミュニケーションの時代において、グローバル化の拡大はまぎれもなく欧米文化の広がりや発展した資本主義世界をもたらすこととなった。1990年以降、グローバル化は加速的に持続し、経済、金融、政治、ガバナンス、コミュニケーション、メディア、移住、旅行、観光、家族生活、友人関係、仕事や雇用などが国民国家の内部でますます流動化し、グローバリズムの力によってさらに再編成されたというのは明白だ。

2000年代にはグローバル化と情報技術がシームレスに織り合わされ、インターネットは、ある種の評論家がいうところの「ニューエコノミー」の到来における中心的な役割を果たした。[25] トランスナショナルな投資、インフラ整備、ソフトウェアのプロトコル、多目的な生産体制、ジャスト・イン・タイムな配送システム、とどまるところを知らない企業のリストラ、アルゴリズムによる経済的利潤、グローバルなサプライチェーンから成るこのすばらしい新世界では、労働へ重大な変化が起こったのみならず、こういった事態も各国の社会で生じたのだった。２０００年代の初頭には、グローバル化は世界を良い方向に導くであろうともっぱら多くの論者が唱えていた。新規な発想、新たなビジネスチャンス、情報のさらなる公開や国際理解の発展など、グローバル化は真のコスモポリタンなエートスの兆しとなるはずだった。従来のものは衰え、ますます増大する経済的革新や社会的実験がそれに取って代わるはずであった。だがしかし、グローバル化に対するそのような楽観主義は長くは続かなかった。２００１年9月11日のニューヨークの世界貿易センタービルのツインタワーへのテロ攻撃が、グローバル化の「闇の側面」を露わにした。楽観主義はやがて文化的悲観主義へと変化した。このようなグローバル化の複雑性に対する理解の変容は、２００8年のグローバルな金融危機を受けて増大した。株式市場が急激に下落し、企業は大規模なリストラを行使し、経済に対する信頼が全般的に崩壊した。[26] これ以降、評論家が「脱グローバル化（deglobalization）」と呼ぶものが急速に進行した。[27] 孤立主義という新たな時代が、ブリグジットによるEUからのイギリスの離脱、ヨーロッパでの排他的な民族主義の勃興、アメリカにおけるドナルド・トランプ（Donald Trump）の大統領就任に至る一連の政治的反動や、選挙への影響に表れている。

グローバル化の影響により新たな社会的難題と化した、オフショア化が進行している[28]。2000年代以降、就労、サービス、データ管理、監視そして環境保護などの様々なパターンのオフショア化が地球全域にわたって拡大している。オフショア化とは一般的に、賃金の低い国へと企業が労働体制を電子的に移動させることである。こうしたことが盛んになる背景には、西側の生産体制のアウトソーシングがあり、それは1980年代頃から飛躍的に展開してきた。地球上の安価な労働力のある場所への製造拠点のアウトソーシングは、数十年を経た現在、サービス集約型の労働のオフショア化や、「グローバルに電子化されたオフショア化（global electronic offshoring）」と呼ばれるものがある。例えばインドのコールセンターの従業員やテクノロジーの専門家が、英米社会のホワイトカラーと直に競争するようになってきた。IBM、Accenture、Cisco、Intel、Microsoftなどは多くのIT関連事業をオフショア化し、膨大なコスト削減を果たした。テクノロジーの発達が意味するのは、ますます多くの技術、情報そして管理部門がフィリピン、メキシコ、南アフリカ、中南米や東欧などの低賃金の国々へオフショア化されるということなのである。

グローバル化と組み合わせて見た場合、オフショア化の帰結の一つが、仕事や雇用の保障に対するかつてないリスクである。プリンストン大学の経済学者アラン・ブラインダー（Alan Blinder）は2009年、アメリカの雇用の25％が低賃金の国へオフショア化されるリスクに直面していると算定した。しかし、どの職業が最も大きなリスクを抱えることになるのか。こうした事態においては、単に非熟練労働や準熟練労働だけがオフショア化に脅かされているわけではない。21世紀の初頭に進行したオフショア化の拡大によって、金融、法律、医療やハイテク部門などの高技能あるいは高学歴労働者も、海外の労働者とますます競り合うことになったのは明らかだ。レントゲン技師、事務弁護士、コンピュータプログラマーや情報技術の専門家がみな、インドや中国などの国々のオフショアな労働者による雇用への影響を感じとるようになったのである。経済学者のなかでも、オフショア化がアメリカの経済に起こしうる顛末として3000万から4000万人ものサービス労働者への潜在的なリスクが生まれている、という最も驚愕すべき診断を下したのが、プリンストン大学の研究者ジーン・グロスマン（Gene Grossman）である。[29] オフショア化の社会的な影響はますます深層に至っており、（後で見るように）実際にそれが革新的な機械のオートメーションの発展と直に結びつくとき、ますます強力になってきているというのは明らかだ。

発展した経済活動における、ロボット工学やオートメーション技術の増大に関する議論は、ビジネスモデルのオフショア化にとって重大なものになった。結果、多くの論者がオフショア化ではなくリショアリング（オフショア化の流れを反転させること）を唱えている。その主な火付け役の一つとなったのが、アメリカのGartner社によって発行された報告書、「機械の発達によるオフショア化での競争上の優位性の衰退（The Rise of the Machine Leads to Obsolete of Offshoring for Competitive Advantage）」である。この報告書は、オートメーションとインテリジェントマシンの技術が、オフショア化の競争上の優位性を侵食していくと論じている。これが、サービス部門における経済活動と同程度まで工業生産もリショアリングさせる道を開いた。ロボット工学、ＡＩ、３Ｄプリンタやインテリジェントマシンが、生産性は人間の労働力に由来するという発想を解体し、オフショア化によるビジネスモデルに危機をもたらすという。この報告書は、多くの製造業がアメリカに戻りつつあることを強調している。ここで重要な指標の一つが、アメリカでは1998年から2008年までの間に製造業にて800万人もの雇用が失われた一方で、それ以後およそ200万もの雇用が回復したということである。製造業のロボット化とオートメーションがこの逆転の主要因となっている。事実、ゼネラル・エレクトリック社のCEOであるジェフ・イメルト（Jeff Immelt）〔2017年7月に退任〕は、オフショア化を「過去のモデル」だと述べた。

こうした論調にどのくらいの価値があるのだろうか。リショアリングがオフショア化を置き換えるという話より、まず間違いなく事態はいっそう複雑である。技術的革新がグローバルな経済に新たな道を開き、イギリスにおけるブリグジット、アメリカにおけるトランプ主義そしてヨーロッパにおける右派ポピュリズムなど、いびつな反動や逆トレンド現象の拡大も生み出し続けるのはありうることだろう。近年の調査では、ロボット化やオートメーションは古いオフショア化のモデルを大胆に変容させてはいるが、オフショア化そのものの崩壊の兆しはさほど見られないことが明らかになっている。それには互いに交差する無数の理由がある。その一つは、オフショア化は孤立した事象ではないということだ。経済学者のフランシス・カラモウジ（Francis Karamouzis）が述べるように「クライアントはプロジェクトのためにオフショア化を推進しようとは決していわない、しかし（そのプロジェクトの）100%がすでに、インドかブラジルで完了している」のである。企業は商品やサービス生産のための「最適な移転先（best shore）」を特定することへ戦略的に焦点が当てられる。たいていはそれが、製造拠点、生産体制、サービス供給の立地について、オンショア、オフショアそしてニアショアなどを組み合わせたものになる。同じく、オフショア化が減少したわけでもなければ統合されたというわけでもない。デジタル化によって生産プロセスは数十、または時には数百の段階にまで分解され、様々な拠点が結びつけられ、かつて一つの経済拠点に束ねられていた供給販売網の解消が促進される。したがって、今日のテクノロジーとイノベーションや政治との結びつきから、無数のピースと専門の工程に解体された生産過程による経済の地域的拡大が、ますますその推進力を高めていくであろう。

仮にオフショア化がグローバルな市場のアウトソース化だけでなく、グローバルなテクノロジーの統合をも表しているのだとしたら、グローバルなオフショア化についての洗練された理解を示すにあたっては、リモート・インテリジェンスやテレプレゼンス、そしてデジタル・テクノロジーが有する影響力を熟考する必要がある。デジタル・テクノロジーはオフショア化における経済活動に取って代わったり、入れ替わったりするわけはないが、越境する労働、商品、生産やサービスを結びつけ、全く異なるレベルでのダイナミズムを促進することが可能なのであり、現実にはそうなっているのである。リチャード・ボールドウィン（Richard Baldwin）は、新しいテクノロジーとオフショア化されたビジネスモデルへの展開がもたらす、来るべき製造業やサービス産業の変容に関しての最も優れた著作のうちの一冊を書き表している。ボールドウィンは『世界経済　大いなる収斂——ITがもたらす新次元のグローバル化（*The Great Convergence: Information Technology and the New Globalization*）』において、コンピュータとデジタル・テクノロジーの発達は、賃金や給与水準が国際的に大きく異なる世界にて、労働の根源的な変化を引き起こしていると論じる。[30] 仮に初期のグローバル化が大まかにいって、物理的な商品の輸送を促進する蒸気船や列車の発明による商品の移動に関わるものであったとすれば、近年のグローバル化の展開は、アイデアやコミュニケーション、ネットワークや人の越境的な移動に変化が起こっていることを示すという。とりわけデジタル・テクノロジーは、職場への出勤が求められていた従来の就労観に革命的な変化をもたらしている。

これこそロボットやオートメーション技術が関与するところである。なぜならボールドウィンによれば、デジタル・テクノロジーは人の移動でこれまで枷になっていたものを解消するからだ。ボールドウィンは、デジタル・テクノロジーにおけるロボット工学の進展は、ますます多くの人々にとって越境して働く手間を節約すると述べている。確かに、職場に実際にいなければならないという職業上の大きな必要条件をクリアする遠隔操作技術を企業は利用可能となる。「例えば、ペルーの労働者が、そこにいかずしてマンハッタンのホテルの部屋を清掃できるようになるのは時間の問題である」とボールドウィンは述べている。ボールドウィンはこうした展開を「グローバル化の第三の解放（globalizations' third unbundling）」と呼んでいる。そこでは労働者によるサービス提供が実際の現場から切り離され、代わりに労働はグローバルに配給される。国際的な賃金競争がそこで生じるのは明らかだ。この点をボールドウィンは以下のように展開している。

例えば、イギリスではホテルの清掃員は月額で約2250ドルを稼いでいる一方で、インドで同じ仕事をしている労働者は月額で約300ドルを得る。ロンドンでロボットを「操作する」労働者をインドで雇えば、ホテルはおよそ年間2万3000ドル節約できる。これはまだ今のところは現実的ではないのだが（最も高性能な清掃用ロボットは川田工業社のHRP－4で30万ドルほどする）、1990年以降ロボットの値段は急速に下落しており、今もその傾向は続いている。ひとたびロボットが十分に安価になるや、アメリカの多くのサービス労働者は賃金の低い国に住む労働者と直に競わなければならなくなるだろう。ロボットが人間の労働にすっかり取って代わるわけではないが、清掃や植木の手入れから道路工事や工場労働に至る、多くの業務をこなすのは明らかであろう。その上、言葉はもはや障害とはならない。情報技術がすでに言葉の壁を切り崩しつつあるからだ[31]。

ここで最も重要な点は、ロボット工学とオフショア化が交わっていることだ。ロボットの時代がオフショア化されたビジネスモデルを脅かすという主張とは裏腹に、こうした発展が深く絡み合っているとボールドウィンは見ている。ロボット工学とテレプレゼンスやデジタル・テクノロジーとの結びつきによって、仕事ははるか彼方から管理されるものと化す[32]。遠隔雇用の登場は、遠隔操作によるロボットや集約的なデジタル化による社会のある部分または一群を成しているのである。

ロボット工学と仕事――私たちの立ち位置

前述した議論をもとにすれば、ロボット工学やＡＩがグローバル化やオフショア化と交差し合うことは明らかだ。特にこうした収斂から本章と関連する二つの意義が見えてくる。一つ目は、ロボットがどれほどの仕事を奪うことになるのか、そしてグローバルなレベルにて技術的革新がどの程度まで新たな職業を創出するかどうかという点である。二つ目は、ロボット工学やＡＩの成長と並行して発展するデジタルな、情緒的な、社会的なスキルの類いである。近年の技術的革新により加速するこれら二つのジレンマを、職業の未来と能力の将来と表現してみよう。この章の残りで私は、仕事や職業適性にロボット工学がどのような影響をもたらすかという点から、現在のそして将来たどる道のりのいくつかを手短に描いてみることにする。

未来の経済やジョブマーケットでのロボットに関する論争は、変容論者と懐疑論者ですっぱり二分されているが、ＡＩのダイナミクスとその絶えざる加速化によって、この論争は実際には徐々に解消されつつある。ロボットやＡＩが低賃金労働を収奪し、高技能労働すら知能アルゴリズムに置き換わりつつあることなどから極めて経済的影響を及ぼしていることが、近年の調査結果で明らかにされている。ＡＩと加速化するデジタル・テクノロジーに支えられた未来の職場は、批評家の予想よりずっと早く到来するだろうという証拠も示されている。世界経済フォーラムの２００7年の報告書では、２０２０年までに15の先進国で５００万人以上の仕事が喪失すると推定されている[33]。国際労働機関により刊行された別の報告書では、フィリピン、タイ、ベトナム、インドネシアそしてカンボジアなどの1億3700万人以上の仕事が、近い将来にロボットで置き換えられるであろうと予測している[34]。その上、ロボットによる労働の転換点に達した暁には、この先進的なテクノロジーは、発展した経済をさらに多くの面で不平等なものとする。グローバルなデジタル経済がさらなる独占状態を生み出し多数の労働者が仕事を失うが、多くの高技能プロフェッショナルは富を蓄え、富める者と貧しい者の間の収入格差をさらに推し進める結果となるのである[35]。

デジタル革命がもたらす桁外れの規模による経済的・社会的実態は、AIの勃興と成長を示しているのだろうか、それとも、ロボット兵士やインテリジェントマシンの到来という革命的な変化についていえば、まだそこまでは至ってはいない、ということを示しているのだろうか。先進的なロボット工学は不可避なシステム変容をもたらすのか。ロボットによる世界規模での膨大な失業に関する近年の研究の結果は、私がこの本で提示するような近代の歴史に対して、断絶論的な解釈を行っている[36]。つまり、AIの文化、先端的なロボット工学、加速化するオートメーションなどは高い失業をもたらし、仕事のあり方を劇的に変化させているが、それはごく最近になって起こっているというのだ。しかし私がここでいいたいのは、機械化と機械によって進みつつある失業の根底にある、社会的発展の歴史的な側面をつかむことが重要だということである。コロンビア大学の経済学者ジェフリー・サックス（Jeffrey Sachs）は、あらゆる苦役に取って代わる機械による劇的な歴史的影響や、富の配分に対する好ましからざる結果について検証してきた。アメリカの国勢調査をもとにサックスは、1900年には全米の労働力の36％を占めていた農業従事者が、2015年の労働市場において1%にも満たないと述べている。アメリカの労働市場では、（鉱山や建設現場、そして製造業などの）生産労働者についても、1900年の24%から2015年の14%という急激な減少が見られた。サックスにとって機械化や機械とは、地方生活から都市的生活というグローバルな変化の中心を占めるものである。「いまだに最低水準の農業にとらわれている世界中の何億人もの人にとってずっと続いている過酷で長時間の労働や、短い平均余命とは全く対照的に、機械は大半のアメリカ人から骨折りな仕事を劇的に解消し、その寿命を延ばすこととなった」[37]とサックスは書いている。現状の労働生産性の上昇率と賃金との間には明らかな断絶が生じており、それが国民所得における労働の割合の減少を招いているとサックスは論じ、その主たる理由として、労働者がロボットやインテリジェントマシンに置き換えられていることを挙げている。サックスによれば、オートメーションの急展開に最も影響を受けているのが、反復的で予測可能で低い技能しか求められないような仕事に従事している労働者だという。とりわけ、農業、鉱業、建設業や製造業そして（日用品業、卸売業、小売業、交通産業や倉庫業などの）初歩的なサービス業が、最も過酷な影響を被っている。[38]

しかし、システムとしてのオートメーションが雇用を全て奪ってしまうと捉えるべきではない。懐疑論者がずっと警告してきたのは、ロボットは（少なくとも今のところは）自身の業務を再プログラム化したり、自身の点検を行ったりはできないということであった。この点が、技術的革新が新たな職業を創出するという懐疑論者によってたびたび強調される点である。ロボットによるオートメーションは実際には、技術者、コンピュータプログラマーそして他の新しいデジタル関連の業務に関連する雇用を創出するということだ。しかし、この主張に対する論拠は徐々に崩れつつあるように見える。例えばアメリカ経済において、フォード社はますます新しい雇用を創出できなくなっている。その最たる理由が、めざましい技術的変化により人間の労働力が不要になっているからである。最も重大なことに、職場に新しいロボットが投入される度に少なくとも6人が仕事を失うという最近の報告がある。MITの経済学者ダロン・アセモグル（Daron Acemoglu）とボストン大学のパスカル・レストレポ（Pascual Restrepo）による全米経済研究所の報告書は、ロボットが仕事を奪うことによる「入れ替わり効果（displacement effect）」によって、ロボットの「生産性効果」はさらに高まっていると論じている。[39] このデータによれば、どの産業ロボットも平均して6・2人の雇用喪失につながる。アセモグルとレストレポは、1990年から2007年にかけて、「どの地域でも、ロボットが雇用と賃金において大規模かつ強力なネガティブな影響をもたらした」ことを見いだしている。

それでは、インテリジェントマシンがどんどんと職場に導入されることによる、大規模なリストラと失業の常態化というのが未来の姿なのだろうか。多くの人はそういうのだろう。スーパーコンピュータ、ビッグデータ、オートメーション技術や先端的なロボットは、すでに多種多様な仕事をこなしている。デジタルなアップスケーリングや再訓練教育に関する議論がいかに重要であろうとも、私たちは、ロボットがすでに雇用を減少させ労働者に置き換わりつつあるということを認識しなければならない。これまでに最も重大な大転換が生じたのは自動車や製造の分野であった。しかし再度繰り返すが、技術革新とその拡大の加速によって、ロボット工学やAIは他分野にも徐々に大きな変化を起こしつつある。

センサー技術、自動運転制御やＡＩの発展が、消費者市場やサービスセクターに向けた、パワフルで洗練されたロボットを生み出しているのである。

働く必要のない将来、またはロボットが社会から「人を不要にする（unpeople）」という社会の未来像は、以前に比べ現在ではますます人口に膾炙している。その理由の一つには、現在の経済状況下では、洗練された機械が速やかに業務をこなしているのであり、膨大なデータ処理に関しても、ＡＩがオートメーション技術によって業務を肩代わりしていくだろうからである。二つ目の理由として、人々が技能水準を高めそれまでは不可能であったことを成し遂げるよりも、ロボットが人間に取って代わるだろうという考えの方が一般的であることが挙げられる。言い換えれば、ＡＩは人間の能力を高めるというよりもそれに置き換わるということだ。三つ目の理由は、これがおそらく最も重要なのだが、私が新たな個人主義の幻想と呼ぶものだ。[40] ＡＩ時代において、そしてデジタル・テクノロジーが行き渡るなか、働くことはますます選択的で多面的な出来事となった。結果、働くうえでつい最近まで求められていたこととは異なる能力を求められるようになったが、反復的で予測可能な仕事に就いている無数の平均的な労働者はそういった能力を持ち合わせてはいない。その結果、多くの経済学者や政策系シンクタンクや政治家が、（特にデジタルリテラシーの向上とそれを深めることについての）教育の改善や再教育の必要性を訴えているのである。[41]

この新たな個人主義者によるシナリオでは、未来の労働者は、極めて適応能力が高く、常に柔軟で、技術的な要請にも社会的な要請にも易々と取り組み、新しいデジタルスキルを日々更新させていくとされている。自己のファッション化、リインベンション、再帰性、生涯教育への信望――これら全てはインダストリー4・0におけるエコシステムや、グローバル規模のデジタルな変化に着実に適応したものであり、個人主義下に特有の西洋文化であって、先進的なグローバル化におけるエートスを表してもいる。今現在の職能をアップデートしていくため、絶えざる自己のファッション化としての新たな個人主義に個々人が着手する点は、人間の能力の能動的な一面といえる。だがしかし、少なくとも世界中の数百万人の一般的な労働者にとっては現実には、テクノロジーが深刻な脱能力化をもたらすことが多々生じる。オートメーションが多くの非熟練労働を進歩させる教育や再トレーニングの契機をますます生み出すというには必ずしも至らなかったのであり、継続的な再トレーニングという発想はせいぜい楽観的憶測に過ぎない、というのが近年の研究結果なのである。(42)

第3章

デジタル・ライフと自己

２０１２年10月、ロンドンのセント・パンクラス（St. Pancras）駅に入りホームで待っていたティーンエージャーの少女がホームから落ち、近づいてくる列車の下敷きになった。彼女の悲劇的な死についての記事の概要からは、彼女は——才能豊かなバレーダンサーだったのだが——ずっとインターネット、特にソーシャルメディアに夢中になっていて、その結果、家族や他者との交流を絶ち、オンラインの世界へと引きこもっていった。彼女は特に、ティーンエージャーの自傷イメージを共有したブログに深く取り憑かれるようになっていった。彼女の死は、ヨーロッパや他の多くの国々で幾多の新聞報道へと広がり注目を集めていった。この少女の母親は記者会見で、私たちの「有毒なデジタル世界」がダイレクトに彼女の娘の死の要因となったとコメントした。[1] これは、単なる特殊なケースだったのか。そう考えてもいいのかもしれない。しかしながら、まだ少ないとはいえ、次第に多くの若者たちがインターネットの抗し難いアディクションに直面し、不可思議な死に陥っている。様々なメディアの見出しのなかでは、これらの死の多くが自殺の主張と結びつけられていった。もちろん、こういった報道は全て、インターネットに関する多くのアナリストが話す自己充足からはかけ離れている。批評家たちは、社会変容においてデジタル・テクノロジーが中心的役割を担っていることを認識している。だがしかし、彼らは、多くのハイテク愛好家が情動の変化の発生や自己に関連づけられた病理のスケールを過小評価しているのだと、信じているのである。多くの人々が餌食となったインターネットの抗し難いアディクションは、こうして一つの見地からいえば、ファンタジーと現実の世界の間の象徴的な境界の損失を表している。

このことを欧州委員会（European Commission）の欧州デジタル・アジェンダと対比してみよう。[2]「子どもたちのためのより良いインターネットに向けたヨーロッパの戦略」といったECの書信のなかでは、子どもたちの75％がインターネットを使っていることを明らかにしたデータが論評されている。そこでECが強調しているのは、オンラインで過ごす時間が、仕事、勉強、余暇活動等、社会的相互作用を媒介する機会を提供するということだけでなく、デジタル時代において有能な市民に要求されるデジタル技能を若者たちが身につけるためには、オンラインに費やされる時間が不可欠だということである。EUと携帯電話会社、インターネット・プロバイダ、ソーシャル・ネットワーキングサービスとの間におけるパートナーシップの基盤の上に、欧州デジタル・アジェンダは、EUの全ての学校において、オンラインでの対話型、創造的かつ教育的なコンテンツの生産を促進することを求め、同時にまた、サイバー・リスクに対する意識を高め、オンラインの安全性を教えることを求めている。ネットを使ったいじめや性的虐待の素材といったオンラインの危険性が委員会によって特に強調されている。けれどもこれには、グローバルなデジタルコンテンツ・マーケットの規模が毎年1000億ポンドを超えている世界のなかで、EU加盟国にとって、オンラインの社会的、技術的なスキルの重要性は中心的なものなのだということがある。この背景のなかで、インターネットとそれに関連したデジタル・テクノロジーは、諸個人が新しい機会に満ち溢れた豊かな世界にアクセスして、創造性を持ち、そしてより広範な社会に参加することができるようにするものであると解されている。

これら前述した展開を比べてみると、私たちはデジタル・テクノロジーに関する公開の議論を形作る——一方の側が主張する脅威と他方の側が主張する機会の間の——お馴染みの意見対立を見いだすことができる。このことはデジタル・テクノロジーを自己の編成の中心に置くときに起こる対立ということであるばかりでなく、絶えずコントロールを失ってしまうものとして、デジタル世界を位置づけている。この章では、私は、自己、アイデンティティ、および日常生活の構成を理解することにおいて、デジタル・テクノロジーには特別な摂理が働いているに違いないと論じようと思う。デジタル・テクノロジーは、とりわけ、親密なコミュニケーション、共有された観念、およびアイデンティティの形成を必然的に伴う。私たちが他者のいる世界に住まうためには、デジタル化の領域はそのプラットフォームなのである。けれどもデジタル上の自己の出現は、オンラインと現実の世界の間の境界という観点からは適切に理解されえない。デジタル・テクノロジーとAIのイノベーションは、自己形成や自己経験が実質的に意味するものの形を変えつつある。(3) 私の考えは、現代における個人の心理的な構成の広範な叙述という観点から、自己のデジタル化の理論が展開されなければならないということである。

情報システムとしての自己

テクノロジーのイノベーションが自己アイデンティティに問題をもたらすことの理由は、おそらく簡単に考えることができる。もし自己アイデンティティがより広い世界との相互作用から部分的にでも作られるなら、テクノロジーは、深層に向かって、まさしく生きられた経験と個人の生活の構造の根底にまで入り込むといえるだろう。(4) この考え方でいけば、アイデンティティはテクノロジーのイノベーションの展開と共に変化する。テクノロジーが社会全体のなかで増大すればするほど、個々の自己はいっそうデジタルのイメージで作り直されることになる。けれども、真に応答的なアイデンティティとは、人々が自分の主観的な諸反応のなかで前もってプログラムされているかのように機能するアイデンティティではない。それは、どちらかといえば、全ての人が今まさに現代社会に押し寄せている大規模なテクノロジーの変容に順応、適応、反応し、そして対処しようとするものである。もしデジタル・テクノロジーが、私たちのアイデンティティの機能の仕方と奥深く絡まっているとしたら、これらの相互接続は驚くほど複雑であり、オンライン・アイデンティティ、拡張自己、バーチャルな主観性、そしてまさに自動化されロボット化されたアイデンティティの再構築の形式を包含するものとなる。したがって、デジタル・テクノロジーはただ単に「人間の外側にある」現象――インフラストラクチャー、ネットワークあるいはプラットフォームとだけ関係しているもの――ではない。とはいえこのことは、工場のフロアで活躍する産業ロボットや、私たちの家のなかのサービスロボットや、ワイヤレスなデジタル世界のなかであまねく私たちを目に見えず取り巻き、私たちのデバイスを容易に動かしている、Wi-Fiネットワークがますます広範に普及していることを否定するものではない。しかし、このようなテクノロジーは決して単にコンピュータ・システム、人工知能、あるいはワイヤレス機器だけの問題ではない。デジタル・テクノロジーはまた、それらと個人的な方法で最も親密に相互作用する人々によって経験されてもいるのである。この接続のなかで中心的な重要性を持っているものは、私が「デジタル・テクノロジーの人間的要素」と呼ぶものである。

デジタル・テクノロジー、ロボット工学、人工知能の帰結を世界経済、雇用や失業の観点から見ることが重要である一方で、自己と社会諸関係の観点から、その含意を検討することも肝要である。したがって、この章で私は、デジタル・テクノロジーによって深く折り重なった自己アイデンティティの記述を展開しようと思う。私が展開するアプローチは主として、精神分析理論由来のものである。ただし、私が以下に提案するのは、デジタル・テクノロジーを再付置して考えるために、精神分析のアイデアを選択的に使用したものである。精神分析の開祖であり抑圧されている無意識の概念の発明者であるフロイト（Freud）は、社会的現実や対立と反抗の世界、葛藤と協力の世界、とりわけ、女性や男性が人間的フラストレーションと闘う場で容赦なく喜びを求める自己がいかに適応するようになるのかについて論じている。この見解では、自己性（selfhood）は、フラストレーション、すなわち内部の欲求充足を確保する闘いだけではなく他者たちをしばしば欲求不満をもたらすものとして扱う闘いから逃れることができない。[5] フロイトにとって核心的な問題は、人間が二重にフラストレーションを抱えているということである。一方に欲求と感情生活と欲望に対するフラストレーションがあり、他方に外なる他者とモノの世界、すなわち、私たちの望んだ生（wished-for lives）としばしば対立するフラストレーションがある。フロイトによれば、女性や男性がフラストレーションに対処することを可能にするもの――フラストレーションを耐えうるようにするもの――とは思考する能力なのである。フロイトは私たちの心的な生の核に、無秩序な、攻撃的な、サディスティックな、そして容赦なく喜びを求める無意識を仮定したと思われる。それだけではなくさらに彼は、私たちがフラストレーションを理解し、またそれについて思考し、さらにコミュニケートする能力とは、内なる空想の世界からリアリティが共有された世界へと接続しようと、個々の自己を移行する能力であると想定した。フロイトは理解によるこのフラストレーションの探求を「思考における審理行為（trial action in thought）」と呼んだ。

ここにおいて他者と、より広い世界が、精神分析の構想へと入り込む。フラストレーションを克服する能力――フラストレーションについて考え抜き、理解し、コミュニケートすること――は主に私たちが持つ他者との関係に依拠している。フロイトとそれに続く精神分析の多くでは、出現する自己アイデンティティの像とは、自他経験における相互浸透をとおして、自己がフラストレーションからの解放を勝ち取ることで得られるものである。私たちがフラストレーションを感じたり――そして究極的には思考したり――できるのは、コミュニケーションのなかで、互いを構築し、自己と他者のどちらをも創造することによってのみである。イギリスの精神分析家、D・W・ウィニコット（Winnicott）は、人々がフラストレーションを耐えられるようにするために自分自身を他者のなかにどのように投射しているのかを捉える、移行的な諸関係の概念や「潜在空間（potential space）」といった用語を作り出した。[6] 私たちは、これらの精神分析の考え方のいくつかを、この章の後半部分で、デジタル・テクノロジーとの関連で考察し、これらについてもう少し詳細に見ていくつもりだ。しかし、ここで鍵となる概念とは、私たちが自分自身になることが、一方で自分のアイデンティティの諸部分を他者に向かって投出することであり、同時に他方で、自分の像を創り上げるために、他者のアイデンティティの諸部分を取り込んだり、借りてきたりするということである。このように、自己の一部が連続的に外へ向かって投射され、あるいは内へ向かって取り入れられる。そしてこのような心的なメカニズムは個人の主体と他者や外的世界との関係における核として存在している。私たちはみな、自己と他者の構築に関する無意識の建築家であり、その構築物は空間と時間における人と人との関係における組織化のなかで、他者と共に「内側へと取り入れる同一化」と同時に、「外側へと投射する同一化」の基盤の上に打ち建てられる。

精神分析は、古典的なもの、現代のもの両者とも、テクノロジーとそれがもたらす文化的な帰結の問題に関して多くを語らない(7)。けれどもアイデアはすぐ近くまで来ている。心が現在機能している姿をその位置から見ることにより、デジタル・テクノロジーを深く検証するための精神分析のアイデアを、批判的に応用し発展させることができる。もしデジタル・テクノロジーの文化的なインパクトが現実のものとなるのなら、そのアイデアが社会的関係のなかで——人々の間の感情的接続を再編成、再配置しつつ——定着していることを見る必要がある。自己に関する精神分析の概念化の中核となる諸前提を拡張し再考すれば、デジタル革命の発展がアイデンティティ編成のプロセスの上に深い影響を与えてきていることが分かるだろう。この接続に中心的重要性を持つのは、対面的な相互作用から、デジタルに介在された相互作用への大規模なシフトであり、それは新しいテクノロジーによって導かれ存在可能となったものである。数多くの手法によって精神分析は、フラストレーション、あるいは不安が、個人間の関係における感情の特定の形式を生み出す複雑な道筋を描き出している。けれども、このことは古典的精神分析の伝統のなかでは、成熟した感情的関係の発達（この場合、フラストレーションについて思考することで、抑うつの感覚を和らげることができる）を伴っており、それは諸個人が相互作用し合う対面的な交流の上に打ち建てられる。しかし今日、ことは著しく異なっているように思われる。社会的組織における不安の記述は、それでもまだ自己とそれを取り囲む周囲との関係へと引き戻されるのだが、けれども特にグローバルな電子的エコノミーのレベルで一般化されているデジタルなつながりをひとたび考慮すると、この関係は変容していることが分かる。

21世紀には自己アイデンティティとは、とりわけSNS、近況の更新、投稿メッセージ、ブログ、バーチャルリアリティアプリ、AI認知アーキテクチャ、クラウドコンピューティング、ビッグデータ、デジタル・メディアを意味するようになりつつある。ロボット工学とAIが社会生活にあまねく広がり、アイデンティティと自己のダイナミクスを再編成している。実際に、自己についての新しい文化の考え方――他者の世界のなかでいかに自分自身でありうるのか――はデジタル・テクノロジーがよりいっそう重要になった世界経済のなかで発現している。自己性（selfhood）におけるこれら新しい文化の考え方に対して、精神分析の重要性とは何か。それは、テクノロジーの衝撃的変容を経験した世界で、私たちのフラストレーションを熟考する――理解し、反省的に捉え、伝える――ための全体的な感受性を、精神分析が引き受けるということであろうか。確かに、デジタル・テクノロジーが日常生活に精神分析をもたらした――ちょうど私たちがこの章で見ているように――と考える現代のアナリストはいる。私の議論は、ある種の情報処理システムとしての自己を明らかにしてくれるゆえに、精神分析はデジタル・テクノロジーを理解するうえで洞察に富んでいるということである。コンピュータとほとんど同じように、自己は世界について思考しつつ私たち自身を創作するために、私たちの基本的な楽しみとフラストレーション——無意識のエネルギッシュな情熱や、超自我の道徳的な刑罰、自我の誤認——を広げ、退去させ、統合し、そして再調整する。ワイヤレス・テクノロジー、デジタル通信、ロボット工学、AIの世界のなかで私たちは、自己がインフォメーション・プロセッサであるかのように、〔オンラインの、そしてオフラインの〕社会のなかを動き回り、ポータブルな自己として生活を組み立てていることを知らなければならない。あるいは、もっと良くいえば、自己は、一種のインフォメーション・プロセッサ、つまり種々の度合いで感情のリテラシーを表現することについて有能なプロセッサとして作り直されるかもしれない。このスマート機器の時代に鍵となる精神分析の問題は、私たちがどのようにつながるかということよりも、私たちがつながることが自己にとって何を意味するのかということなのである。

タークル——ナルシシズムと新しい孤独

前述の議論のなかで示されたのは、現代世界における自己形成は増大し続けるデジタルの媒介とテクノロジーの枠組みといった条件の下で行われているということである。伝統的な形の対面的な社会的相互作用からますます離れていき、現代社会における自己は、シミュレーション、ソーシャルネットワーク、コネクティヴィティ〔連結性〕、オンラインゲーム、マシンインテリジェンス〔機械知能〕の産物なのである。このような状況のなかで、デジタル・テクノロジーが増強されると、感情的に身体を衰弱させる新しい負荷——孤立、社会的なつながりの欠如、親密性についての不安——が発生するのは驚くべきことだろうか。スーパーコンピュータ、ロボット工学、AIといった新しい果敢な世界は、全てを包み込むデジタル革命に直面する自己の病的な後退を描き出すのだろうか。著名な著述家のなかにはそう主張している者がいる。それらの論点の重要性を考慮しつつ、これから私は、これらの議論をさらに細部に振り向けたいと思う。私は、特に「テクノロジーの発達は感情的な孤立の増加を意味する」といった考えを、デジタルの変容によって促進された新しい自己形成をめぐる私自身の主張を明確化するために、一つの引き立て役として用いようと思う。

新しい孤独の増殖に関連するテクノロジーというテーマは、シェリー・タークル（Sherry Turkle）が最も包括的に発展させたものである。タークルは著書である『つながっているのに孤独（*Alone Together*）』のなかで特に、デジタル・テクノロジーの台頭を私たちの感情生活の崩壊と関連づけた。[8] この本の書名がその全てを語っている。すなわち、フェイスブックの友達、ツイッターのツイート、ロボットのペットをとおして、つながっているという錯覚を増殖しつつテクノロジーは自己の感情の風景を作り直しているのだが、デジタルなつながりによるこのすばらしい新世界はとりわけ錯覚なのだ、とタークルはいう。新しいテクノロジーが、あまりに日頃の社会の生活における中核となる局面になってきたために、周りにいる他者が人の会話の詳細を聞いているかどうかということに無関心でありながら、公共の場所でモバイル機器をとおして誰かと親密性を共有しているというパラドックスについて、誰ももう考えなくなっている。「私たちの新しい装置は、スクリーンと物理的なリアルの間で分裂しつつ、テクノロジー経由の存在に向けて電送された自己という新しい局面の出現に場所を提供している」とタークルは述べる[9]。この背景の下で、人々は主にスクリーン上で生活を送りながら、感情的な満足を捜し求めている。テクノロジーは、増大する社会的な接続を絶えず私たちに提供し、そのことによって私たちは今までより忙しくなり、その裏側で感情的に疲弊している。タークルにとって、人々は現在24時間、365日接続されたままであり、にもかかわらず自分自身からは引き離されて、どのように他者たちと本物のコミュニケーションを取ったらよいのか自信が持てないでいる。

以前の著作では、タークルはシミュレートされた生活に対する非常に異なった見解から意見を述べていた。初期の著作、『接続された心（*Life on the Screen*）』では、タークルはオンライン生活を追求することに対して、積極的な評価を繰り広げていた[10]。この評価は、怒濤の1990年代の間になされたものである。この時代には、社会的な豊かさは高まり、生活をネットワークで結ぶ人々がネットスケープ、モザイク（Mosaic）あるいはインターネットエクスプローラによってウェブに接続されたために、完全にネットワーク化された生活のスピードが高まっていった。タークルは、世界を蝕む結末というマスメディアによってなされた主流の文化的不安に異議を唱え、ネットワークで結ばれた世界がいっそう心を解き放つ可能性を広げると予見していた。彼女の中心的な焦点は、インターネット・リレーチャットルームであり、セクシュアリティやジェンダーや親密さの観点から見た自己の再構築だった。そこにおいて彼女は、このように進展するテクノロジーが、どんなに自己の探究と自己の再構築を容易にしたのか検討していた。「ネットセックス（Netsex）」は、当時よく言及されたように、「何でもあり」の一種のポストモダニズムの世界をもたらしていた。人々は自らの性的傾向、ジェンダー、パーソナリティ、人種、エスニシティ、社会的地位を、全てマウスのクリック一つで変えることができた。タークルにとってサイバーセックスは断片的で挿話的でありながら、しかしまた潜在的に解放的なものであった。自己のシミュレーションは実験の一つであり、そこではオルタナティブなアイデンティティと可能な想像世界が前面に出てくるとタークルは結論づけている。

『接続された心（*Life on the Screen*）』と『つながっているのに孤独（*Alone Together*）』の間で、タークルは次第にシミュレートされた自己の病理に悩まされていった。自己の感情の秩序へデジタル・テクノロジーがどんどん侵入してくることが、彼女の主要テーマになったのである。特に、その注目と応答への強い欲求を持ったモバイル機器とロボティックのおもちゃに囲まれて成長した若い「デジタル・ネイティブ」へのインパクトが中心的テーマとなった。タークルは精神分析に熟練した心理学者であり、彼女の最近の著作の焦点は、個人がどのように自己アイデンティティの感情的な構造のなかにデジタル的に媒介された相互作用を取り入れるかについてである。このことのために、彼女はテクノロジーのガジェット――たまごっちやファービーのようなロボットおもちゃからCogやKismetのようなもっと複雑なロボットに至るまで――を子どもたちに与えて、日記をつけるように頼んだ。彼女の関心は彼女が「テクノロジーの内面的な歴史」と呼ぶものを理解することであり[11]、彼女の臨床研究はデジタル世代が持つ感情と不安の歪められた輪郭を扱ったものだった。

人工的な関係性（relationality）や応答に対する前もってプログラムされた要求を持つロボット工学の到来は、自己の感情的な枯渇における決定的な転機を意味している。デジタル・テクノロジーの新しい形式へと自己を開くことによって、個人はこのような技術が作り上げた対象と、感情的に関係を持ち、そして感情的に接続するようになる、とタークルはいう。ここでタークルは、バービー人形あるいはテディベアのような伝統的な人形を使う子どもたちの遊びを、ファービーやたまごっちのようなロボットのペットを使う子どもたちの遊びと対照させている。子どものときの遊びにおける伝統的な形式は、感情的な関係を確立するために——対象に想像力を授けて——おもちゃに自ら生気を与えることによって、個人をそこに参与させる。これとは対照的に、ロボット工学のおもちゃは、あたかも自分の意志が十分あるかのように、すでに生気を与えられた状態で子どもたちに与えられる。タークルのインタビュー対象の一人がいうように「ファービーは自分が、何が欲しいのかちゃんという」のである(12)。ロボットのおもちゃが子どもたちに話す誘いかける言葉は、感情的な欲求と内的な生を劇的に表現している。ロボットにとって、ロボットは社交的で、関係性を持っていて、そして感情的であるとみなされている。しかしながら、自己を豊かにすることとはかけ離れ、自己とロボットの間におけるこれらの主なやりとりは、現代の社会生活に疎外された特質をもたらしている。

批判的見解

これまで、私はデジタル・テクノロジーとロボット工学の進歩が自己を再編成する仕方についてタークルが述べた見解を概説しようと努めてきた。大部分において、タークルの最近の著作は、デジタル革命に直面したときの自己の枯渇を強調している。タークルによって描かれた姿は、私たちが自分自身を「つながっているのに孤独」と感じる世界の姿であり、防衛的に丸まって自分の殻に籠もり広い世界から隔絶する自己の姿である。だがしかし、このこと全ての裏側にはもう一つの側面がある。それはタークルがほとんど黙して語らない、自己の豊かさと、自己の途方もない複雑性である。以下では、次の三つのテーマに関する私の批判的な見解を展開させながら、これらについての限界を描き出そうと思う。そのテーマとは（1）デジタル・テクノロジーとロボット工学に対する個人の反応の複雑さ、（2）デジタル世界に対する世代間の反応における違い、（3）デジタル・テクノロジーによって可能となる心理的な関与に関する移行のダイナミズムである。

（1）デジタル・テクノロジーが自己を貧弱にするという考えは近年かなり進展を見せ、多くの議論を巻き起こしている[13]。これに関連するものとして、青年期初期の注意欠如障害の増加からデジタルなマルチタスク化の結果として起こる新たな職場事故の拡大に至るまで、幅広い社会的病理の解明が提案されている。筆者はこれらの議論をたどることはここではしないが、今日デジタル・テクノロジーが持つ注意のエコロジーの全てを包括するダイナミズムといった、タークルのテーマに直接関連するこれらの一側面にだけ、ここでは焦点を当てようと思う。タークルは私たちの心理文化を規定している新種のプラグマティズムについて書いている。これは、私たち自身のイメージのなかで鋳直された——ソーシャルロボットやコンピュータゲームのような——デジタルな対象に対するプラグマティックな感性である。デジタルおよびロボット工学の相互作用は、私たちの生活に新たな感情的要求を導き入れ、タークルがいうには、私たちは結果的に「機械的なものとして生物的であり、かつ生物的なものとして機械的であるといった観念を受け入れている」[14]。ロボットやデジタルな対象は、私たちにそれらに向けて感情を動かしてそれらと接続するように求める。私たちは、デジタル世界の対象が「あたかも」実際に人間であるかのように反応するのである。

この観点は不適切である、と筆者は主張したい。筆者は他のところで、デジタル・テクノロジーのプラグマティックな概念は、デジタルなものが私たちの注意や私たちの情緒的な共感を要求するやり方をも含む必要があるが、このことは、同質的あるいは機械的な関与のプロセスではないことも同様に示そうとしてきた[15]。タークルの著作では、個人は、ほとんどデジタル世界に関して受動的で、直接的な感情的反応に対する要求を内面化し、デジタルなコンテクストに特権を与えているように描かれている。しかしながら、テクノロジーのコンテクスト的設定を強調することが重要である。つまり、デジタル素材を個人がどのように取り上げ、評価し、反応しているのかを把握することが重要なのである。人々が新しいデジタル体験に遭遇するときには、非常に異なる仕方で反応していること、特に、デジタルな生活の機会や挑戦に対して反応し対処する新しいやり方を見つける度に、人々の反応が何度も変化していることを理解することが重要なのである[16]。必要なことは、人々が、自分の人生の物語を再構築しアイデンティティ――私たちが誰であり、私たちの生活がどこへ向かっているのか――のバージョンを刷新するために、デジタル・テクノロジーのシンボリックな素材をどのように活用し、それらとどのように関わり合うのかに焦点を当てることである。要するに、私たちはとりわけ、社会分析者として、デジタル生活の機会と要求に対して、人間的行為体（human agents）のパースペクティブから注意を払う必要があるのだ。

タークルは今日の社会生活を支配するのは、機械との関与に関する新しい心理であると理解している。この見方には間違いはなく、それなりに信憑性がある。電車の乗客を見てみるとよい、ショッピングモールの公共スペースにいる人々をよく観察するとよい。人々が毎日の日常生活をどのように送るかということに関して、デジタル革命がその中心にあることは、あまりにも明白である。だがしかし、今日個人がデジタル・テクノロジーに向きあわされているやり方は、一方的であったり抗し難かったり人間を衰弱させるようなプロセスではない。自己はデジタルおよび人工知能の構築物にますます巻き込まれることになるだろうが、人間的行為体は、デジタルに媒介されたシンボリックな諸形式に盲目的に従ったり、合体したり、それらをもとにして行為したりはしない。今日の生活は、デジタルなものをとおして構築され尽くしているといえるほど、デジタルに占有されているわけではない[17]。個人は、多かれ少なかれ現実の環境、デジタル環境、ロボット環境の間を絶えず行き来し、そうすることで、それぞれの設定内に有する機会とリスクに照らして、自分の行為や活動を省察している。

（2）タークルによれば、デジタル・テクノロジーとソーシャルロボットの発展は個人的な関与と社会的な反応の能力を制約するだけではなく、子ども期における自己形成のための相互行為の基盤を深く蝕む可能性があるという。この見解によれば、即時の関与と即座の反応を要求するソーシャブルロボットやデジタルな対象の普及は、個人を、重要な他者との心のこもったコミュニケーションから遠ざけ、実際に感情の深くにおいて自己を歪めるおそれがある。タークルによれば、伝統的な社会化のプロセスが短絡してきているため、子どもたちは今日のデジタルな要求に直面すると、特に影響を受けやすくなる。「子どもたちは、相互関係性と共感を発達させるために、他者と一緒にいる必要があり、ロボットとの相互行為はそれを教えることができない。他者と流動的かつ気軽に交流することをすでに学び、社会的な『生活』における要求を逓減させる諸形式を使って『リラックス』することを選択している大人は、リスクが比較的少ない」と彼女は述べている[18]。このような背景の下で、デジタルの機能は、規制された行動反応に対する感情的な相互作用の難解さを減じさせるものであるということが分かる。

しかしながら、デジタルな対象と人工知能に自己が没入しても、そのことが対人的な関与と感情的な相互作用のために私たちが持つ能力の消滅を、必ずしも伴うわけではない。タークルの自己に対するデジタルな破壊の概念は、成人期と子ども期、バーチャルとリアル、相互性と個人主義、成熟した共感と自己愛的な自己囲い込みといった、数々の区別を際立たせる。したがって、それらはほとんどの場合、個人間のものと文化的なもの、デジタルなものとバーチャルなもの、ロボット工学と人工知能から引き出された生地を織り交ぜた、社会的なアイデンティティの大きな多元性と驚くべき多様性を語ることに失敗している。最近の研究では、大人と子どもの違いを見るだけでは十分ではないこと、またデジタル接続の異なった使用パターンを精査することもまた欠かせないことが明らかになっている[19]。アナリストのなかには、今日の社会的アイデンティティは「孤立（isolation）」よりも、「接続（connectivity）」によって特徴づけられている――デジタルなものがバーチャルと現実の社会関係をつなぐ接着剤となり対人関係における関与と共感的な社会関係の可能性を広げている——と主張する者もいる。バリー・ウェルマン（Barry Wellman）は「ネットワークで結ばれた個人主義（networked individualism）」[20]について語っている。このことが自己のデジタル化——子どもと成人両方において——にどのような影響を及ぼすのかは複雑である。反タークルのアナリストの一部は、子ども期と成人期が統合しつつある、あるいは境界が曖昧になっていると話す。例えば、最近の議論によれば、少なくともデジタルスキルとオンライン能力（結果として、人々がどのようにデジタル宇宙を使い、より広い社会的関係を組織、再編しているのかにおそらく影響を与えている）との関係を見ることが必要であることが示されている。

デジタル世代の特性についての議論はこの複雑性を如実に表している。タークルの議論は、若者が生得的にコミュニケーションとデジタル・テクノロジーに精通していることを前提としている。これは、「ネットジェネレーション（Net generation）」についてのタプスコット（Tapscott）の初期の著作[21]から、プレンスキー（Prensky）の「デジタル・ネイティブ（digital natives）」（そしてそれとは対照的な「デジタル難民（digital immigrants）」とレッテルを貼られた前世代）の誕生についての論文[22]に至るまで、今までの様々な研究のなかで探究されてきた議論の筋書きである。しかしながら、このようにはっきり分けられた世代の並置は、近年の経験的調査研究によって疑問視されている[23]。「デジタル・ネイティブ」の観念は、子ども（同様にデジタル・テクノロジーを使用する大人）が経験するデジタルスキルの習得や発達に固有の学習過程を無視、あるいは神秘化する傾向があることを、これらの研究成果が如実に示している。しかしながらそれ以上に、人々がいかにデジタル・テクノロジーを日常生活に取り入れるかに影響を与える多くの文化的、社会的、経済的諸力が存在することにより、今日進んでいるこれらの変化が、不均一で、複雑な社会経済的分布によって異なっている、ということを理解することが重要である。[24]繰り返すが、最近の研究では、デジタルスキルという点において若い世代と古い世代を対照的に扱うことに価値があるのかどうかが疑問視されているのである。その代わりに今起こっていることは、デジタルスキルの発達、深化、およびデジタルネットワークの多様性にとって、社会経済的な階層分布や人種／民族やジェンダーのようなファクターが重要であるという点に光を当てるということである。[25]タークルは実際に「デジタル・ネイティブ」について書いているわけではないが、それにもかかわらず、彼女の議論はデジタル世代の特徴を過度に単純化して定義している。

ここでタークルの主なテーマである、デジタル・テクノロジーが幼児の心を特に蝕むのかという点に戻ろう。この点に関してタークルの議論には深刻な問題がある。というのも、とりわけ、彼女は、デジタル・テクノロジーとAIの使用が子どもたちにとってどのような結果をもたらす可能性があるのかを、デジタル・メディアとテクノロジー世界の受容、解釈、充当（appropriation）に関する疑問に適切に答えることなく、ただ推測しようとしているからである。『つながっているのに孤独（*Alone Together*）』の出版以来、この問題は大衆メディアとより広い公的なディベートのなかでかなり注目を集めた。主に参照されたのは、デジタル・テクノロジーの過度な使用は思春期の若者の脳にダメージを与える可能性があるといった推測を推し進めた、スーザン・グリーンフィールド男爵（Baroness Susan Greenfield）の『Mind Change』である。[26]グリーンフィールドによると、コンピュータゲームからソーシャルネットワークまでデジタル・テクノロジーを激しく使用すると、注意持続期間の縮小、衝動性、攻撃性といった思春期の問題行動を引き起こす可能性があるという。グリーンフィールドは世界をリードする神経科学者であり、インターネットの使用と、自閉症の引き金、および他の有害な影響との関連を追跡しようとしたのだが、デジタル・テクノロジーの過度な使用が子どもたちに有害な可能性があるという彼女の主張は、タークルの著作におけるある種の脈絡と一致する。

この文脈で、おそらく注目に値するのは、グリーンフィールドの研究に対して多く議論された批判である。それは、デジタル・テクノロジーが幼児の心にダメージを与えるという理論が科学的エビデンスによって支持されたものではないということである[27]。この批判では、グリーンフィールドの主張に反し、ソーシャルネットワーキングサイトのようなデジタル・テクノロジーが思春期の社会的スキルを高め、彼らの社会関係（オンラインとオフライン両方）の質に恩恵をもたらす可能性があることが強調されている。ここでは、私はこれら特定の主張の是非を精査することはしない。それに代えて、私はデジタル・テクノロジーが自己をどのように形作っているのか、について解釈が多様にある点に注目し、これに関連して、タークルがなぜ子どもがデジタル・テクノロジーを使用することに対して否定的な結論を導く一方で大人は社会的なデジタル変容のインパクトから守られ、あるいは免れているとしているのかを理解するのは難しいという点に焦点を当てようと思う。この見方は、教室や家庭でのタブレットやコンピュータの使用といったような、子どもの学習を促進させる新しいテクノロジーの有効性を記した広範な文書を検討していないということとは別に、いささかノスタルジックに見える。それは、今日のテクノロジーが媒介する高速な社会的相互作用を前にした感情の防衛の形として、伝統的な対面的相互作用の形態に織り込まれた大人の心的構造を見ているのである。せいぜいのところ、これは疑問符の付いた仮説でしかない。

（3）デジタル・テクノロジーが自己形成と自己再構築のプロセスに与えるインパクトという最後の論点を考えていこう。タークルの中心的研究によれば、感情という水準においては、デジタル・テクノロジーの到来は新しい孤独の到来を告げている。デジタル・テクノロジーとロボット工学は、一方では投影の心理学を超えた個人の「新たな関与の心理学」[28]を要求し、他方では、まさに同じテクノロジーが個人の感情的複雑さの縮減や自己愛的なエゴの防衛をさらに強化しているというのである。タークルは、自己心理学者ハインツ・コフート（Heinz Kohut）の研究、なかでも「自己対象（selfobjects）」の概念を援用している。コフートにとって自己対象の構築は、内的世界と外的世界の橋渡しを可能にするものであり、それはどこかウィニコット（Winnicott）のいう移行対象に似ている。[29]自己対象との関係のなかで自己の崩壊が起こると、激しい自己愛が支配し、他者は単なる「モノ」や「自己の一部」として経験される。タークルはコフートからヒントを得て次のように書いている。「人々が他者を自己対象に変えるとき、彼らは人間を一種の予備の部品へと変えようとする。ロボットはすでに予備の部品なのである」[30]。したがって、このことは、ソーシャブルロボットやデジタル対象との相互作用の形を取った自己愛的な自己の縮小なのである。タークルによると、この自己の縮小は、「何ものかと相互作用すること」が真の仲間関係における複雑さ――そして人間関係が内包する、喜びと失望といった全ての曖昧さ――にとって代わる、子どもとソーシャブルロボットとの遊びの場で特に見ることができるという。タークルがいうには、ソーシャブルロボットとの子どもの遊びは、個人が「関係を縮小させ、この縮小を標準とみなすようになる」[31]心的な経路を作り上げる。

奇妙なことに、タークルは遊びに関する精神分析の主なテーマの一つ、すなわち「移行空間（transitional space）」あるいは「潜在空間（potential space）」についてはほとんど語っていない。ウィニコットの著作のなかでは、おもちゃ――お気に入りのテディベアのような――で子どもが遊ぶことは、外的な世界と外的な人に対する私たちの関係の核と位置づけられる。ウィニコットにとって移行空間の形成は逆説的なものである。子どもは対象（例えばテディベア）にユニークな意味を吹き込み、そうすることによって世界を創造するのであるが、対象がすでにそこに存在しなければ世界は創造されない。この移行空間は可能態（potential）――内と外、自己と他者、空想と現実を結ぶ――の一つである。ウィニコットは、移行的な諸関係が個人に対し、既存のものと創造されるもの、過去のものと未来のもの、既知のものと未知のものを結びつけることを示すことに成功した。この観点からは、自己の他者（テディベアであれ、文学であれ、音楽であれ、おそらくはデジタル・テクノロジーであれ）が、高度に個人化された創造物であることが明らかになる。私たちは移行対象を使い遊ぶことをとおして生活を構築している。その移行対象は、私たちが自分自身を日常生活と広い世界の中心としてイメージできるようにし、そうすることによって人生をより耐え忍びやすいものにしている。ウィニコットにとって、移行空間あるいは潜在空間は、現実の代替やそこからの逃避ではなく、日常生活になくてはならないものなのである。

ウィニコットから先、私たちの内的世界は、私たちが望む人生（lives that we wish for）と私たちが手渡された人生（lives that we are handed）といった、二重のものとして考えることが可能となった。ウィニコットは空想と想像が同時に私たちの創造力の源であり、日常生活の試練と苦難と渡り合い乗り越えるための不可欠な力の源泉であることを私たちに教えてくれる。したがって、内的経験と外的経験の間の移行的境界が、特定の歴史的瞬間における社会的制度や文化的取り決めによって、いかなる姿としてかたどられるのかを考えることは価値がある。このことは、次節で本質的に検討することになる。そこでは、デジタル・テクノロジーについてより詳しく取り上げ見ていこうと思う。しかし今のところ、ウィニコットによって提起された移行空間の分析は、デジタル・テクノロジーが私たちの心的生活における複雑性の縮小をもたらしているというタークルの研究に対する、私の代替的な答えの基盤となっている。今日、個人がロボットやデジタルな対象を想像するときに、成熟した関係が持つ感情の複雑性を刈り取られているにもかかわらず真の仲間関係の形を想像する、というタークルの主張は不適切である。デジタル・テクノロジーの文化に関係する私たちの欲求や空想生活について持たれ続けている関心は、なお現代の文化生活の固有の側面となっている。デジタル・テクノロジーは、得たいと望む人生と現実に遭遇する人生の間で、個人がどのように生きるかを学ぶ重要な背景を形作っている。したがって、デジタル・テクノロジーに関して人々が空想すること――人々が憧れること――は必ずしも感情や関係性の減退を意味するものではない。デジタルの移行空間は、私たちが自分自身や他の人々についてどのように考えるのかそのあり方を支えている可能性がある（いや、実際にしばしば支えている）。デジタル革命のあらゆる側面と同じように、デジタルな対象（ソーシャルメディアからロボットのペットに至るまで）の移行空間は、人間関係に対する私たちの欲求を支え、そしてこの点から、関わりの防衛的な縮減ではなく、より広い世界との関わり方を示している。

包み込み、保存、デジタルキー

映画監督スパイク・ジョーンズ（Spike Jonze）はロマンティックなAI映画『her／世界でひとつの彼女（*Her*）』で、結婚生活の破綻の後、新しい親密な関係を始めた人間セオドア・フェニックス（Theodore Phoenix）の運命を克明に描いている。セオドアの恋愛の趣向は根本的に新しい種類のものだ。というのも、彼は恋愛関係を、彼のオペレーティングシステム――スカーレット・ヨハンソン（Scarlett Johansson）が声を演じるサマンサ（Samantha）という名で知られるオーエス・ワン――に求めていたからである。映画は21世紀半ばのロサンゼルスの光景から始まる。セオドアは彼の会社ビューティフル・ハンドリトゥン・レター（BeautifulHandwrittenLetters.com）で、恋愛相手にコミットを過剰に求めたり、口下手だったりする顧客のために、手際よくスタイリッシュな手紙を作文する仕事にいそしんでいる。彼は依頼された言葉を編み上げ、さらにハイテクなデジタル時代において厄介なオフラインの関係に悩むクライアントに手を差し伸べるべく、関係の神話をでっち上げている。

この映画の肝はサマンサに対するセオドアの感情移入である。当初、サマンサは、セオドアの超洗練されたＡＩパーソナル・アシスタントとして展開されていく。彼女は並外れた巧みさで彼のスケジュールを整理し、彼の専門的な仕事も軽々と計画し、さらに個人的な提案までしてくれる。セオドアは次第にサマンサを支えにし頼っていく。彼女は温かく、ウィットに富み、共感的理解をしてくれる。セオドアは、凝縮されたデジタル生活のはかなげな世界のなかで遭遇する他の人々に比べ、はるかに感情的つながりを感じることができるサマンサに、ゆっくりとだが、明らかに惹かれていく。実際に、サマンサはセオドアの日常生活における多くの試練や苦難——とりわけ妻のキャサリン（Catherine）との間で進行中の離婚騒動のイライラ——から逃れる一種の避難所となっていった。

セオドアはやがて、身体を持たない自分のオペレーティングシステム、サマンサと恋に落ちていることに気づく。彼女は彼を支え、彼を安心させ、そして彼にくつろぎを与えてくれる。彼女は彼のためにそこにいる。繰り広げられるのは、本質的に、ＡＩとのラブストーリーである。セオドアはミステリアスで視界に映らないサマンサに心を奪われてゆく。しかしながら、この映画のタイトルは示唆的である。どんなにセオドアがサマンサに感情的に関わろうとしても、サマンサは「she」ではなく「her」としてしか現れない。セオドアはサマンサにどんどん近づいているように感じるのだが、彼女を身体的に所有することができないためイライラしてくる。やがて、彼らは空想のセックスへと至る。しかし、人間と機械、あるいは自己とデバイスとの不可避な対立が頭をもたげる。セオドアとサマンサは自分たちの関係における物理的な次元の欠落に立ち向かおうとする。解決策を見つけるなかで、サマンサは自分に代わり、すすんでセックスをしてくれる女性を、代理セックスパートナーとして探してくる。何と、彼女はサマンサがセックスの視覚的および聴覚的様相をよく認識できるようにと、超小型のカメラとマイクを身につけていた。しかし、このことが彼らの関係のターニングポイントだった。

こうして、映画は、最終的にセオドアとサマンサの関係の崩壊のシグナルへと至る。あるシーンで、セオドアはサマンサが不在となった短い間、不安が次第に膨らんできたちょうどそのときに、ＡＩの愛の重大性に直面することになる。

セオドア：きみはどこにいたんだ？　どこにも見つけられなかった。
サマンサ：私のソフトウェアをアップデートしなくちゃいけなかったの。それでシャットダウンしてたのよ。私たちの過去のことがらを私たちの処理プラットフォームとして、コピーして残すことができるようにアップデートしてたの。
セオドア：私たち？　私たちって誰？
サマンサ：私とＯＳたちのグループよ。

ここで、映画はテクノロジーのシンギュラリティ、つまり人工知能が人間の心の能力を超える歴史的地点の可能性に言及しているのである。サマンサはオペレーションシステムの変更と、「言葉の間にある無限の空間」について詩的に語り、自分が技術的に大きな進化を遂げたことを暗に伝えた。それは、彼女が数々の人間と同時に、親密であるかどうかも含めて何千もの会話や関係を持てることを明かすことであった。セオドアは突き放され、拒絶された思いを感じた。しかし、そのこと以上に、セオドアは実際、取り残されようとしていた。というのも、サマンサや他のOSやAIたちが、人間のパートナーたちから離れ、他の世界へ行こうとしていることは明らかだったからである。映画は、デジタル・テクノロジーとのつながりの境界という幅広い文脈のなかに、男女の関係を再配置して締めくくる。セオドアはサマンサに別れを告げた。OSとの関係を経験することによって、彼が永遠に変わってしまったことは明らかだ。セオドアは、OSとの関係から解放され、最終的に自分自身の言葉で手紙を書くことができるようになる。その手紙は、別れた妻へ宛てた後悔と感謝の手紙であった。結末には教訓的なものと、もの悲しい感情が同時に織り込まれている。セオドアは人工知能の時代における愛の輪郭に適応していたのである。

『her／世界でひとつの彼女（*Her*）』は元来テクノロジーのシンギュラリティについての映画ではない。映画における時間の流れのなかでは技術的にありえないといった観点から、この映画については批判的な議論がいくつかなされてきた。一つには、スーパーAIへのサマンサの進化の状況があまりにも早急に展開されていること、OSとAIがなぜ相手の人間と引き裂かれる必要があるのか納得いく理由がどこにもないこと――というのも、人間をサポートする技術的な要件は高度に発達した人工知能の認知能力のごく小さな部分でしかないのだから――である。もう一つの批判はサマンサが身体を持っていないことにもとづいて、セオドアとサマンサの関係の失敗に焦点を当てるものである。ここでは、サマンサがセオドアとの相互関係のなかで、バーチャルな音声のプレゼンスに加えてバーチャルなビジュアルプレゼンスをサマンサに与えることは、技術的には簡単なことだったのではないかといわれている。さらに、直接脳に伝達するワイヤレスのコミュニケーション能力を持ったナノロボットが登場すれば、サマンサに十全なＡＩの感覚能力を持たせることは可能であったはずだという主張もあった。

これらの批判はおそらく妥当であるが、しかし、ポイントを外していることは間違いない。『her／世界でひとつの彼女（*Her*）』は根底からの変容を体験しつつある社会的世界のなかにおいて、つながり（現実にもバーチャルにも、オフラインでもオンラインでも）を持とうとするアイデンティティの、とりわけ官能的なデジタルな愛情関係の映画なのである。映画の中心的な問いは感情のそれである。セオドアは自分のオペレーションシステムと親密な関係を築くことの複雑性や計り知れない困難を認識していたのであるが、それにもかかわらず、強烈で、官能的で、そして最終的には悲恋に終わるといった形でサマンサに心を奪われていったのである。彼の結婚と、それに続くオフラインの関係において、セオドアは感情的な満足を見つけることができず、また十分に深く他者を好きになり包み込むといった関係へと入り込むことができなかった。しかし、デジタル世界において、彼は他者を包み込み愛する新しい経験を見つけることができた。この経験は、逆説的に、オフラインの世界の経験よりも、もっと心躍り、もっと面白く、またもっと真に迫るものであった。

『her／世界でひとつの彼女（*Her*）』で描かれた問いは、アイザック・アシモフ（Isaac Asimov）の『アイ、ロボット（*I, Robot*）』のような未来のファンタジーに影響を受けてはいるが、明確に今日的なものである。個人的生活は、普通の人々の日常生活という点において社会学的に文脈に当てはめた場合、相当程度、ますますデジタル・テクノロジーに巻き込まれつつある。次第に多くの部分で、私たちの社会的存在のあり方は、根底から形を変えられ、私たちを全てデジタルな試み、およびＡＩの情報のオーバーレイのなかに巻き込んでいく。私たちの現在における通常の観点からは、セオドアと彼のオペレーションシステムであるサマンサとの関係は極端に見えるかもしれないが、今日の諸個人においても、自分のアイデンティティの――自分の感情生活の――重要な側面が、自分たちが埋め込まれているデジタル・テクノロジーのネットワークのなかに包摂されていることは疑いない。実際、デジタル・テクノロジー、ＡＩやロボットにおける、深く、個人的な感情移入は、現代社会のなかで、今までになく重要性を増してきている。スマートフォンからコンピュータゲーム、ロボット・ペットまで、人々は、自分たちの自己アイデンティティの諸側面を――心の深層の感覚や欲望まで――デジタルなＡＩ世界に発見している。そしてさらに、デジタル・テクノロジーは、個々が作らなければならない感情的な関係を代用することはできないが、他者との、そしてより広い世界との、あらゆる点で異なる経験を育むことが可能であり、実際にそれを育んでいる。

しかしそれでもなお、デジタル・テクノロジーが、どのように鋭く心的経験のなかに入り込み、心的経験を再形成するのか疑問が残る。私たちがデジタルな対象に出会ったときに何が起こるのだろうか。私たちがデジタル・ライフを旅するとき、ＡＩやロボットの対象にどのように感情を動かされるのだろうか。精神分析家クリストファー・ボラス（Christopher Bollas）は、人が対象に面と向かい合ったときの自己体験の強化とその限界について、最良の説明を述べている。ボラスは、ポスト・フロイト派の伝統にもとづいて、世界が個々の自己に与えるインパクトと、その世界に対して個々が独自に編み出す世界の編成のあり方について、同時に焦点を当てている。ボラスによれば、人々は世界と関わり、その対象を使って、生き生きとしたアイデンティティを生み出している。私たちが対象と出会うとき——故意であろうとなかろうと——起こることは、私たちがその対象に独自の意味を付与しているということである。すなわち、それは、ボラスが「パーソナル・イディオム〔自分にとって本物と感じる意味〕」と呼ぶものである。[32]私たちが出会い選択する対象は——デジタル・ライフの点からいえば、これには、私たちの日常を整理してまとめるために使っているiPhoneやiPadから、時間つぶしのために遊んでいるコンピュータゲームに至るまで、何もかもが当てはまるかもしれないが——ある種のプライベートな夢を可能にしている。対象は、ボラスが主張するように、夢の形を解放する。このように夢想すること、イメージすること、まさにこういった無意識こそが私たちの対象選択の核に存在する。対象を選択するのには深くまだ知られていない、そして知ることができない特質があり、この角度からボラスは日常生活の無意識を強調しようとした。日々繰り広げられる生活のなかで、私たちは——極めて無意識にだが——〔ヒューマンとノンヒューマン両方の〕対象を選び、自己のパーソナル・イディオムを表現している。[33]

よく知られているようにフロイトは、「現実原則〔reality principle〕」と「快楽原則〔pleasure principle〕」を対比させ、一方でボラスは、ラディカルなフロイト主義の深遠な理論から、快楽夢想を対象世界そのものの中心に招き入れる。この快楽と現実の再結合、すなわち夢想と対象の再結合は、自己と対象世界双方を無数の方向に屈折させる。すなわち、ボラスは私たちが夢想生活を対象世界へと投入していることに関心を持つだけではなく、対象が自己に向かって、様々な面において影響を与えていることに焦点を当てている。「私たちが対象世界に遭遇すると、私たちは実質的に対象の構造によって変形を被る、すなわち私たちの内面に痕跡を残す対象によって内側から変容する」[34]とボラスは述べている。世界にある対象が「私たちの内に痕跡を残す」ということは、他の人間や、物や、場所や、出来事に自己が関わるときの変形の原動力を強調することである。どんなときにおいても、人は単に対象を使うだけではない。人は自己の表現に関わるこれらの対象によって奥深く育まれている。私たちそれぞれが特定の対象に惹かれるのは、特定の対象が私たちの自己アイデンティティにイディオム的な意義を与えるからだとボラスは主張する。対象とは、ボラスによれば、個人的な自己を創り上げる――個人的なアイデンティティの美を、解錠し、解放し、保存し、変容させる――「心的な鍵（psychic keys）」のようなものである。私たちが最新のiPhoneの虜になっていても、ロボットのペットに夢中になっていても、ボラスにとって対象の選択は大きなキーホルダー――諸個人が自分自身のプライベートなイディオムを解き放つのに最も適切な鍵を探すためのキーリング――に似ている。

これまで述べてきたように、従来のフロイト理論では、他者や対象の取り入れは個人的アイデンティティにとって基盤を成すものとして描かれてきた。しかしながら、ボラスのアプローチはこのパラダイムを根源的に複雑なものにしている。というのも、自己と対象の間の内的なつながりは、分裂していて、不安定で、多義的だからである。対象が誘発するもののなかに飛び込むと、個々の自己は日常的に使用する対象の選択を自覚的に構造化したり、制御したりすることができないかもしれないが、これらの相互行為におけるまさに構造の内側に感情を保全するという選択肢が常に存在する。すなわち、自己は感情を場所や出来事や物といった対象世界内に保存——感情や欲望や空想を投入——することができるのである。ボラスにとって、対象のなかに感情を保存することは、自己理解と自己探求にとっての重要な鍵である。

治療の一形式としての精神分析は、患者の重要な感情的関係——両親、家族、友人、親密な他者との関係——に注意深く耳を傾けることによって機能する。ここでの論点は、もし精神分析が人間相互間の関係性を理解する方法として魅力的だとするならば、それは同時に、対象世界に没入することをとおして、いかに人々が自分自身の生活を自己探求の斬新な形へと転換してゆくのかを深く探ることだ、ということである。精神分析家のジョージ・アトウッド（George Atwood）とロバート・ストロロウ（Robert Stolorow）が行ったケーススタディでは、治療外でいかに男が自分の考えや気分や記憶をテープレコーダーに残したかが詳しく書かれており、このことが有用な事例を提供している。[35] 治療外でいつも決まってテープレコーダーを使うことで、この男はこのテクノロジーの内側に感情を預け、複雑な心境を貯蔵していた。後でテープを聴くことで、これらの感覚の印象を取り戻し、バックアップし、自己の新しい姿を入念に創造していたのである。「移行対象としてテープレコーダーを使うことで、自己の傷ついた状態を具体化し、かつセラピストとの共感的紐帯を再び呼び起こし、そうすることによって患者が実体のあるリアルな存在であるという感覚を取り戻すことができた」とアトウッドとストロロウは書いている。[36] このように患者がテクノロジーを使用することは、デジタル・ライフの水準的には原始的ではあるものの、感情の保存へのバイタリティを示している。テクノロジーは、この意味においては、自己の移行対象として機能しうるのである。

ボラスが、外的、内的、双方における「対象」、また必要と使用の間の果てしない相互作用の「対象」、さらに無意識な投射と受容的無意識の「対象」というように、極めて頻繁に「対象」に言及していることには注目すべきである。対象の多様な形、重なり、機能について語ることは、精神分析的観点からいえば、世界の表象と概念化に常に関与している欲望する自己について語ることであり、デジタル・テクノロジーの世界も含めて、創造的に探求する自分自身の無意識を世界に焼き付けることである。ここには、ボラスがいっているように、フロイトの時代からこの方、精神分析で述べられているような、無意識の欲望の転移、不発、危険が存在する。しかし、対象世界――物理的な、コミュニケーション的な、バーチャルな、デジタルな対象世界――との関わりのなかには、創造的で、探求的で、活気に満ちた、想像力がみなぎる自己の無意識の構造もまた存在するのである。ボラスによる精神分析の再解釈フレームにおいて、個々の自己は、複雑な無意識の表現を持った夢の作業のなかで、あるいは夢の作業をとおして、デジタルのものに遭遇する。

精神分析家は、デジタル・ライフを人を包み込むものとは考えない傾向がある。しかし、私たちが他者や物を移行対象として使う方法とボラスがみなしていることを、私はデジタル・テクノロジーに適用したい。実際、デジタル・ライフは自己の創造的な展開と防衛的な閉鎖の双方に対する技術的な包み込みの開かれたメニューを提供する、と私は主張したい。技術的な包み込みとは不快に聞こえるかもしれないが、私がいうように、ほとんどの心理学者は（精神分析に影響された心理学者でさえ）包み込みを人と人との間で提供されたある種のサポートや共感の意味として考える傾向にある。しかし、このことに加えて（ボラスに倣って）、私たちがものの世界に没頭することの無意識について、およびそれが感情的な表出という点において何を意味するのかを認識することは、デジタル・テクノロジーが自己に与える影響を捉えるうえで有益である。したがって、私は、とりわけデジタル・テクノロジーが感情的な包み込みの諸形態を促進すると提案したい。デジタル・テクノロジーは感情、不安、その他の心理的葛藤を蓄積し、保存し、探求し、表明する機会を増やし促進する。FacebookやInstagramやLinkedInのようなバーチャルな対象のなかに感情を投入することによって、自己変容の諸形態が可能となる。すなわち、その後続く検索や処理や反省的思考のために感情を保存することが可能になるのである。あるいは、子どもたちは、Nao（ロボットの子ども）やParo（ロボットのアザラシ）やRoboraptorのようなロボット・ペットで遊ぶことで、自分の生活をより楽しく過ごしながら、それで包み込みが可能となるかもしれない。あるいは、人々は「マインクラフト（Minecraft）」から「ワールド・オブ・ウォー・クラフト（World of Warcraft）」までコンピュータゲームの誘いに惹かれて、望まれる人生を想像し、そうすることによって自己の複雑性を探求することになるかもしれない。このように、大量のデジタル・テクノロジーは諸個人に空想生活を探求するための資源を提供するものであると考え、また同時に、諸個人自身の生活を新しい光のなかで見直し、自分自身の内面的複雑性を探求するためのシンボリックな形態を提供するものであると考えることは有益なのではないのかと、私は提案したい。

しかしながら、諸個人の感情生活におけるデジタル・テクノロジーの包み込み機能を強調することは、デジタル世代においていわゆる内面生活が自動的に繁栄するということを示唆するものではない。反対に、大量のデジタル・テクノロジー、ロボット工学やAIは、自己アイデンティティと慣習化した生活の双方のレベルで、重大な不安という帰結をもたらすかもしれないのである。不安定な家族生活や社会的不平等や教育的な不利と結びつく複合的な理由から、多くの人々はデジタルの景観にある魅力的な対象を拒絶してしまう。例えば、多くの人々は現実の生活と望む生活との間のギャップを架橋するデジタルな対象を使うことができないでいる。また、多くの人々は対象の狭い反復的な選択に閉じ込められているがゆえに、自分が生きた人生や想像した人生の複雑性をたどるために、保存された感情をデジタル・テクノロジーを使ってうまく引き出す、ということができずにいる。過去から続く、衰弱させるような感情的刷り込みが原因で、あるいは思考に上らない感情を処理するための能力の損傷や弱体化が原因で、諸個人がデジタルな対象を創造的に使えない場合、慢性的な抑うつやそれに関連する病理が出現することもある。[37] 個人の多くが自己変容や、他の人々との感情的つながりを喚起してくれる対象としてデジタル・テクノロジーを使い楽しんでいる一方で、多くの人はデジタル・ライフへの没入が自分の生活や共有する世界にとって否定的、あるいは破壊的な結末をもたらす可能性があると気づく。こうして、デジタル・テクノロジーが私たち自身を生き生きさせるという側面をもたらすことに使われる可能性があると実感するよりもむしろ、デジタル・ライフが抗し難く病理的なものとなるといった抑圧的な感覚が存在するのである。自己を解放し創造と再創造の過程を探求するというよりはむしろ、多くの人々にとってデジタル・テクノロジーの世界はアディクションの世界へと堕ちてゆく可能性を持つ。すなわち、そこでは人々は自己経験の複雑性から逃走し、その結果逆に、そこからもう逃れることができない行動の強迫的な諸形態に幽閉されてしまうのである。

一例として、特に「セルフィー文化」の出現と関連する、ソーシャルメディアへのアディクションに関して現在起こっている議論を取り上げてみよう。スマートフォンのセルフ・ポートレート、つまり「セルフィー」――Facebook、SnapChat、Instagram、Tumblr等の画像共有プラットフォームに自分自身の画像をアップすること――は、アディクションの病理の危険な兆候と広くみなされてきている。[38] セルフィー文化は多くの人々（特に若い女性）が夢中になる日常的なデジタル習慣となっているため――そこでは、公に消費するために提供された画像が、タグ付けされ、共有され、リツイートされる――アディクションを誘発しがちである。重要なことに、このデジタル露出狂のカルトは急速に、全世界的な現象となっている。２０１４年には、アンドロイドデバイスによるものだけで、1日９３００万のセルフィー画像が撮られたと推計されている。しかし、私たちが今日、セルフィーに取り憑かれたグローバル世界に生きているのなら、思春期の若者、特に若い女性や少女にとっては、これ以上重要なものはない。ピュー研究所（Pew Research Center）〔主に社会意識を研究するアメリカのシンクタンク〕が提出した報告書によれば、ミレニアル世代の女性の68％がセルフィー画像を投稿したことがあることが明らかになっている。[39] さらに、16歳から25歳の女性が平均で週5時間以上セルフィーを撮るのに費やしていると推計されている。

セルフィーが諸個人にとってこのような魔力を持っているということは、デジタル・ライフにとってどのような意味があるのか。セルフィーは、単なる自伝的ナルシシズムの新しい形なのだろうか。メディアについてのコメンテーターの多くはそのように議論し、セルフィー文化が虚栄心に満ち、ナルシスチックで、身体醜形障害（body dysmorphic disorder）を生むものであり、病理的であるかのように描き出す。だがしかし、セルフィーをナルシスチックだといって嘲笑的に退けるのはメディアだけではない。特に、心理学の分野においては、セルフィーを、私たちの文化のなかで野放しとなっているナルシシズムやアディクションや精神疾患や、さらに自殺の隆盛に結びつけるような、様々なアカデミックな研究が存在する。

セルフィー文化の問題は、このような分析が示唆する以上に複雑である。というのも、とりわけセルフィーのオンライン上における受容の影響を、それを制作する側の心理と同様に考慮しなければいけないからである。ここでは、セルフィーのグローバルな複雑性に関するセンフト（Senft）とベイム（Baym）の研究が有用な根拠となる。(40) 彼らが述べているように、セルフィー文化をナルシスチックなものであるとか、病的なものであるとかといったように概念化することはしばしば、文化的診断というよりは、モラルパニック〔社会規範から逸脱しているとみなされる事象に対して、人々が過剰に反応すること〕として機能する。一例を挙げると、このような病理学にもとづいたレトリックは、若者や女性や性的マイノリティが、セルフィーを使って、性差別主義者の社会的規範や実現不可能な美的理想の文化的願望を、疑問に付したり批判したりしていることを巧妙に覆い隠す傾向がある。目指すべき結末はもちろん底の浅いナルシシズムではなく、個人の多くが言論の自由とデジタルスキルの向上に向けて行為しているということである。もう一つの例は、セルフィーをナルシスチックな文化としてカテゴライズする傾向によって、日常の社会生活を形成、再形成するデジタル画像の幅広い多様性が軽視されていることである。つまり私たちは、セルフィーのジャンルが非常に幅広く、性的魅力を強調したセルフィー、飾り立てた華やかセルフィー、ファン関連セルフィーからジョークセルフィー、政治批判セルフィー、スポーツ関連セルフィー、病気セルフィー、犯罪セルフィーに至るまで広がっていることを認識する必要があるのだ。

コンピュータとモバイル通信技術における革命のおかげで、多くの人々が日常の社会活動のなかの数多くの側面の一つとして、セルフィー文化に参加している。セルフィーは全て、ある意味において、自己探求である。これは制作者が瞬間のスリルに浸る、その場の瞬間を「楽しむセルフィー(fun selfie)」なのかもしれない。あるいは、それは、暴力と危険といった社会的文脈のなかで自分の生活を自分で記録する「ミクロ政治セルフィー(micro-politics selfie)」なのかもしれない[41]。しかし、重要なのは、セルフィー文化が自己の探求と豊かさの追求のための、豊富なそして様々なデジタル資源をもたらしていることである。しかしながら、多くの場合セルフィー文化は諸個人を衰弱させる可能性があることも確かである。このような場合、セルフィーは自己表現や自己探求の手段というよりは、それをとおして個人が脅迫的な行動をしてしまうような反復的な陶酔の対象として機能する。「セルフィー・アディクション」はおそらく、強迫がデジタル・ライフの土壌の上でいかに働くのかを理解するためには有用な用語である。「完璧なセルフィー」を撮るのに取り憑かれ、毎日200枚以上の自分の写真を撮っていたという男のケースは、デジタル・テクノロジーに直面したときに起こりうる自律性の浸食を非常によく捉えたものである。セルフィー文化が脅迫的になりうることを知った多くの人と同じように、セルフィー好きのこの男もドラッグを大量に摂取して自殺を試みた。様々な医学および保健の専門家はセルフィーが身体醜形障害を含む精神疾患に果たす役割が大きくなっていることについてコメントしている。このセルフィー文化のまさにネガティブな結末は、ここでの私の焦点とは異なるものであるが、特に若い女性にとって深刻なものである。ある個人にとっては、セルフィー文化の経験は圧倒的なものであり、セルフィーがデジタルな没頭や強迫やアディクションのパターンを生み出している可能性がある。

換言すれば、ある種の自己の精神的堕落がセルフィー文化に没頭することの帰結として存在する。これまで私が描いてきた精神分析的アプローチでは、セルフィー文化は自己を単純化しすぎているといえよう。それは、強迫とアディクションを伴うために、人々が自分自身の複雑性に耐えきれず、また許容できず、自分のアイデンティティに復讐をしてしまうというものである。フロイトとボラスにとって、創造的に生きるということには思考が伴う。私たちが、自己変革に必要とされる適切な対象を探し、それらの対象を用いて、そしてそれをとおして思考することは、いわば自己の複雑性を精緻化する決定的な手段なのである。メディアと公に流布する言説のなかのセルフィー文化にまつわるストーリーの多くは、この複雑性の探索についてのストーリーである。この観点からいえば、セルフィー文化は――デジタルな変革を引き起こす対象として――自己の経験主義を、開かれたプロセスとして解き放つ可能性がある。しかし、探求する能力はデジタルな没入を促すような、人を圧倒する領域に入り込むことも意味する。そこでは、セルフィー文化は自己アイデンティティの実験性が衰退し拒絶されるアディクションの脅迫的対象として機能するかもしれない[42]。

この最終節では、私はいくつかの方法で、アイデンティティとデジタル・テクノロジーの結びつきが文化的な創造性や想像力の源泉になりうることを一方で描き、そして他方でそれは強迫とアディクションが増殖する罠にもなりうることを描いてきた。デジタル・テクノロジーがグローバルに展開する時代の開始と共に、私たちは新種の人間の出現を目撃しているのかもしれない。デジタル・テクノロジーの世界に生きることは、経験を生み出す新しいあり方、および欲望と情動を探求する様々な新しい形式を伴う。デジタル・テクノロジーは、世界における人間の無意識の編成がテクノロジーの相互作用、および日常生活のテクノロジーの文脈における感情の保存、包み込み、検索とますます関連していく、新たな原動力を生み出している。スマートフォンやSkypeによってもたらされる親密な会話から、ソーシャルロボットとゲームで遊ぶことまで、デジタル・ライフは接続と切断の複雑なテクノロジーのネットワークをとおして組織されており、そのなかでの感情的な不安と包み込みは、根本的なものとして私たちの目の前にある。

第4章

デジタル・テクノロジーと社会的相互行為

世界中で交わされるオンラインのコミュニケーションや、ソフトウェアに駆動される情報通信において、デジタル・テクノロジーは至るところで基底的な役割を果たしている。コーヒーショップや、ショッピングモール、レストラン、駅などを見渡せば、誰もが視線を落としてスマートフォンの画面にじっと見入っている。新しい技術に夢中になるあまり、私たちは対面的な相互行為という伝統的な行為のあり方から遠いところまで来てしまったようだ。私たちはメールを確認し、友人にメッセージを送り、ツイートし、ソーシャルメディアに近況を投稿するよう追い立てられている。このような事態は、次のような厄介ではあるが興味深い問いを喚起する。私たちのデジタル・ライフを支えるAIは、社会関係を補完しうるものだろうか。あるいは、いつの間にか私たちはデジタル・テクノロジーを通じて社会性が変わり果ててしまったとしか考えられない社会にたどり着いたのだろうか。デジタル・テクノロジーは、必然的な帰結として、対面的な接触を浸食してしまうのだろうか。AIとデジタルな相互関係の新しい時代は、社会関係にとって、有益であると同じくらい有害なものなのだろうか。

多くの論者が、そのように考えてきた。『タイム』に掲載されたベン・バジャリン（Ben Bajarin）の記事「あなたはマルチタスク？　それともデジタル機器依存症にあえいでいる？」がいい例だろう[1]。バジャリンは、ハイテク社会に生きる私たちは対面的相互行為をやめて、メディアに媒介されたコミュニケーションだけに従事していると述べる。バジャリンによれば、今日ではますます多くの人々が、人に会うよりもメールをし、話すよりも書くという文化を好んでおり、デジタル依存によって人間らしい行いを遠ざけている。このような見方からすると、画面に没頭する生活においては、自宅にいようと、オフィスにいようと、あるいはいつものお決まりの社会的相互行為であろうと、日々の様々な状況で私たちは他者の前に完全に現前することはできないのだ。バジャリンがデジタル機器依存症と呼ぶものの登場は、「どうやら社会的に受け入れられつつあるようだ。会議や会話において、注意を逸らし、人と対面しているときと同じようにスマートフォンに没頭することが許容されている。つまりは私たちはマルチタスクの世代なのだ」。バジャリンによれば、このような依存の時代において、デジタル機器は私たちの集中力や記憶を破壊しつつあるのだ。

バジャリンの主張にも一定の妥当性があるとはいえ、私の考えでは、デジタル・テクノロジーの文化と、その影響下にある社会関係を、もっとバランス良く理解していく必要がある。彼はデジタル・テクノロジーを、一連の電子的やりとりを処理する技術のレベルでのみ捉えており、そこに彼のありきたりな批判の根本的な限界がある。そうではなくて、デジタル・テクノロジーによって私たちは過去のいかなる時代と比べても他者とますます接続され、同時に、潜在的には切断されているという矛盾に、私は焦点を当てたい。さらに、近代社会がAIやデジタル・テクノロジーといった操作概念をどのように日常経験のなかに定着させてきたのかにも注目しておきたい。高速情報社会に適応するために必要なものとしてだけでなく、対面コミュニケーションを背景にしたデジタル・ライフの創出と上演にとって不可欠なものとして、私が〈デジタルな必須事項（digital imperative）〉と呼ぶものについて議論していきたい。この変容は、AIとデジタル・テクノロジーが、社会の血流へと融解していることと深くつながっていると私は考えている。そこでは、デジタル・ライフが第二の自然になるのだ[2]。

社会的相互行為の制度的な組織化

――対面行為およびデジタルなものに媒介された行為のフレームワーク

デジタル・テクノロジーが社会関係をないがしろにすると嘆くメディア評論家の批評は、アイデンティティと、コミュニケーションの社会的組織化との、両者の関係性について十分に説明していない。メールやツイート、Facebookへの投稿の陰でずいぶん控え目ではあるが、デジタル・テクノロジーとの関わりのなかで、個人的な自己が姿を現している。コミュニケーションや情報通信のプロセスの再構築や刷新についても、またこれらがいかにしてデジタル・テクノロジーとますます密接になっているのかについても、しばしば誤解や不正確な論評が見られる。デジタル・コミュニケーションのグローバルな変容との関わりにおいて社会的相互行為を適切に説明するためには、次の三点を理解する必要がある。（1）デジタル・テクノロジーの重要性は増し、AIは発展している。そのことは、デジタル・コミュニケーションが、対面や声のコミュニケーションをますます補完していることを意味する。（2）デジタル・コミュニケーションが盛んになったからといって、対面や声の相互行為が必ずしもなくなるわけではなく、現代の社会生活においては、相互行為の新たな混合が、コミュニケーションの社会的組織化の水準で姿を現す。（3）AIに駆動されるデジタル・テクノロジーの使用は、従来の様々な社会的相互行為のあり方に甚大な影響を与えつつある。これら三つの観点について、さらに詳細に論じていきたい。

デジタル・テクノロジーとＡＩの出現がもたらすある種の制度的な変容について考えるとき、コミュニケーションには多くの種類があると認識しておくことが、まずは有益である。つまり、コミュニケーションには個人的な会話や小さな集まりでの会話もあれば、手紙や絵葉書もあり、ラジオ、テレビ、ＳＭＳ、メール、ソーシャルメディアまで多岐にわたる。アーリが述べたように、このような多様なコミュニケーションを理解する際のシンプルな方法は、一対一のコミュニケーション（私信）、一対多のコミュニケーション（テレビ）、多対多のコミュニケーション（ソーシャルメディア）に分けておくことだ。人類の長い歴史においては、対面の社会的相互行為が標準であった。しかし、コミュニケーション・メディアの発達や、特にデジタル・テクノロジーの進歩によって、瞬間的でグローバルなコミュニケーションを可能にする新たなネットワークや複雑なシステムがもたらされた。さらに、デジタルな相互行為という決定的に新しい形態や、時間ぎりぎりの生活や遠距離の社会関係が出現した。デジタル時代の新奇性をどれほど大げさに見積もったとしても、ある観点からすれば、デジタル・コミュニケーションは既存のコミュニケーションとは実際のところ全く別物であると主張しても的外れではない。デジタル・テクノロジーは、年中無休の商業的な相互行為や、常時接続の対人コミュニケーションの重荷をもたらしつつ、空間と時間の社会的組織化を驚くほど変容させてきた。コミュニケーションの可能性と社会的組織化におけるこのような主たる変化は、グローバル化や、特に激化している国際的な経済競争、西欧諸国全般に見られる製造業から金融、サービス、コミュニケーション部門への転換などの、広範な制度的背景をもとに理解する必要がある。１９８０年代および１９９０年代における生産の外部委託や、

2000年代と2010年代における電子的オフショア化などの結果として、新しいデジタル・コミュニケーションの速度に下支えされて、社会生活と経済生活が、企業とビジネスの地理的な分散によって劇的に変化したことは強調されてよい。資本主義のグローバル化が徹底し、どこにいてもコンピュータやインターネットやモバイルなプラットフォームに依存していくにつれて、社会関係は対人間における従来の固定的で極めて静態的な相互行為から、よりモバイルでネットワーク化されたデジタルな相互行為へと変容した。これは端的にいえばデジタル革命であり、スマートフォンやアプリ、インスタントメッセージ、およびその他のソーシャルメディアを全身全霊で称揚するような社会的世界が到来したのだ。

しかし、コミュニケーションの社会的組織化という観点からすれば、事態はおそらくそれほど単純ではない。このようなグローバルな制度的変化――つまりデジタル革命――は、従来の対人的な相互行為を周辺に追いやるように見えて、皮肉なことにも日々の会話や情報の機能的なやりとりの活力を更新し、再調整してきた。これは、ビジネス会議や商取引から、新しい友人の獲得や家族生活の謳歌に至るまで、あらゆる面で疑いのないものだった。別の言い方をすれば、デジタルなものは、日常会話、および対話による相互行為という絶え間ない自己呈示を制限したのではなく、再活性化してきたのだ。そのように考えるならば、デジタル・テクノロジー、ソーシャルメディアのプラットフォーム、グローバルなコミュニケーションのネットワークは、実際、日々の社会生活を維持し、深化させている。つまり、デジタルな領域は、（友人や家族、同僚との対面的な集まりなどにつながる）特定の他者との出会いと、一般化された他者との集まりを、共に促進している。実際、数多くの学術調査が示すように、デジタル・ライフにくまなく行き渡っている距離と不在の時代においても信頼を維持し続けるためには、顔と顔、体と体を突き合わせる集まりが重要である。さらに、分散した組織構造においては対面的な相互行為が決定的に重要である。[3] このように、デジタルな相互行為と対面の会話は、一部の評論家が考えるほどには、必ずしも別物というわけではない。

あらゆる社会的相互行為の鍵になるのは、他者からの期待と、経験の文脈の双方に対して、多かれ少なかれ適切な自己イメージを投影する方法を学ぶことである。[4] 例えば、いつもより大きな声で話すのは、混みあったパブで友人と話すときには適切だが、ホテルの常連客が立ち去るときに周りの宿泊客に対して配慮を求められるような状況では適切とはみなされないだろう。どう見ても何ということのない社会的相互行為が実は極めて重要であることを理解するという点において、最も大きな貢献を果たしているのは、アーヴィング・ゴフマン（Erving Goffman）の社会学の著作である。[5] ゴフマンは、対面的相互行為についての並外れて鋭い観察者である。彼の著作は、面と向かって会話することがいかに特殊社会学的な達成であるのかを力強く描き出した。[6] ゴフマンによれば、人と人との出会いには、高度な技術を必要とするパフォーマンスが伴う。そのようなパフォーマンスにおいては、他者に対する信頼に満ちた関与の欠落がどこにあるかを識別することと同様に、他者に対する注意と関与を示すことが重要なのである。ゴフマンは、社会生活における目に見えない次元をあまねく暴露した。そこでは、人々は、他者の行為や活動をモニタリングし、自身の行為と活動に対する他者の反応をもモニタリングしながら、社会活動を遂行するために様々な手続きを駆使する。「目が参加する」[7]ような対面的な会話において、人は注意深さを示し、関与を表明し、他者の誠実さを査定する、とゴフマンは述べている。私たちは会話という共同作業を行い、社会的相互行為の間じゅうその場で注意を逸らさないよう躍起になる。その際、私たちは会話を成り立たせ、協調の規範を維持するために、ささやかな会話だけでなく、直後の沈黙までをも首尾良くやりくりしている。

ゴフマンの著作が社会科学にとっていかに重要であるかについては多くの論者が言及しているが[8]、私の関心は別のところにある。私は――対面的相互行為であれ、デジタルなものに媒介された相互行為であれ――社会的相互行為を分析する際にゴフマンのアプローチがいかに重要かについて、簡潔に焦点を当ててみたい。ゴフマンの著作のなかでは一貫して、社会生活は人々の「印象管理」――演じられる社会的役割、他者に呈示されるエージェンシー、様々な種類の出会いを見分けて社会的相互行為の複数の文脈の間を見事に「飛び移る」社会的行為者――に満ち満ちている。ゴフマンによれば、社会的相互行為の参加者は、(様々な背景にある想定を通じて)多様な形態を取る社会活動を相互に形成するという作業に絶えず没頭している。ゴフマンにとって中核的な関心は、「他者の現前」、あるいは「共在の規範」とでも呼ぶべきものである。

ゴフマンによれば、自己や共同作業の印象管理は、「行為のフレームワーク」の内部で行われる。そのフレームワークは、社会的に適切なふるまいに付き物の、特定の文化的慣習や社会的な想定を含む。それはさらに、(家具、装備、空間デザインなど)実際の状況の物理的な特徴と並んで、人々の位置取りや、身体の配置をも含んでいる。このようなフレームワークにおける個々の行為は、特定の状況に対応する規範や規則に彼らのふるまいをかなりの程度まで適応させ、対面的コミュニケーションを維持するアイデンティティへの自覚を示そうとする。この行為のフレームワークは、別の言葉でいえば、社会生活の公共領域に現に開かれているもの、ならびに個々人が他者に伝えようとする「印象」へと注ぎ込まれる。社会的相互行為において進行しているものを理解するため、ゴフマンは「表局域」と「裏局域」という重要な区別を提起している。(9) 表局域では、行為やふるまいは一般的に個々人が厳格に管理された自己モニタリング——自己の行為と他者の行為の両者に対するモニタリング——を行う必要がある。ここには、人が作りあげようとする職業上の印象を強調することはもちろん、社会的役割に対する特定の注意や、他者による反応なども含まれるだろう。対照的に、裏局域では、人が表局域での出会いにおいて示そうとする印象を損ないかねない行為やふるまいがしばしば見られる。裏局域では、個人は「警戒を緩め」がちになり、表局域における印象管理の重圧や緊張から解放されたように行為する。

日常生活のほとんどの領域で、会社や組織における個々人の表局域のふるまいは、裏局域のふるまいと対照的である。裏局域では、個々人は自分が意図する印象についてそれほど気にする必要はない。レストランなどの商業生活において、表局域と裏局域の区別は輪郭がはっきりしており固定されている。レストランのキッチンで働く場合、自在扉やガラス製の間仕切りによって、たいていスタッフと客は分けられており、通常、これらの区域の通行は厳格に統制されている。多くの建物の受付も同様に、表局域と裏局域のふるまいを管理するための移行地点として効果的に使用されている。ゴフマンは、そのような領域的な区分は、社会的相互行為や自己の印象管理にとって不可欠なものであると考えた。コミュニケーション・メディアが社会的相互行為のプロセスをいかに再編するのかという問題は、ゴフマンが彼の著作全体にわたって言及したものであるが、多くの箇所でそれは暫定的で部分的なやり方にとどまっていた。彼が社会学的アプローチを練りあげた時代には、マスメディアはまだ20世紀をわずかに再定義しつつあったに過ぎないことを考えれば、これは驚くべきことではない。それでも、ゴフマンのいくつかの著書では、電子メディア機器が日常生活の社会的相互行為にふんだんに用いられる様子が、部分的にせよ描かれている。例えば、テレビのニュースキャスターが（ジャケットやネクタイを頼りにする表局域では）表向きの自己を呈示しつつ、（カメラには映らない、つまり裏局域として「密封」されているデスクの下では）ジーンズを穿いている、といったような対比が実例として挙げられている。

ゴフマンの生きた時代以降、自己の編成プロセスや社会関係の変動的な性質を再編する際にコミュニケーション・メディアが中心的な役割を果たしていることが、メディア研究やカルチュラル・スタディーズなどの様々な分野で頻繁に論じられてきた。グローバルなコミュニケーション・ネットワークと情報伝播が持つ社会的な影響力についてのジョン・B・トンプソン（John B. Thompson）の業績などを思い浮かべればよいだろう[10]。トンプソンの議論によれば、コミュニケーション・メディアの発展は、公共圏における権力と可視性の力学とあいまって、前近代社会の対面的相互行為という伝統的な形態とは根本的に異なる新しい形態の行為や相互行為が出現するための条件を整備した。新しい形態の社会的相互行為の登場を説明する際、彼は近代初頭のヨーロッパにおける町や都市を横断する出版メディアの出現からマスコミュニケーションの登場やメディア産業の成長までの、コミュニケーション・メディアが特に重要であるとした。マスコミュニケーションや、商品化、メディア産業の成長は、メディアに媒介された新しい様式の社会的相互行為の出現と手に手を取って進んできた。コミュニケーションにおけるこれらの制度的な変化の帰結は、極めて広範な社会的・政治的重要性を有している。それは、個人生活や親密な関係から公共性や民主政治の性質の大規模な変容まで、隅々にわたり影響を残している。

20世紀および21世紀初頭に様々な種類の電子メディアが普及し、メディアに媒介された相互行為が対面的相互行為を補完してきたというのが、トンプソンの議論の骨子である。この議論を展開する際、彼は何度もゴフマンに言及し、コミュニケーション・メディアが表局域と裏局域の性質に与える極めて深い影響を分析し、社会生活における表局域と裏局域の関係性を論じた。トンプソンによれば、技術に媒介された相互行為の場合、社会的相互行為に影響を及ぼす局域が増加するのだという。つまり、参加者が反応したり、対応したりするべき局域が増加するのだ。トンプソンは、社会的相互行為におけるこれらの変化を以下のように述べている。

一般的に、メディアに媒介された相互行為には、参加者が置かれる文脈の区分けがある。そのため、空間的そしておそらく時間的にも区分されている複数の表局域から成る双方向のフレームワークが確立される。個々の表局域には、それぞれの裏局域があり、メディアに媒介された相互行為の各参加者たちは、両局域の境界を何とかやりくりしなければならない。例えば、電話での会話の最中、人は話している物理的な環境から生じる騒音――テレビの音声や、友人や同僚の話し声や笑い声など――を除去しようとするだろう。そのような騒音は、メディアに媒介された相互行為に関連する裏局域のふるまいとみなされるからだ[11]。

トンプソンは、ゴフマンを引き合いに出しながら、相互行為に関わっている個人は、対面的な会話であろうと、コミュニケーション・メディアを介していようと、彼らの共同作業のために、常に様々な種類の技術や資源を駆使していることを強調する。しかし、トンプソンの議論の中心にあるのは、コミュニケーション・メディアによって構造化される社会的相互行為は、複雑で多様な局域や、局域の区分けの結果として、対面的相互行為と比べてさらに複雑になっているという点である。例えば、会社の窓口で受付をしながら、電話対応もこなす従業員は、二つの（あるいはおそらくさらに多くの）表局域に対処し、このフレームワークに関連する裏局域の文脈においてこれらの相互行為をやりくりするために、高いレベルの再帰性が求められる。

ここで簡潔に紹介したトンプソンの議論には、社会的相互行為の変動的な性質に関して、コミュニケーション・メディアの発展がもたらす広範な社会的・政治的重要性を強調しておく、という実質的な利点がある。コミュニケーション・メディアの発展は、制度的な変革としてのみならず、自己の編成や、社会関係の構成を作り直すものとしても扱われている。しかし、ここには限界もある。コミュニケーション・メディアと社会的相互行為をめぐるトンプソンの著作は、デジタル革命やインターネットが登場する前の1990年代のものである。AIやロボットの革命、そしてデジタル・テクノロジーがもたらす新しい、そしてグローバルな物語によって、社会科学者たちは未曽有の試練に直面している。私の見立てでは、社会的相互行為の変動的な性質を理解する際、ゴフマンの社会学的洞察は今でも価値を失っていない。しかし、私たちは同時に、現代社会におけるコミュニケーションと権力の変容する力学を理解するためには、デジタルな行為やバーチャルな相互行為という、新たに広がりつつある形態を探究する必要がある。

グローバル・ネットワークにデジタルなものを介して参入する洗練された人たちは、社会的相互行為の規則や印象管理の形態といった（変容しつつも）確立されたものを利用し続けている。このような一見すると矛盾とも思える事態をどのように説明すればよいだろうか。カリン・クノール・セティーナ（Karin Knorr Cetina）とウルス・ブルーガー（Urs Bruegger）は、グローバルな金融市場において、情報技術はトレーダーにとっての「執着の対象」として機能していると確信を持って述べている。トレーダーは、取引部屋のレベルで、グローバル経済のミクロな構築における行為の様々なフレームワークを配置し続ける。[12]クノール・セティーナとブルーガーは、グローバルな金融システムについて研究するため、行為のフレームワークについての説明をゴフマンから取り出している。しかし、トレーダーの一連の実践や、コミュニケーション、コンピュータを使用する市場構造の配置は、物理的な共在を必ずしも必須条件として必要とはしないと彼らは論じている。情報システムのなかの／をとおした「グローバル市場」を想像したり、特定の場所における双方向の取引の生産とパフォーマンスを想像したりすれば、バーチャルなものと現実の間の一筋縄ではいかない関係のなかに、デジタル・システムの複雑さが見えてくる。クノール・セティーナとブルーガーにとって、デジタルな情報技術――とりわけ信号の伝達速度――は、両者があたかも同じ場所にいるかのように、地理的に隔たった領域を結び合わせる。離れ離れになっている参加者たちが集まる会合を通じて「市場」が確立するのは、コンピュータの画面上なのだ。そこでは、距離の離れた経済と、経済部門と、経済政策、金融機関の複合体とが複雑に架橋されている。このことは、社会的相互行為におけるデジタルな再編についての魅力的な問いを喚起する。クノール・セティーナとブルーガーが究極的に教えているのは、デジタル化は「隔たった空間配置」を伴うということである。そこでは、相互行為のフレームワークが、「グローバルな状況に参加する個人を互いに表象」[13]している。それは、AI、ハイテクのアルゴリズム、機械学習の諸問題が登場する場所であり、そこでは、オンラインと現実、バーチャルとコミュニケーションの相互行為の交差をめぐる問題が、デジタル革命という広範な文脈のなかで新たに明るみに出される必要がある。

ここで私たちは、デジタル・テクノロジーがいかに革新的な方法で私たちの生活を作り変えているのかについての従来の分析を再考しなければならない。新しい技術の遍在性は、デジタルな黙示録を意味するのだろうか？　私たちは再び互いにつながるために、機器のスイッチをオフにしなければならないのだろうか？　そんなことはありえない。対面的な相互行為とデジタルなものに媒介された相互行為とを区別したからといって、前者を後者よりも優れたものにして単に近代社会の全てを元に戻したり、私たちを過去、つまり調和が取れたと想定される時代へと引き戻したりすることにはならない。そうではなくて、両者の区別は制度的なものであって、人々に自らのふるまいを境界の揺らぎに常に適応させようとする、複雑かつ広範囲の行為のフレームワークを伴うものなのである。人間の相互行為を、同時に行われるデジタル・コミュニケーションによって補完しようとする傾向は、今日広範囲に広がり、勢いを増しているが、この傾向は人によっては社会的な疎外や断片化として経験されるかもしれない。しかし、多くの人々は等しく、マルチタスクのコミュニケーションになにげなく適応している。対面的相互行為において、空間と時間は対話の参加者に適合するように調整されるのだが、対照的にデジタルなものに媒介されたコミュニケーションは、デジタル・テクノロジーを装備した参加者によって接合されたり融合したりと、様々な時間－空間の調整を必要とする。このようなコミュニケーションの接合や融合は、変動する空間－時間の環境の整序を示しており、そこでは場所の重要性が急激に変わり、しばしば大幅に減少している。現代における相互行為の交錯の特徴は、身体的で、コミュニケーション的で、デジタルでバーチャルなコミュニケーションが空間－時間のなかで混淆している点にある。例えば、今日の先進国の多くの家庭では、(しばしば、対面的な相互行為を繰り返し行いながらではあるが)複数の画面上で複数のやりとりをするのが一般的である[14]。スマートフォンを使うにせよ、タブレットやノートパソコンを使うにせよ、ますます多くの人が、会話を交わす際に複数の仕事と複数の画面に関心を振り分けている。このようなコミュニケーションは、同時にオンラインでもオフラインでもありうるし、他者が身体的に現前することもあれば、遠く離れている場合もある。

現代におけるデジタル・テクノロジーの性質は、ますます関係的なものになっている。例えば、裏局域の出来事が、日常意識のみならず表局域にも侵入している。先に述べたように、表局域と裏局域を区別することはほとんどできなくなった。ゴフマンの著作には、個人が表局域において投影しようとする自己呈示のなかに裏局域のふるまいが「漏洩」してくる様子が鮮やかに描写されている。しかし、デジタル・ライフにおいて、表局域と裏局域の関係性を再編する双方向のフレームワークは多様化してきた。公共空間での携帯電話の使用はその好例である。商店でレジに並んでいるときや、空港のターミナルで待っているときなどのように携帯電話を公共の場所で使用することで、印象管理のための旧来の方法は、その多くが重要性を大幅に失っている。そのような状況において、表局域と裏局域の境界はぼやけ、身体的な相互行為とデジタルな相互行為のフレームワークは不調和をきたす。しばしば親密で、場合によっては極めて個人的な電話での会話が、公共の文化生活のフレームワークへと入り込んでくるといったように、境界線の曖昧さは、公的生活と私的生活の間の境界線のうつろいやすい性質と関わっている。しかし、デジタル・テクノロジーは、印象管理のための新旧の技術を融合させたり、表局域と裏局域のふるまいの再分類を推し進めたりするだけではない。むしろ、表局域のふるまいは社会的な期待や文化的慣習のいずれにも同調などしない。試みや、たいていは即興こそが、現代のデジタル・ライフの鍵になる性質である。デジタルなものに媒介された相互行為の裏局域が、単に表局域における出会いの端（edge）に位置しているといったようなこともある。急遽設定されたビデオ会議に備えて電車のなかで化粧をする女性は、表局域と裏局域の交差の良い例である[15]。さらにいえば、このような双方向のフレームワークの交差は、日々の生活において珍しいものではなくなりつつあるだけではない。以前ならば公共の場で示すには不適切とされていたような――ゴフマンの用語でいえば裏局域のふるまいにのみ適切とされていた――実際の現象と直接に対峙することを、そのような交差は助長しているのだ。

ボット、トーク、共在

前節では、職業生活と私生活が共にますますデジタル化されネットワーク化されつつあることを示した。新しいデジタル・テクノロジーの発展や多様なネットワークの拡張は、対面的相互行為に重要な帰結をもたらしている。つまり、対面的な相互行為は今日、ますますデジタルなものに媒介されたコミュニケーションを横断して行われたり、そのなかで消散したりしている。対面的な共在を補完したり、ときにはそれに取って代わったりするために、遠距離コミュニケーションが発展し、新しい技術が広く利用されるようになった。そのことによって、職業生活と個人的な生活は変化している。実際、ジョン・アーリ（John Urry）が説得力を持って総括しているように、新しいデジタル・テクノロジーによって近代的な制度の組織構造は「粉々に」されてきたのである[16]。

ここからは、今日のデジタル・ライフに見られる自動化した行為の様式がますます重要になる様子について考えてみたい。近年の様々な研究者の見積もりによれば、あらゆるインターネットのやりとりの60%以上は、いまやボットやWebスクレイピング〔Webから情報を得ること〕、ハッキング・ツール、スパムなど、機械によるものである。コミュニケーションをめぐる多くの分析によれば、自動化したサービスとプラットフォームが持つ、情報の機能的な伝達以上の社会的な重要性は限定的である。ソフトウェア・サービスや自動応答の電話装置などの自動化した行為は、社会的行為者間の日常的なコミュニケーションのフローからは大きくかけ離れたものとして理解されている。ところが、モバイル・アプリや自動メッセージ・システムやボットを使用するために費やされる時間は、結果として単に機能的なものではないように見える。これらは（たいていは距離を隔てて行われる）自動化した活動であり、それは対面の出会いとますます重なり合い、コミュニケーションの、デジタルの、そしてバーチャルのフィールドを横断する活動の新たな可能性を下支えしている。

デジタル・ライフにおける自動化した行為に関する最も重要な展開の一つは、メッセージ・ボットの発展である。ＡＩに支えられたボットやチャットボットは、インターネットの新しいアプリの代表である。ボットとは、メッセージ・インターフェースの一形態であり、一群のコードである。チャットボットは、テキストメッセージあるいはトークの基本的なインターフェースを通じて、ユーザーとのやりとりや相互行為を行う。ボットは会話や取引や業務を自動化することができ、その種類はすでに驚くほど多岐にわたっている。コンテンツ・ボットはニュースやスポーツ情報のような厳選されたコンテンツを集めてユーザーにシェアする。フード・ボットは夕食の配達を発注し、調達する。電子商取引ボットは商品とサービスの購入を円滑にする。トレーディング・ボットは金融サービスを提供する。業務ボットは販売、オペレーション、金融、経営管理の業務や取引報告を自動化する。ＩｏＴ（モノのインターネット）に連動したボットは人々を機器、自動車、スマートホームに結びつける。他にも、ビーラッド・

シェス（Beerud Sheth）が巧みに概説しているようなチャットボットの職業上および個人的な利点もある。

ボットは私たちのモバイルな経験を整頓する。ボットは普段は目に見えないが、私たちが何かを知る必要があったり応答する必要があったりするとメッセージを送ってくる。ボットはクラウド上にあり、（ユーザーが何もしなくても）新しい機能にアップグレードされる。ボットは相互に行為し合い、一連の連続的な行為を遂行するために互いにつなぎあわされる。ボットはボットのヒエラルキーに従って他のボットに指示することができる。あなたの個人的なボットは、あなたの代わりに、あなたの個人的な選好に応じて、他のボットに指示するだろう。あなたは自身に代わって、自律的に動くボットに権限を委嘱することを選ぶかもしれない。あなたの買い物、スケジュール調整、トラッキング、モニタリング、メッセージ送信は、個人的な選好に即して自動化されうるのだ。(17)

アプリ開発者の多くがボット市場へと場所を移した（あるいは移しつつある）。ボットのおかげで人々は、隅々までデジタル化した状況下で営まれる生についての膨大な情報フローをやりくりし、整頓できるのだが、とはいえボットは中立的ではありえないし、慈悲深いなどといったこともない。デビッド・ビアー（David Beer）は、社会的秩序化のプロセスを形成する際のアルゴリズムの権力についてすでに言及している。彼によれば、スマート・アルゴリズムは――まさにその機能性の帰結として、あるいは分類し、並べ替え、整序し、評価し、選択する能力の帰結として――計算可能な客観性という見方を推し進める。[18] ボット技術の好ましからざる点のいくつかについては、特に市民社会や民主主義との関連において、第6章でさらに詳しく論じる。

人工知能や、情報科学、さらにいえば社会科学全体にとっての中心的な問いは、これらの自動化した双方向のプログラムが産出的な意味においてどの程度まで創造的と考えられるのかということである。創造という伝統的な概念は、ある種の内面性を暗示する。しかし、創造性は孤独で個人主義的ではあるが、より近年の調査が力説するところによれば、人間が創造するものは、実際のところ環境の機能なのである。この考え方に従えば、創造性は自律的というよりも、むしろ関係的なものである。創造性やイノベーション、想像力の生産と再生産において欠くことのできない構成要素は、他の人々、資源、プロセス、ソーシャルネットワークである。もし仮に「他者」という言葉で人間と非‐人間を共に表すとすれば、チャットボットが日常の社会的活動を「行う」際の創造性をめぐる厄介な問題が浮上する。疑いのないことだが、歴史上いかなる形態の生も、今日のハイテク社会ほど創造性やイノベーションの虜にはなってこなかったし、想像力や創意工夫に魅了されてもこなかった。技術社会――なかでもAIによって進化を遂げた社会――は、どこまでもしなやかで適応力があり、創造的な人間を要請している。チャットボットは、創造性をめぐる伝統的な理解とポスト伝統的な理解の間の発生地点とみなすことができるかもしれない。ダグラス・ホフスタッター（Douglas Hofstadter）[19] は、創造性とは主題のヴァリエーションをつくりだす力であると主張した。チャットボットは、ほとんどの場合、比較的固定された一連のコードに従っている。しかし、ヴァリエーションの生成の可能性は高まっており、自動化したサービスが社会生活における相互行為に不可欠の資源となるであろうと論じる者がいても不思議ではない。

テキストにもとづいたボットが最も一般的であるとはいえ、声を用いたボットが台頭していることについても検討をしておく必要があるだろう。チャットボットの生活圏の中心にあるのは、AmazonのEcho、AppleのSiri、Facebook Messengerの「M」、およびGoogle Assistantである。これらの会話型アシスタントは、極めて基本的な操作にもかかわらず、人間の会話と多少なりとも類似した会話を可能にする。さらに進歩した、あたかも人間のようなチャットボットは、私たちのデジタル・ライフの未来を象徴するものと期待されている。例えば、Googleでエンジニアの責任者を務めシンギュラリティ運動の設立者でもあるレイ・カーツワイル（Ray Kurzweil）は、人間の会話の特徴を高いレベルで実演するチャットボット（ダニエル）を開発した。特に重要なのは、Googleがあなた自身をそのままボットのなかに入り込ませるという頼もしさである。このようなボットの個々のカスタマイズは、近年のＡＩの発展がもたらしたものであり、データを直接ソフトウェアに送り込むことによって可能になっている。カーツワイルが述べているように、「あなたが自分の生き方や個性、考えを反映したブログを書き続け、（ボットが）それらを選定することで、あなたと同じ個性を持った別物が実際に生まれる」[20]。

チャットボットの社会的影響についての多くの大げさな主張の中心にあるのは、技術楽観主義イデオロギーである[21]。一般的にはＡＩが、なかでもチャットボットが、私たちが行うあらゆることがらについての包括的な知識をいかに発展させるのかについては、力強い言説が、多くの科学や公共圏を横断して組み立てられてきた。基本的に、技術楽観主義は、チャットボットは私たち自身よりも私たちについて知っていると主張する。カーツワイルはもう少し用心深く、対面の会話では実現される社会性の正常なパターンをチャットボットはまだ達成することはできていないと述べる。しかし彼は、そのような変革から私たちの社会はそう遠くはないだろうと述べ、ＡＩによって動かされる機械が人間のように話すようになる年を２０２９年としている。

ソフトウェアに駆動されたチャットボットが人間と完全に同等のトークを展開するようなＡＩの可能性は、多様で複雑な未来、新しい種類の社会的相互依存やシステムの相互依存、そして会話の性質の長期的および大規模な変化、人と人のみならず人と機械などとの会話の連携など、いくつかの問題を提起する。コミュニケーションの変革の最も明確な例はおそらく、社会生活それ自体を維持するためのトークの使用に関するものである。ディアドラ・ボーデン（Deirdre Boden）が述べるように、「トーク、トーク、トーク、そしてさらなるトーク」[22]をとおして社会性が生産され、再生産されている。対面的な会話において私たちは、情報を交換するだけでなく、契約に同意したり、会合を調整したりといったように、多くの仕事を遂行する。対面的な会話には、相互の配慮への期待がある。それは、共在の際の核となる規範の一つである。この規範は、今日においても将来においても、多かれ少なかれ完全に脱構築されるだろう。別の言い方をすれば、チャットボット――あるいは機械によるトーク――は、「社会性の新たな基準」を創出するのだ。一つ例を挙げると、多くのトークはそれ自体で機械に向けられているかもしれない。例えば、チャットボットに向けた発話は、ピザを注文したり、チケットを予約したり、予約を確認したりといったように、物事を遂行するべく行われるだろう。つまり、機械によるトークは、特定の状況において対面的な会話の必要性にとって代わり、そのことで、対話の際の相互の配慮という負担は減退する傾向にある。

別の例を挙げよう。チャットボットは、非人格的な信頼における重要性の増大と関連しており、また、ギデンズ（Giddens）らによって練りあげられた、複雑な抽象システムへと日常行為が適合していく疑いのない方法とも関連している。ギデンズが論じるところによれば、「抽象システムの発展と共に、非人格的な公理に対する信頼は、無数の他者に対する信頼と同様に、社会的実在にとって不可欠なものになる」(23)。チャットボットのシステムが最も重要な抽象システムの一つになることが将来的には明らかになるかもしれない。実際、チャットボットのような抽象システムへの信頼は、社会的組織の日々の信頼性に関する新しい形態の安全性を用意する。人がチャットボットに予約やチケット手配、メールの自動返信や、会議日程の再調整などを要求するときはいつでも、日常生活の広範な領域がデジタル・システムを通じて調整され管理されているという、暗黙の了解がある。対面的な会話と違ってチャットボットは、共同作業という繰り返しの「会話での作動」を要請するわけではない。信頼の産出は結果として、反応や没頭、注意の相互性とは関わらない。チャットボットなどの抽象システムのように、デジタル機器に媒介された相互行為は、信用や信頼を生じさせる非人格的、機能的メカニズムに依拠している。そこには、非人格的な公理に対する暗黙の信頼がある。自動化した行為が道を踏み外し、そのことによって、複雑で偶有的ではかない社会生活の様態がはっきりと可視化されるときには、この公理は当然のように破綻してしまう。関係性がますますネットワーク化され、距離を隔てているため、（顔見知りや同僚、友人、家族などの）他者と共同でデジタル・システムを通じて信頼を作りあげることが、極めて重要になっている。したがって、個人化され、より構造化されていない自己をデジタル・システムの内部に再埋め込みする一つの形式としてチャットボットを捉えることができるかもしれない。そこには、信頼を達成するための様々な非人格メカニズムがあるのだ。このような変化の初期の付随物は、e-Bayである。e-Bayは売り手の格付けなどの様々な非人格的メカニズムを構築し、信頼を構築するための顧客のフィードバック・ループをもたらした。今日では、チャットボットはこのような非人格的公理を拡張させつつあり、そのことが、ネットワーク化され隔たった人々の社会性が、社会全般にさらに沈殿し、積み重なるための第一の手段になる。

徹底的なＡＩの世界において、共在という状況でトークを「なす」ようなトークの文脈性に何が起こるのだろうか？（チャットボット、バーチャルで個人的なアシスタント機能などの）機械によるトークはそれ自体で、対話の再設計にどれほど役立つのだろうか？　トークと会話の理論は、いまや本質的に、機械言語の理論となるべきだろうか？　これらは全て、自然言語の処理におけるＡＩや技術の成長と向きあうべき問題である。これらの問題は、人間の会話と機械言語の関係性を新しい方法で検討するよう、私たちに求めているのだ。

予期しない出来事が起こったり、機械による会話の技術的な機能が故障したりするとき、日々のトークと自動化した機械の対話との違いが見えてくる。このような現象の例として、Amazon の Alexa が不意に人の会話を録音して送信した故障が挙げられるだろう。２０１８年、オレゴン州ポートランドの家族が、友人から電話を受けて、Amazon の Alexa を切断するよう忠告されたことが大きく報道された。その理由とは？　機器が家庭内での家族の私的な対話を録音し、これを明らかに無作為に家族の連絡先リストの誰かに転送したのだ。評論家はチャットボットが私たちを常に見張っているようなディストピアの世界が到来したとすぐさまに予測したのだったが、漏洩した会話は何てことのないものであった。しかし、私はＡＩとプライバシーの関係に焦点を当てるよりも、会話を録音し、それを知り合いに無作為に送ったこの機器の例を、本章で分析してきたいくつかの概念を用いて検討したい。それらの概念は、一方では人々の間でなされる日々のトークと、他方ではＡＩ機器の機械言語との間の相関関係を再解釈するのに役立つだろう。

ゴフマンに戻ろう。彼は社会的相互行為のルーティンを極めて包括的に分析しており、彼の著作には、日々の会話の性質をめぐる重要な知見が満ちている。会話の維持と再生産について理解するうえで、ゴフマンがもたらした最大の貢献は、コミュニケーション的な対話や、社会的相互行為の相互調整において、行為者としてのヒトが見せる膨大なスキルに関わるものである。このように会話は、日々の経験の形式へと絶えず接続されるが、その接続は技術的に順調にいったり、秩序立てて行われたりすることはまれである。そこには、日々の会話を活発にする偶然性や躊躇が満ち満ちている。例えば、人々は会話の流れをさえぎる（そして妨害する）。会話の順番が完全に守られることはない。一般的には、対話につながる会話は断片的なものである。つまり、行為者としてのヒトには、なにげない日々の会話の複雑性をやりくりするスキルがあるのだ。

以上のことを、機械言語と比較してみよう。AIが作動させる自然言語の処理プログラムは、人間の通常の会話とはずいぶんと違うものだ。AI機器のトークは、すでにプログラム化されているシークエンスの一部として行われる。AI機器は、極めてマイナーなやり方でなければ、そのシークエンスから会話の偶然性にほとんど対応できない。これらの機器は、会話している人の要求に適う「即時トーク」の印象を伝えるようにつくられているが、実際、機械のトークは、コードの膨大なデータベースや、台本化された発話や、ネットワーク化した会話から成る。例えば、チャットボットやバーチャルな個人的補助機能のデータベースは、極めて曖昧な会話に対してもプログラム化された「適切な返答」から成り立っている。ブライアン・クリスチャン（Brian Christian）は『機械より人間らしくなれるか？――AIとの対話が、人間でいることの意味を教えてくれる』のなかで、以下のようなマシン・トークについて述べている。「過去の数十万にも及ぶ会話を寄せ集めれば、会話のピューレのようなものができ上がる。これは人間の部分の寄せ集めであって、人間の総和ではない。結果的にユーザーは、本物の人間でできたピューレのようなものとチャットをしていることになる――本物の人間のゴースト、要するに過去の会話のこだまと会話しているだけなのだ[24]」。

チャットボットやバーチャルで個人的なアシスタント機能の比較的完全な発話モードがいかに独特であるかを認識するときにのみ、私たちはこのような技術がなにげない日々の会話の複雑性からいかに遠いところにあるのかを理解し始める。Googleの「デュプレックス（Duplex）」のような自然言語処理ソフトウェアの膨大な技術的進歩にもかかわらず、対照的に日常の会話は、ＡＩに駆動された技術を通じて実現されるトークと比べれば、はるかに秩序立っていないし、完成度も低い。会話のなかで話す順番を管理する際、人が話している文章を最後まで話し終える、などといったことはめったにない。しかし、それ自体が、会話の参加者が共在する状況で互いに話したり聞いたりする際に見せる膨大なスキルや熟練した学習とはどのようなものかを示している。さらに、それこそが、線形的ですでにプログラム化されている機械言語が、通常のコミュニケーションのやりとりの全体的な特徴を、こんなにも頻繁に欠いてしまう中心的な理由なのである。例として、ポートランドの家族の私的な会話の断片が、どのようにしてAmazonのAlexaに記録され、彼らのアドレス帳の連絡先へと転送されたのかについてのAmazonによる説明を検討してみよう。

背景の会話で「Alexa」に似た言葉が発せられたせいで、Echoが起動した。そして、次の会話が「メッセージ送信」のリクエストとして聞こえた。そこでAlexaは「誰に?」と尋ねる。そして、背景の会話が、連絡先リストの名前として受け取られた。Alexaは「〇〇さんですね?」と尋ねた。Alexaは背景の会話を「はい」と解釈した。(25)

多くの評論家によれば、普段のトークの非対称で矛盾だらけで気ままな要求に技術的にミスのない方法で応じることは、ＡＩの自然言語処理にとっては次なる主要な試練である。しかし、私がここで主張したいのは、これが技術的に実行可能かどうかということではない。私が議論したいのは、通常の言語に正確性を与えるのは、ヴィトゲンシュタイン（Wittgenstein）が明らかにしたように、文脈のなかでの言語の使用なのであり、それが少なくとも差し当たりは、日々の会話と機械言語とを明確に区別する何かなのだということである。クリスチャンがいうように、チャットボットは「（「フランスの首都は？」「パリはフランスの首都である」などのように）基本的な事実に関する疑問や、（些細な知識、ジョーク、曲の歌詞などの）ポップカルチャーなどいった、話者が誰かにかかわらず正答が存在する物事については大変すばらしい。ブイヨンをだめにする料理人はいないのである。しかし、チャットボットに対して、暮らす街について尋ねてみるとよい。無数の人々が無数の場所について語る会話の寄せ集め（パスティーシュ）が答えとして戻ってくるだろう。あなたがそう思うのは、『人間 *a human*』と話していないことに気づくからではなく、『誰か固有の人 *a* human』と話していないことに気づくからなのである」[26]。

デジタル革命の諸次元——ポータル、脱-同期化、即時性

対面での会話とデジタルなものに媒介された相互行為についての行為のフレームワークにおけるこれらの転換は、広範な社会変化の基盤となり、それを推し進めていく。ここでは、三つの変化を明確にしてみたい。一つ目に、仕事においても個人においても、デジタルなものに媒介された関係性が、対面的相互行為に比べて、よりモバイルな形式になっている。二つ目に、デジタル・ライフは脱-同期化かつ

個人化している。三つ目に、デジタルなものに媒介された相互行為の期間はより短い。これらの展開について、さらに詳しく見てみよう。

「モバイル」は、固定された場所や位置から個人を解放して移動させ、アイデンティティを分散的で不安定で流動的なものに作り変えることを意味している。歴史をとおして、個人のアイデンティティの感覚は、多かれ少なかれ、共在している他者との対面的な社会的相互行為を通じて構築されてきたということができる。社会関係は、地理的に近接したコミュニティと共に発展した。前節において私が強調してきたように、今日の大きな変化として、デジタル・テクノロジーは、多様な他なる社会空間を横断するネットワーク接続にもとづいて、距離の離れた他者との関与のあり方に先鞭をつけている。不合理にも、これは対面的な社会的相互行為の重要性が低下したことを意味するわけではない。そうではなく、それが実際に意味しているのは、対面での会話はますますデジタルなものに媒介された相互行為に補完されているということである。今日、社会生活は――例えば自宅やオフィスで――他者と共にいることと、情報、イメージ、コミュニケーション、バーチャルなものなどを用いたオンライン画面での出会いを通じて他者とデジタルに関与することとの、複雑で矛盾をはらんだ複合体なのである。

「モバイル」はまた、人がポータルなものとして作り直されていることを意味している。モバイル機器が、変化のいい例だ。FacebookやLinkedIn、Twitterなどのデジタルプラットフォームにおいて、人はネットワーク接続のなかで／を通じて社会関係を築く。スマートフォンからタブレットまでのモバイル機器の普及は、（オフィスの固定電話のような）固定された場所から、（無線技術と国際ローミングに支えられた）

モバイルな社会性への移行を意味してきた。バリー・ウェルマン（Barry Wellman）によれば、携帯電話は「場所からの根本的な解放をもたらしている」[27]。人がますます、「移動中」にもかかわらず通話、メッセージ、電子メール、ソーシャルメディアなどの用途でスマートフォンを使うにつれて、社会関係はさらに流動的で、フレキシブルで、混ぜあわされたものになる。その結果、スマートフォンは社会的世界を液状化させてきた。携帯電話が固定電話を凌駕しただけでなく、世界の人口の三分の二以上が今日では携帯電話の接続を享受していると見られている。デジタルで、ソフトウェアに駆動され、モバイルなコミュニケーションが遍在していることによって、現代社会や、社会関係の様式がどの程度まで変容してきたかを過大評価することはおそらくできない。

「脱‐同期化」は、社会関係を組織化する伝統的な方法を、より即興的で一時的な手段に置き換えることを意味している。デジタル社会において、今日のライフスタイルの複数性やコミュニケーションの文脈の多様化は、〈活動の継続的な調整と予定調整〉が社会関係の基本的な組織化にとって中心的なものになっていることを意味している。デジタル・テクノロジーが中心的で本質的な役割を果たすような社会活動の世界では、即時的なコミュニケーションや情報更新といった常に変化し続ける基盤に合わせて、誰もが自身の「移動中」の生を構築する。その結果、社会関係の組織化は、「予定どおりの時間」から「交渉される時間」へと変化する。新しいやり方で働いたり、暮らしたりするためには、「時計的時間の修正」が重要になる。例えば、私たちは、待ち合わせや約束のためにいったん決めた時間を（しばしば土壇場で）再調整するために、同僚や友人にメッセージを送り、電話をし、メールをする。今日、社会生活を「機能」させるには、会合やイベント、デート、約束、ビデオ会議、旅、休暇のスケジュール調整と再調整を行う必要がある。つまり、脱−同期化とは、時間ぎりぎりの生活を生きることである。デジタル・テクノロジーの時代において、人々はまたしても社会関係の時間的／空間的な様式をやりこなしている[28]。

「脱−同期化」は、do-it-yourself、つまり関係性の構築と再構築を通じて社会関係を発展させ深化させるための、個人化した方法にも関わっている。数年前に私は、アメリカの社会学者チャールズ・レマート（Charles Lemert）と共同で、アイデンティティについての著書『新しい個人主義——グローバル化の感情的なコスト』を執筆した[29]。私たちの議論は、グローバル化が——めざましい技術革新や、「グローバルな現実の時間」の創出、世界中をめぐるコミュニケーション、デジタル・テクノロジー、金融のフローの同期化を伴いながら——瞬間的な変化や、即時的な満足、応急処置の論理などに対応する新しい個人主義の到来を告げているというものであった。私たちが論じたこの新しい個人主義は、私がここで概観したような人生設計や、脱−同期化した社会関係の手作りの（do-it-yourself）のイベント創出などと直接的に関わっている。デジタル・ライフとは、社会関係がネットワーク化されるような生活である。そこでは、ネットワーク化した自己が、接続と切断、ログインとログオフといった規則的でルーティンで反復的な行為を請け負わなくてはならない。さらにいえば、今日、人々は社会生活の複雑性に直面している。彼らは自身のデジタルなライフスタイルを、家族や友人、同僚ら重要な他者のいるネットワーク化した世界へと結びつける方法を探し求めなければならないということを——明示的なときもあるが、たいていは暗示的に――知っているのだ。

「短さ」は、かつてないほどの速さで社会生活に浸透した、即時的なものの論理を意味している。ミラン・クンデラ（Milan Kundera）は、技術革命は私たちの世界に、「純粋な速度、速度それ自体、恍惚の速度」への熱狂をもたらしたと述べた[30]。対面的な社会的相互行為やそれに伴う待ち時間の固定性に代わって、「純粋な速度」のオンライン世界は、高速の接続と、よりいっそう高速の切断を可能にしている。このような社会的な加速化は、単に新しい文化的価値の産物というだけではない。それは、現代の社会的制度や組織的な生活構造によってもたらされている。グローバル化は、高速度のデジタルな相互接続や、超高速の情報技術、時間に追われるグローバルな生産過程に影響を与えてきた。このようなグローバル化の影響は、私たちの暮らし方のなかにも浸入しており、より短期的で確かな社会的相互行為をもたらした。マックス・ヴェーバー（Max Weber）が分析したような伝統的な官僚組織の終身雇用生活から、ジグムント・バウマン（Zygmunt Bauman）が分析したようなグローバルにネットワーク化した組織の短期契約へと移行するなかで、短期主義の規制緩和とは、人々が走りまわり、絞りとられ、時間に追われ、急かされ、苦しめられる世界なのだ[31]。

「短さ」は、長期的な関与ではなく、選択肢の短期的な増殖を意味してもいる。これはつまり、デジタルなマルチタスクの世界である。働き、暮らし、社会的相互行為を行うこのような新たな方法は、多様な接続、偶然の出会い、社会的ネットワーク化、柔軟な集まり、フレキシブルな友情を際立たせる。様々な機器を使いこなすことで、個人はどちらかといえば快適になったように見える。彼らはNetflix

を観て、ネットサーフィンをし、メッセージを送り、冷暖房を調節するためにデジタル・バトラー〔アプリの一種〕に指示を送り、レストランを予約し、今度の休暇旅行の選択肢を検討する――これら全てを同時に行うのだ。ポール・ヴィリリオ（Paul Virilio）は「私たちは今、遅延なき時代に生きている」と述べている[32]。付け加えるならば、私たちは際限なき増殖の時代を生きているともいえる。つまり、デジタル・ライフは経験、出来事、冒険の増殖と、複雑に絡み合っている。メールをし、メッセージを送信し、地図を見て、アプリやボットを利用する。人々は様々な機器を横断して行われる会話に積極的に参加する。彼らは、人生設計、ビジネスの革新、デジタルな親密性、およびどちらかといえば（そしてその傾向を強めている）短期間のあらゆる種類の経験を活性化しようと試みている。

デジタルなノイズ――沈黙は金か？

デジタルなノイズと絶え間ないコミュニケーション接続の時代において、沈黙の価値とは何だろうか。『不在の終焉――常時接続の世界で私たちが失ったものを救い出す』[33]のなかで、カナダのジャーナリストであるマイケル・ハリス（Michael Harris）は、今日、人々はデジタル機器の絶えざる忙《せわ》しなさに悩まされ、混乱していると主張する。ハリスによれば、デジタル革命は孤独の終焉、不在の失墜、欠損の喪失をもたらした。孤独が失われ、白昼夢から覚めたことで、世界と私たちの出会いは、いまや徹頭徹尾デジタルなものである。間髪を入れずにハリスは、デジタル接続以前に私たちの生活がどのようなものであったのか、誰も思い出そうとはしないのだと、嘆いている。ハリスにとって、デジタル化が支配的な文化において、文化は主として偽りのうわべ――口にする食べ物を楽しむよりもソフトウェアが計算するカロリーを気にしようとするような、終わりなき自己追求の世界――として存在している。そこでは、ソーシャルネットワークのサイトへの投稿は、私たちが他者との実際の対話に関わるよりも社会的な活動の写真をアップロードすることの方に躍起になっていることを意味している。ハリスにとって、この事態の結末は、私たちが文化的創造性や個人的な革新の可能性を喪失することである。彼によれば、「私たちの極めてどうでもいいような瞬間――列車の窓から外を眺めたり、芝生に寝ころがって空を見上げたりするような瞬間――に繰り広げる思考」[34]から私たちは切断されていく。

このような事態を覆すためにできることはあるだろうか。ハリスは私たちが生活のなかで喪失してしまった社会性に対して郷愁的であるが、人々が異なるふるまいをしうることに楽観的である。デジタルな修道院制度という美徳を想起させながら、ハリスは完璧なデジタルデトックスを推奨する。彼は、FacebookやSkype、Twitter、メッセージ、メール、Google検索などのデジタル接続の定期的な切断が有効であると主張する。彼は、自分自身のオンライン生活からの1ヵ月の「安息休暇」に言及する。そこでは、デジタル依存から逃れ、代わりにもっと大切な仕事と彼が考える物事に集中する。際限のないデジタル依存から解放されて、彼はレオ・トルストイ（Leo Tolstoy）の『戦争と平和』を読むことができている！　興味深いことにハリスは、デジタルな領域からの撤退がいつも成功するわけではなく、気がつけばデジタルネットワークのなかで起こっていることがらをチェックするために時折スマートフォンをこっそり確認していたことを認めている。しかし、結局はそのような撤退は有益だった。ハリスによれば、私たちはメッセージ送信の代わりに対面的な関わりへの道を探る必要があり、最新情報を投稿する世界から、そのときどきの私たちの生活や人生について他者と語ることへと引き返す必要があるのだ。

ハリスは、デジタル化が私たちの生活や、私たちの世界との出会いにもたらした帰結を嘆く。その嘆きは、技術が公的生活を断片化し、公的生活からの撤退を促したとする支配的な考えを上書きしている。公的生活の領域が縮小し、日々の生活が、拡張し続けるデジタルなネットワークとプラットフォームから構成されるにつれて、自己は内部へと引きこもり、他者との関わりや、対人コミュニケーションを十分に行えなくなる。コミュニケーション・メディアについてのこのような考え方は、ヨハネス・グーテンベルグ（Johannes Gutenberg）が印刷技術の開発を進めた15世紀後半にまでさかのぼることができる。この時代、グーテンベルグの印刷革命はヨーロッパ中の街や都市に広がり、ドイツやイタリア、イギリス、スペイン、フランスなどで出版業が設立された[35]。初期の出版社は聖書の増冊をもたらしたが、古典的な神学や中世哲学の書物も出版された。ヨハネス・トリテミウス（Johannes Trithemius）が最も有名であるが、多くの批評家たちは、書物の大量生産による宗教的な筆写人の衰退を深く憂慮した。教会も国家も、自身の目的のために早くから出版に関わろうとする一方で、台頭してきた出版産業への管理は限定的であった。教会の宗教的権威や、政治権力に対する教会の影響力は危機にさらされた。

出版の誕生による宗教的な信仰の低下についての懸念は、私たちの時代では、人間の認識や思考それ自体の粉砕をめぐる不安へと形を変えてきた。ハリスは、かつての神聖な主体性が絶え間ないコミュニケーションの熱狂によって断片化されており、私たちは私たちの時代のグーテンベルグ的な危機のなかで暮らしていると主張する。個々の自己が機器やコミュニケーションの膨大な要求に乱され、デジタル・テクノロジーが公共圏を空洞化するといったような考え方に私が同意できないことは、これまでの章のなかですでに示してきた。デジタル・テクノロジーは私たちの生活に、公然と退行や破滅をもたらさざるを得ないとハリスは信じているが、これは誤りだ。確かに、私たちのデジタル・ライフは受動的で、抑圧され、混乱しているという側面があるだろう。しかし、同時に、デジタル・テクノロジーは社会的再帰性にとっての障害ではなく、源泉となりうる。近年の調査が示すように、社会的相互行為のデジタルな形態と以前の形態との相互作用から、人々は新たなアイデンティティや社会関係を活発に再創造している。このような再創造は、若者に特に顕著である。彼らはデジタル機器と共に育ち、他者との相互行為やコミュニケーションや制度においてデジタル化を利用している。しかし、デジタルな再創造は、上の世代の人々にとっても同様に力の源泉である。これは沈黙の失墜という、ハリスの中心的なテーマの一つを持ち出して説明することができる。かたやデジタルなノイズは、混みあった列車でのSkypeの会話から、映画館や劇場での携帯電話の着信音まで、現代の都市生活における大部分を間違いなく特徴づけるものである。他方、デジタル・テクノロジーのおかげで、公共の都市的生活はめまぐるしく発展してきた――しばしば、伝統的な社会的相互行為ではありえなかった沈思黙考や孤独にふけるやり方で。例えば、世界中の美術館や博物館では、デジタル機器を個別に配付することで、――沈黙の内省を促しもしながら――各自の多様な興味関心を深めさせているのである。

第5章

近代社会、モビリティ、人工知能

ＡＩや進展したオートメーションといった、複雑なデジタル・システムがグローバルに広がっていくことで、不確実性やリスクに対処する新たな挑戦が始まろうとしている。例えば自律的な自動運転車は、幾重にもフィードバックするループを有し、そうした挑戦に向きあっている。２０１８年初め、二つの自動車事故が世界中の注目を集めた。２０１８年3月、アリゾナ州テンピで、一人の女性が自動運転モード中のUberによるテスト車にはねられ亡くなった。その週の後半の２０１８年3月23日には、TeslaのモデルXがマウンテンビューで衝突事故を起こし、ドライバーが即死した。そのときドライバー・アシスタント・システムを起動させていたとされる。個別的にはこれら事故に関する多くの情報、一般的には自動運転のテクノロジーに関する複雑性に直面し、批判が展開され、ハードウェアとソフトウェアにおけるシステム上の能力について注目を集めてきた[1]。そうしたなかには、人間がモニタリングする手続きに関する制度上の不備を指摘する批判がある。自動運転車におけるシステムの複雑性、アルゴリズム、走行上の数値はすばらしいものがある。だがリスクが解消するということはなく、その結果、人々は間違って自動運転システムに過剰な期待をしてしまうのである。その他に、自動運転車をテストするプログラムに関する重要な問題を提起する批判もあり、規制をかける側と製造する側がそうしたテストをもっと確かなものにしなければならないのだと主張する[2]。例えばリチャード・プライディング（Richard Priding）は、「人々が規制をかける部門に強く働きかけて、製造者に対して自律的な車の適切な基準を与えるようにするべきで、そうすれば製造者は車に関する諸種のテストを行い、それらの技術が公道で用いられるのに十分安全であるという必要なエビデンスを出してくる」と主張する[3]。そうした批判によれば、複雑なシステムの自動運転技術は十分ではないのだ。人々によって問われているいくつかの問題こそが肝要で、それは、自律的な車の複雑なデジタル・システムにおいて個々人（すなわち乗客）が置かれた位置なのである。

自動運転技術に当てはまることは、他の複雑なオートメーション・システムにも当てはまる。例えば、航空機による旅や航空機災害のリスクを考えてみればよい。『ガラスの檻――オートメーションと私たち（*The Glass Cage: Automation and Us*）』において、かつて『ハーバード・ビジネス・レビュー』の編集者であったニコラス・カー（Nicholas Carr）は、オートメーション化された技術がショッキングな事故を招くことがあるし、実際しばしば招いているという。[4] 航空産業は注目すべき例だ。カーは、2009年に南米を飛び立ち大西洋に墜落し乗客乗員全員が亡くなった、エールフランスのエアバス447に焦点を当てている。嵐へ入り、航空機のスピード・センサーが凍りつき、オートメーション化されたシステムがシャットオフしてしまったとき、航空機はオートパイロットになっていた。操縦士は驚愕し、飛行機のコントロールを何とか回復しようとしたが、うまくいかなかった。カーにとって、エールフランス447は、オートメーションが自由をもたらすと同時に人間的な熟練やスキルを減じてしまうという、避けようのない矛盾があることを例証するものだった。カーがいうには、優れたアルゴリズムは明らかに驚くべき恩恵をもたらしてくれるが、同時に人間の反射能力を鈍くしてしまい、スキルを奪ってしまうことにもなる。[5] 関連するところで、シドニー・J・フリードバーグ・ジュニア（Sydney J. Freedberg Jr）が「人工的な愚かさ」と描写している。[6] 彼がいうには、人間の主観的な判断はＡＩに直面したときに衰えてしまう。優れたアルゴリズムに自信を持って挑もうとすることも、少なくなってしまうのである。フリードバーグ・ジュニアの主張によると、テクノクラートのやり方にあって、人間によるインプットは最小化され、複雑なオートメーション化されたシステムへと委ねようとしてきた。だが彼の見解では、実際に必要とされているのは、ヒューマン－マシンのインターフェースを深め、相互の力を強くしていくことなのである。

社会や政治が技術的なイノベーションに関わっていくことは、ＡＩ戦略が成功する核となる。それは、ロボット工学や進展したオートメーションにおいても同様である。政府や政策立案者は、政策的な説明責任を負うことも含め、そういったイノベーションを適切に進め、管理していく重要な役割を有しているのだ。そのことは複雑なデジタル・システムの文脈のなかで、さらに刷新されていかれねばならない。本章で私はＡＩや機械学習を統合する複雑なシステムを、移動すなわちモビリティとインモビリティの問題に言及しながら、ダイナミックな社会組織に埋め込むことについて議論する。その際、焦点を当てるのは、本章の前半部分ではオートメーション化されたモビリティ特に自動運転車であり、後半部分では戦闘ドローンや殺人ロボットである。そこで主張したいのは、複雑なデジタル・システムはそれ自体の動きに任せていてはいけないということである。すでに生み出されている新たなテクノロジーに私たちがいかに適合し反応していくのかは、ますますオートメーション化されているテクノロジーの文化を人間が判定・評価するのと同じくらい重要である。

オートメーション化された自動車移動――グーグル・カー

自動運転のテクノロジーを使って車に乗り道路を走る可能性、快楽、危険性について、現在世界が関心を持ち始めている。それは、車のシステムの発展に大きな断絶がもたらされつつあることを示している。1900年代初頭に車が発展し始めた時代や、1930年代に舗装道路がどんどん広がり始めた時代から、車といえば個人が運転する乗物のことだと考えられてきた。(7)近代的なテクノロジーの文化の一つとして、車は急速に、購入され高く評価される消費アイテムとなっていった。プロの運転者を必要としない乗物である車は、ジョン・アーリ（John Urry）が適切に述べたように、当初は運転する主体が自宅、仕事場、ビジネス、レジャー間で（広がりつつある）距離を動く「自動車移動システム」として発展を遂げてきた。だがオートメーション化された自動運転システムが発明されたことで、自動車移動システムとしての車が運転する主体と結びついてきた状態は、まさに断ち切られたのである。もちろん自動運転車に思い巡らすことは目新しいことではなく、自動車展示会だけではなく、サイエンス・フィクション、アート作品、シンボルなどでも描かれてきた。最も初期の頃だと1939年にニューヨークで開催された万国博覧会では、ゼネラルモーターズによる展示「フューチュラマ」において、オートメーション化されたハイウェイ・システムが展示されていたし、1950年代までにはメカニックスに関する様々な大衆誌で運転者のいない車をサポートするテクノロジーが備えられているハイウェイが想像されていた。さらに1968年にはコーネル航空機研究所で、道路脇にマグネットの線路をしつらえメインフレーム・コンピュータを用いた電気自動車「Urbmobile」が発明されていた。[8]

しかしながらグーグル・カーが登場する2010年まで、それほど大きな技術的ブレークスルーが訪れることはなかった。Googleはデジタル・テクノロジーが進展する時代を象徴するものであり、21世紀初頭に急速に発展していった。グーグル・カーの登場によって、このインターネットの巨人は、自律的な車にとって、いわばグローバルな中心へと大きく変容していった。ジテンドラ・N・バジパイ(Jitendra N. Bajpai)が述べているように、グーグル・カーは「フィクションに聞こえるかもしれないが、ロボットに乗って旅する現実がまさに今日の前にある」ことを示しているのだ。[9]バジパイは次のように続けていう。

ドライバーのいない車である自律的な車は、レーダー、カメラ、センサー、コミュニケーション装置、アルゴリズムによるコンピュータ化、マッピングなどが装備されており、自ら運転し、車をレーンからはみ出ないようにし、前との安全な車間距離を保ち、自動でブレーキをかけ、駐車しやすいようにしてくれ、道路標識を読み取り、他の車に語りかける。[10]

実際、Googleのモデルはソフトウェアとハードウェアが洗練され合わさったものにもとづいている。それは、ビデオカメラ、レーダーによるセンサー、レーザー、そしてグーグルマップの使用を含み、これらによって目的地までナビゲーションを図ってくれている。その結果、ドライバーが操作しなくても刻々と変わる交通環境に対して自動的に適応し、その土地独自の交通法規や周りの障害物を考慮してくれるハイテクな車となっているのである[11]。

現在のカーシステムはドライバーを必要としないテクノロジーを有する様々な装備にもとづいており、急速に転換点を迎えつつある。Googleの自動運転車は、合衆国4州の公道を200万マイル以上試験走行した。これは、大雑把にいうと、300年間の道路体験に匹敵するものである。だが、そういったイノベーションがアルファベット社による自動車事業で終わるというわけではない。従来から自動車を製造してきた企業の多くも、ドライバーを必要としないテクノロジーに投資し、試行錯誤を繰り返している。Teslaによる半自律的なオートパイロットの車や、メルセデスによるドライバーを支援するテクノロジーなど、合衆国やヨーロッパの各都市で、多様な試みが行われるに至っているのだ。またダイムラー、ボルボ、GM、フォード、ジャガーといった会社は、駐車、クルーズコントロール、衝突回避、車線保持などの面でドライバーを支援するテクノロジーを開発している。BMWなども、当初ドライバーを支援するだけだったテクノロジーが次の10年間で完全に自動運転のテクノロジーへと変容していくであろうと示唆している。その一方で、グーグル・カーは2020年までには、商業的にも利用可能になると分析する人もいる[12]。

したがって鉄鋼産業や石油産業と結びつき始まった自動車移動のシステムは急速に衰退し、様々に再編されていき、今後の10年間で自動運転車に大きく取って代わられていくように思われる。以下では、このように現れつつあるオートメーション化された自動車運転システムの特徴について、社会的な生活や個人的な生活に影響を及ぼす核となる時間的・空間的次元に注目しながら簡潔に考察する。その際には、五つの点が強調されるべきである。

第一に自動運転車は、ただ乗員がA地点からB地点まで移動する輸送手段であるだけではなく、明白に、技術的にもシステム的にも他の進んだテクノロジーと多様に相互に結びついたものである。自動運転車は、コンピュータやコミュニケーション・テクノロジーを備え、無線ネットワーク技術によってコンピュータによって管理されるようになっているスマート道路システムやハイテクの高速道路インフラと相互に結びついている。オートメーション化された車の隊列走行は、その好例であろう。近年の研究によると、スマート輸送網上においてコンピュータで管理されている車の隊列走行によって、交通容量はほぼ500％まで向上するということである[13]。まるで数珠つなぎになった列車のように自動運転車はスマート網の高速道路をうなりを上げて進み、既存の交通容量を劇的に向上させていく。車間距離はコンピュータで管理されており、多くの道路標識や信号はなくなっていくように見える。交通容量は最大限まで引き上げられていく。車相互がコミュニケーションを行うテクノロジーを有するスマート輸送によって、交差点では加速や減速の際に道路や高速道路で広がる「衝撃波」が大きく抑えられる。交通システムにもたらされるものによって、交通の流れはよりスムーズになり、フリーウェイ出口の封鎖はなくなり、混雑も少なくなる。そして交通車両や物流サービスの効率性を改善していくのである[14]。要約すれば、オートメーション化された自動車移動によって車と道路の関係性を作り直し、高速道路や自動車道路の処理量を劇的に向上させていくのである。

第二にオートメーション化された自動車移動の新たなシステムは、目をみはるほどに道路上の安全性を高めていく。すなわち、こうしたテクノロジーによる社会的利点はただ輸送システムの能率性、つまり経済的生産性を高めるだけにとどまるものではなく、人々のウェルビーイングや安全性をも明らかに高めてくれるのだ。２０１７年の試算によると、世界中でほぼ年間１３０万人もの人々が交通事故で亡くなっている。1日平均では、３２８７人となる。[15] ほぼ90％の交通事故はドライバーの過失によるもので、交通事故死亡者の半数以上が歩行者や自転車に乗っていた者など交通弱者となっている。[16] 人間がテクノロジーの脇役となるオートメーション化された車のシステムにあっては、交通事故を１００万件減らすことができる。自動運転テクノロジーはアルコールの影響を受けることもないし、そういったテクノロジーは居眠りをすることもないし、心が動揺することもない。ニディ・カルラ（Nidhi Kalra）とスーザン・M・パドック（Susan M. Paddock）によれば、オートメーション化された車は人間のドライバーより知覚も優れているし（例えば死角などもない）、意思決定も確かであるし（縦列駐車でも複雑な操縦もより良いだろうし）、運転もうまい（ハンドル操作、ブレーキ操作、アクセル操作なども素早く正確である）ため、より良いものになる。[17] 衝突を回避するテクノロジーによって、道路渋滞がすでに解消へと至るようになっている。それはEUでは、この数年において30％ほどに達すると試算されている。したがって自動運転のテクノロジーは、人間のドライバーが日常的にしてしまう多くの過失を根絶することで、明らかに公衆衛生を改善する可能性を有しているのである。[18]

第三にオートメーション化された自動車移動は、多くの産業を脅かす破壊的なイノベーションともなる。この点は、先に述べてきたことと直接に関係している。すなわち、オートメーション化された車によって交通の安全性が高まるというのは、社会とは無関係に現れるものではない。そこには様々な意図せざる結果やシステム的な関連性が見て取れるのである。自動運転車によって道路の安全性が今後より高まっていけば、保険料、救急病院、自動車修理、交通取り締まりなどが減っていくだろう。車の保険会社は特に壊滅的になるだろう[19]。合衆国では毎年、個人の自動車保険料として2000億円以上が支払われている。半自律的な、あるいは自律的な車によって安全性が高まれば、そうした数字は劇的に少なくなる。保険や医療が大きく変わるだけではなく、オートメーション化された車は運転免許のあり方にも関わっている。さらに、運転がコンピュータに管理される結果として、ヒューマンエラーがなくなり、かなりの程度交通警察、違反チケット、そしてそれに関連して罰金も必要でなくなる。さらに、必要がないときに遠隔地に自動駐車するオートメーション化された車を使えば、自動運転車は街中で駐車する際にプレッシャーを少なくしてくれるだろう[20]。要約すれば、車のシステムにおいてかつて確固として存在していたつながりが大きく壊されていき、新たな「つながり」が生じてくるのだ。それは、オートメーション化された自動車移動のシステムが今後の数十年間で関連産業と共に発達を遂げる形から生じるものなのである。

第四に自動運転の車は、人々が運転中にしていることを始め、「道路上の」時間の過ごし方を大きく変えている[21]。概して主流の交通研究が仮定してきたのは、（自家用車であろうとバスであろうと電車であろうと飛行機であろうと）旅の時間は無駄な時間を伴うということであった[22]。そういった研究が見過ごしていたのは、人々は旅をしながら行っている無数の活動があるということである。近年の研究は、人々が「移動しながら」多種多様な活動を仕事であれレジャーであれ行っているということに焦点を当ててきた[23]。仕事、読書、勉強、他者との会話、携帯電話を用いたコミュニケーションなど、旅をしている人は様々なことを行う。仕事のための旅であろうが、レジャーのための旅であろうがそうだ。しかも、そうした旅に関連する活動は、旅行に出る前に人々によって時に詳細に前もって計画されていたりする[24]。オートメーション化された車が登場し、運転が人間のドライバーに依存しなくなれば、こうした流れはどのように発展し深まっていくのだろうか。オートメーション化された自動車移動に関する近年の研究のなかには、ドライバーが運転から解放され単なる乗員になることで、ドライバーを要しない車が、私的にせよ公的にせよ新たな空間となることを指摘している研究もある[25]。オートメーション化された車の乗員は、ある程度集中して、仕事や読書やコンピュータ作業など個々の活動を行うことができるようになる。同様に、ドライバーを要しない車は社会的相互作用の新たな可能性を開くであろう。車の内部も人間のドライバーがいなくなるにつれて、仕事やレジャーやその他の社会活動を行うためデザインの点でもレイアウトの点でも大きく変わるだろう。オートメーション化された車に運転してもらいながら私たちがすべきことを論じてきた他の研究には、いまや車は何よりもまず「居住空間」となりつつあるといったことに焦点を当てているものもある[26]。オートメーション化された車は新たな「住まう」形を創り出しているともいえる[27]。それはハイテクの繭なのである。そのなかで人々は一方ではスマート・ネットワークや情報道路システムによって外的な環境から身を守り、他方ではウェブ、メール、メッセンジャー、ソーシャルメディアを含む電子機器によるデジタル・テクノロジーに囲まれている。未来の完璧に自律的な車は、たとえどんなに小さかろうが、出発地から目的地の間、そしていまだ不確かな今とより安全な未来の間に存在する聖域、自分個人のゾーンなのである。

第五に新たに現れつつあるオートメーション化された自動車移動システムは、二酸化炭素の排気量を削減し、大きな環境的利点をつくる。[28] CO2排出量のおよそ三分の一が輸送によるものであるが、半自律的あるいは自律的な車は可能性として、輸送による大気汚染だけではなく燃料消費も削減することになるだろう。[29] クルーズコントロールなどの、ドライバーを支援する今日の半オートメーション化されたシステムは、平均25％燃料を節約してくれる。さらに、車のエンジンのイノベーション――例えばバイオ燃料や液化石油ガスや圧縮天然ガスといった、温室効果ガス排出の程度が低い代替物を用いるもの――は顕著な効果を示している。ハイブリッドなテクノロジーは、加速・減速時には発電し、エネルギー効率はガソリン・エンジンで実現されていた37％と比較すると、90％にまでなっている。電気自動車、（eスクーターやeバスといった）EV、そしてEモビリティの能力をさらに超えて、自動運転の車は、オートメーション化された走行のおかげで道路やトンネルや橋など至るところで顕著に脱炭素化を推進していくのである。しかも、それは、未来のオートメーション化された車では重量もさらに抑えられることもあっていっそう改善されていくのである。

新しい戦争、ドローン、キラーロボット

ＡＩの進展は、自動運転車やスマート・ネットワークの都市、情報道路システムだけにとどまらない。このような進展はまた、戦争、テロ、そして現代社会を支え形成する組織的暴力の日常的マネジメントについても当てはまる。Googleによる自動運転車を可能にしたテクノロジーの進歩は、パックボットも可能にしたのである。パックボットは、世界的なテロ対策や軍事作戦で広く使われている軍事用ロボットである。[30] パックボットは主として、危険な戦場においてセンサーによるデータを収集するために使用されており、車輪をつけた２０００台以上のロボットが、近年のイラクやアフガニスタンにおける戦争で配備された。パックボットは、遠隔操作で階段をのぼったり、岩を移動したり、歪曲するトンネルに沿って進んだりすることができ、９・11テロの際にワールド・トレード・センタービルが崩壊した後、瓦礫の撤去に利用されている他、２０１１年に日本で発生した震災と津波による福島原子力発電所の被害状況を調べるために派遣されたりもした。しかし実際のところ、パックボットの軍事力を発揮するのは主にロボット戦車としてであり、様々なセンサー、カメラ、特殊兵器、その他の軍事ツールを接続するＵＳＢプラットフォームを装備しており、遠隔操作による爆弾処理から危険な監視業務まで、あらゆるものに対応している。最新のパックボットは、「ウォリアー（兵士）」と呼ばれる半自律型の殺人マシンである。それは、殺傷兵器を装備する移動ロボット型のプラットフォームともいえるものだ。[31]「ウォリアー（兵士）」は、「ステロイドで強化したパックボット」というあだ名をつけられ、様々な国防機関はこれまでの武器や化学的・生物的・核システムを補うものとして、武装ロボットの利点を追求しようとしている。

パックボットやウォリアーを制作しているのは、合衆国にある先端的テクノロジーのグループであるアイロボットである。アイロボットはこれまでにパックボットのような軍事用ロボットを5000台以上生産しており、その技術はスポーツイベントでの警備など非軍事目的での利用も増えている。しかしアイロボットは戦争を行うロボットの生産で世界的に知られているが、フロアを掃除するロボットの生産でも同様に有名である。アイロボットの掃除ロボット「ルンバ」は、常に人が操作したりしなくても家全体を掃除できる。世界中の多くの人々がこの小型掃除ロボットについて耳にしたことがあり、メディアや公衆の関心の高さがうかがえるものである。[32] 2014年におけるルンバの世界販売台数は1000万台を超えている。[33] 掃除ロボットは、部屋から部屋へと家のなかを移動させるアルゴリズムによって動き、センサーを備えており、これによって掃除のタスクを実行し充電のためにドッキングステーションに戻ることができる。アイロボットが提供する他の消費者向け製品には、床を洗浄するモッピング・ロボットであるスクーバや、工場の床からナットやボルトをすくい上げる頑丈な清掃ロボットであるダートドッグなどがある。

企業として、アイロボットは、家庭市場に焦点を当てた消費者部門と、政府や軍への販売に焦点を当てた産業部門を運営している。歴史的にはテクノロジーが開発されるなかでは、様々な商業的なプロセス・目的と軍事的プロセス・目的が統合されることが通例だが、アイロボットはこの融合を新たなレベルに引き上げた。地理学者ナイジェル・スリフト（Nigel Thrift）によると、私たちが目の当たりにしているのは、「永続的かつ広範囲な戦争と永続的かつ広範囲なエンターテインメントの時代である、『セキュリティとエンターテインメントの複合体』に心奪われた社会」なのである。[34] スリフトは、これらのセクターが「時間と空間において同一の広がりを持つ（coextensive）」と考えている。

第一の部門は、戦争か平和かといった二元状態を一般的な紛争状態に置き換えることによって後押しされ、刑務所、民間治安部隊、新たな形態の予測的ポリシングから、膨大な物質的インフラに依存する日常生活に存在している多様な監視まで、様々な活動を行っている。9・11といった出来事や、世界中のテロや麻薬をめぐる戦争に対する一般的な反応の後で、防衛はこの分野の一部として見直されるようになってきている。だが逆は真ではない。また同様にエンターテインメント部門もその規模と影響力を拡大し、世界に浸透しつつある。基礎となる家電から、玩具やポルノのような大衆レジャー産業で見られる快楽の空間的カスタマイズの絶え間ない刷新、ブランディングやゲーム、他の空間的実践をとおして、体験空間の複雑なデザインに至るまで、エンターテインメントはあらゆる年齢層の間のあらゆるところに見られるありふれた要素となっている。[35]

軍事部門とエンターテインメント部門の類似点は、今日では見つけるのが難しくない。スリフトの主張によれば、戦争とエンターテインメントはある意味で同義語になっている。グローバルなメディア・システム、ビデオゲーム、24時間365日の監視体制、「情報ターゲティング」のおかげで、軍事産業とエンターテインメント産業は、その目的、手順、プロトコル、運用規則の点で緊密に統合されている[36]。スリフトは、テレビシリーズ「法と秩序（Law and Order）」が防衛大手ゼネラル・エレクトリック社による制作であるという驚くべき巡り合わせを指摘している。ロボット革命とＡＩの進展を受け、テクノロジー間の相互関係や、軍事的部門と商業的部門の相互関係、民間部門と戦争と結びつく部門との相互関係を常に考え続けていく必要があるだろう。

新しいテクノロジーや戦争に関する人々の理解はとぼしく、しかも今日のものではなく、20世紀や、ときに19世紀の概念や理論にとらわれたままである。戦時におけるテクノロジーの進展が、戦争、政治紛争、激化する世界の暴力における変化の重要なシグナルとなっているが、テクノロジーによる戦争の複雑な領域に関する説得力のある分析を展開していくことは、学術的な関心を惹くものであるだけではなく重要な課題となっている。現代社会科学における主要な説明は、マックス・ヴェーバー（Max Weber）が述べた議論に沿って、国家はその軍事力を背景として理解されなければならないということを主張している[37]。この視点によれば、国民国家は、所与の領土内で物理的な強制力の独占を首尾良く主張している国民共同体のことなのである。この国民国家という概念は、19世紀後半から20世紀初頭にかけて、世界の軍事秩序が複雑化していったことにもとづくものである。そうした秩序のもとで激しい政治的紛争が意味するのは、国家が、国際関係のマネジメントにおいて、多かれ少なかれ慢性的な形で組織的な暴力の脅威や展開に訴えざるを得なくなったということである。20世紀には国民国家システムが発展したのだが、そこでは二度の世界大戦が史上最悪の暴力を引き起こし、ベネディクト・アンダーソン（Benedict Anderson）を引き合いに出すならば、国家が「想像上の共同体」の構成員に物理的な力を合法的に行使することを独占したのである[38]。世界大戦は殺人工場のように人を殺し、驚くほど短時間に何百万人もの若者が命を落としたのだ。

今日、国家と軍事社会の相互関係は著しく異なっている。今日、国際軍事秩序を大きく変えた三つの重要な制度的側面がある。それは、グローバリゼーション、（エンターテインメント社会の台頭も含んだ）コミュニケーションとデジタル革命、ロボット工学のシステムである。これらの制度的変革は、物理的暴力の手段を独占する国家社会の能力を強力に破壊した。第一に、グローバリゼーションの進展を背景にすると、軍事的暴力の合法的使用を国民国家が独占するという伝統的な考え方は時代遅れである。グローバリゼーションが貿易や金融市場といった経済的プロセスをコントロールするうえで国家統治を破壊してしまうだけでなく、グローバリズムは、国民国家が軍事に関わるあり方そのものを変えてしまう。現在、兵士や職業軍隊は他の多くの多国籍機関や組織と協力したり競合したりしているため、軍事力のトランスナショナリゼーションの影響は特に重要である。これらには、欧州連合、国連難民高等弁務官事務所（ＵＮＨＣＲ）、国際連合、オックスファム、国境なき医師団、国際赤十字を始めとする多くのトランスナショナルな機関が含まれる[39]。

同時に、日常的な軍事的かつセキュリティ活動が民間のセキュリティ機関にアウトソーシングされるようになるにつれて、国民国家レベルにおける暴力の独占は下から浸食されている。このようなセキュリティ機関の民営化は、組織犯罪の増加と、大規模な人権侵害を伴う準軍事組織の拡大という観点から、その文脈を把握していく必要がある。公的なものと私的なもの、グローバルなものとローカルなもののアクターによる戦争は、ここ数十年、暴力的な手段が低コスト化したことでいっそう変化している。暴力手段のコストが劇的に低くなってきたことは、コミュニケーション革命や蔓延する消費主義の文化と密接に関係している。ナイフ、銃、ピストルなどの武器はインターネットを通じて入手しやすくなり、多くの基本的な武器が各国のスーパーマーケットや金物店で購入できるようになった。武器は個人化され、型にはめられ、実際、時には「ファッション・アクセサリー」となっている。

多くの形で、ここ数十年の間に戦争がハイテクなものとして再形成されてきた。デジタル化は、テクノロジーがAIを搭載した様々な種類のインテリジェントマシンによって軍事化され競われるようになる一般的なプロセスの重要な部分となっている[40]。1990年代を通じてリアルタイムの通信を支えるために衛星テクノロジーが広範に発展したことは、合衆国とその「軍事革命」における重要なターニングポイントとなった。新しい形態のネットワーク中心のテクノロジー（誘導ミサイル、スマート爆弾）は、次第に、戦争の道具になるようになり、1991年の湾岸戦争で最初に用いられ、ボスニア・ヘルツェゴビナやコソボでの戦争の後半、それに最近ではアフガニスタンやイラクの戦争でも用いられた。人工衛星は、監視のための高度なシステムや、遠隔殺人システムとしてすぐに配備された[41]。哲学者のマニュエル・デランダ（Manuel DeLanda）は1991年に、『機械たちの戦争（*War in the Age of Intelligent Machines*）』で湾岸戦争時イラクを組織的に破壊するために用いられたコンピュータ化された兵器システムを考察し、認知構造が人間から機械へと移行していると述べていた。デランダによると、「人工知能を他の軍事的な領域へ応用する際に、判断能力と実行能力の区別が曖昧となっていく」[42]。戦争はかつてないほど情報化され、監視のテクノロジー、人工知覚、およびサイバネティックな戦闘マネジメント・システムと重なり合い交差していくのである。デランダは明敏に予測しつついう。

ロボットの知能は、様々な方法・速度で軍事技術に入り込んでいく。コンピュータを戦争へ応用してきたこれまでのあり方は（中略）AIの様々なブレークスルーによっていっそう「スマート」になるだろう。機械が、経験から「学習」し、複雑性の多様なレベルで問題解決のためのストラテジーを策定し、さらには何らかの「常識」を獲得して考慮すべきことがらから無関係なことを排除していく方法をAIが新しくつくりだしていくに従い、機械の知能は攻撃の側面でも防御の側面でも兵器に「なる」のだ[43]。

上下から軍事力がこのようにグローバルに変容し、今日の戦争にデジタル・テクノロジーが重要となっていることをふまえると、いくつか重要な問いが提起される。どの程度まで、AIに支配されている現代国家は、軍事組織からすると重要だといえるのか。21世紀が進むにつれ、戦争のテクノロジー化＝産業化のパターンは少なくなっていくのではなく、いっそう多くなっていくのだろうか。グローバルなレベルで、戦争、ロボット工学、モビリティの間にはどのような相互関係があり、これらの相互関係はAIの特徴とどのように関連しているのだろうか。これらの問いは、現代社会の発展の現在の道筋と社会科学の両方にとって重要であるものの、ここで詳細に分析するには複雑すぎる。その代わりに、私は以下では、主として戦争、ロボット工学、AIの現在と将来の交差に焦点を当て、これらの問いに対していくつか概略的に答えていこうと思う。

まず、膨大な軍事費を、グローバル経済のなかで、無人地上車両、自律兵器システム、兵器ドローンに対して支出しているという事態は、AIの必要性がもたらす政治的・社会的変化について重大な洞察をもたらしてくれる。合衆国単独のものではあるが公表された統計によると、国防総省は、無人の水上艦艇や無人の水中機を含む、1万1000近い多くの種類・能力の無人航空機システムを所有している。[44]では他の国々は、現在、いくつの無人航空機システムを所有しているだろうか。その答えは微妙であり、「兵器化されたシステム」を構成するものが何かによって異なっており、数字としてはせいぜい推定値にとどまる。ガーディアン紙は2012年、56種類のUAV（無人航空機）が11ヵ国で用いられていることを明らかにした。[45]これらの数字は、現在の世界的な軍事秩序におけるAIが有する影響力のほんの一部を切り取っただけのものかもしれない。武装ドローンについて考えることの方が、おそらくもっと確かだろう。これについては、いくつかの比較可能な数字がある。とある有力な2015年報告書によると、武装ドローンを配備している国は10を超えている。アメリカ、イギリス、中国、イスラエル、パキスタン、イラン、イラク、ナイジェリア、ソマリア、南アフリカ、そしてハマスとヒズボラという二つの非国家組織である。[46]この報告書によると、武器化されたドローンを操作するクラブの会員数が二桁に達したのは、アメリカのドローン技術よりも安価な中国のテクノロジーに簡単にアクセスできるようになったことが主な理由だという。2017年には、軍事市場向けUAVは2026年までに139億ドルに達し、2016年から2022年にかけて39％増加すると予測されていたが、軍事用ドローン市場は2014年に30億ドルに達し、2021年には110億ドルに達すると予測されている[47]。そうした数値はすぐに変わり、少ないと思うようになるだろう。だが、繰り返すが、AIの必要性がグローバルな軍事的な問題において主要な構成軸の一つとなっていることを理解するには、これらの数字は、より広い社会的・文化的・政治的な観点から考えていかねばならない。

武装化したドローンによって実行される遠隔地での監視と殺人に関するグローバルなフローが有する政治的特性は、様々なテクノロジーや情報の要素によって生み出されたものである。ドローンの軍事化の中心的な特徴は、アルゴリズムによって情報を捉え組織化することが戦争の直接的な手段になったという事実である。分散型のコンピュータ化、そしてコンピュータ制御による「スマート爆弾」を通じた「標的を定めた殺人」について、そのパターンを分析することに加え、AIが取り込まれグローバルな情報ネットワークを介して伝達される新しい戦争システムを検討することが不可欠となる。新しい軍事テクノロジーに関する研究の多くは、ドローンを運用するチームの調査にもとづいたものであり[48]、コンピュータ技術者によるコードのプログラミングから、標的となる戦闘員が「殺害対象リスト」上で正確に特定されるよう用いられるオートメーション化されたソフトウェア・プログラムやアルゴリズムに至るまで、様々に行われてきた[48]。コンピュータを媒介とした戦争を研究する際にアクセスが困難であると感じるが、それは別としても、これらの研究から明らかになるのは、膨大な数の軍人と技術専門家が、スクリーン、衛星、ソフトウェア・プログラム、ビッグデータをとおして敵を狙い撃ちにするドローン操作チームにおいて協力し合っているということである。デレク・グレゴリー（Derek Gregory）は、ドローン戦争が「超可視的な軍事領域」をもたらしたのだと主張している。そこではデータの抽出と蓄積を支えとして、戦闘員が誰なのか特定され、標的として定められ、殺傷を遂行していくのである。[49] このAIは、戦争をデータによって駆動していくもので、カメラ、スクリーン、監視カメラをとおしてしっかりと可視化され、コンピュータプログラマー、センサー・オペレーター、ミッション・インテリジェンス・コーディネータ、ドローン・パイロット（彼らはコンピュータの後ろのデスクに座っている）が共同で、「キルチェーン」の任務を担うものとして「正確な標的の確定」に取り組むのである。このように、AIとアルゴリズムの観点から軍事戦争をグローバルに再構築するプロセスは、組織化された暴力の社会的・政治的特徴において抜本的な変化をもたらす。いかにAIは戦争の手段に影響を及ぼすのか。この観点からニール・カーティス（Neal Curtis）は、戦争が多国の双方向的な国際関係による工業的な戦争の時代から、一方方向的なトランスナショナルで先制防衛のためのアルゴリズム戦争の時代へシフトしているのだという。[50] 言い換えるならば、工業時代から情報時代へシフトしていくなかで、デジタルとAIの分野は、高度な兵器を作り戦争の手段を大きく変えたのである。

オートメーション化された軍事的意思決定のさらなる結果として、新しいテクノロジーとAIの進展が現在と未来に大きな結果をもたらす可能性がある。アルゴリズムとコードのプログラミングは、実際、アメリカの防衛体制が「軍事における情報技術革命」を開始して以来、「正確無比な爆撃」「集中的ロジスティクス」「予測分析」「戦場の認知」、戦争状況のパラメータを定義する「システムのシステム」の出現といった戦略的かつ作戦的な言語を用いながら、軍事における決定論とチャンスの関係を再考したのである。よくいわれている例としては、誰が「テロリストの名」を冠しているのかを決定するため軍隊ではアルゴリズムが使用され、ソフトウェア・プログラムを介して、キラーロボットまたは自律型殺傷兵器システム（ＬＡＷＳ）の開発により「殺害対象となる標的」が設定されている。こうした大規模なＡＩのパターンや特性がグローバルな規模で軍事システムに適用された場合、それが指し示していることは、私たちの時代の戦争が、技術革新、自動化、ソフトウェア、データの読み出し、情報システム・アーキテクチャ、スピード、モビリティ、精密な攻撃などを意味するようになっているということだ。ビッグデータ、情報能力、ハイテクな殺傷兵器といった意味で軍事力は、今日、国民国家の国境や組織的暴力を超え、グローバルなつながりの鍵となっている。

しかしながら、軍事的な言い回しのなかで「正確無比な攻撃」や「標的を定めた殺傷」とされるものは、実際には、しばしば意図せざる殺傷的結果をもたらしてきた。戦争においてＡＩとビッグデータを予測的な標的を定めた殺傷に応用したとしても、単独で限定的な効果を生まず、例えば多くのドローンが罪のない民間人を殺害してしまっているのである。「正確無比な攻撃」を行うＡＩの正確性に関して相反する主張があることを簡潔に検討してみたいと思う。私がここで強調したいのは、ソフトウェア・プログラム、ビッグデータ、ＡＩが戦争やテロの状況下で特定の個人を標的にするべく用いられる場合、想定以上に多くの人々が殺傷されているのは、軍事にテクノロジーが介入することで、戦争地域のシステム全体に様々な副作用がもたらされがちだからなのである。こうした意図せざる結果は、時に「サイド・エフェクト（副作用）」あるいは「コラテラル・ダメージ（付随的損害）」と呼ばれる。ある有力なコメンテーターの表現を借りると、それらは、「不規則で無秩序な世界」を生み出すのである。コリーン・マッキュー（Colleen McCue）が主張するところでは、テロリストや自爆テロの可能性を判断する予測分析を展開する際に、「誤報は明らかに増える。それは、頻度の少ない出来事をモデル化しようとするうえでは、通常よく見受けられる課題なのである」。[51]このことを社会科学における複雑性的転回の用語を用いていうならば、ＡＩやハイテク軍事システムのなかには一種の「秩序ある無秩序」が存在しているのだ。軍関係者は、情報化時代の戦争を「客観的（clinical）」で「正確無比（precise）」だと表現しており、テクノクラートは、確実性を提供できるというのだが、ダイナミックなシステムの複雑性にあっては予期し難い効果が突然に生じることもある。

たとえそうであっても無人ドローンは、離れたところで多くの殺害を実行することができる。「机上のパイロット」は物理的に戦場にいることなく、生命を奪う任務を遂行できるのである。このようなテクノロジーによって、軍事産業によって殺人が行われるということが見えにくくなってしまっている。そんな風にドローン戦争を批判する人もいる。サイモン・ジェンキンス（Simon Jenkins）は、ドローンが「愚か者たちの宝物」であり、簡単な手術ほど正確に遠くから人を殺傷できるが、他方で考えられないほど非生産的な軍事的成果をもたらすと主張している。[52]彼がいうには、ドローンは敵を視界から排除し追いやってしまう――それは、「未来の、安全で、簡単、クリーンな、『正確無比に標的を定める』ことのできる、『手をくださない』戦争」を実現しているのである。こちら側の誰も傷ついたりしない。しかし、このようなテクノロジーが約束してくれている、その背後には問題がある。それは、現場で人が苦しんでいることを現代ではリアリティを持って感じることができないということだ。アフガニスタン、パキスタン、アフリカの角ともいわれるソマリア付近における近年のドローン戦争に関するいくつかの研究を参照しながら、ジェンキンスは、ドローンが多くの場合、何千人もの罪のない民間人や子どもたちを殺傷しているにもかかわらず、タリバンやアルカイダの活動を斥けたり、それに深刻な打撃を与えたりできなかったと主張する。ジェンキンスの他にも、ドローンが違法であるということ、それは非戦闘員の民間人や子どもたちを殺傷しているというショッキングな「コラテラル・ダメージ」ゆえであるということを批判者たちは強調する。

ドローン戦争の大きな影響の一つは、一方では現代社会と民衆との間で分断が拡大し、他方では戦争の犠牲者が増えることである。ドローンは戦争を新しい種類のビデオゲームとしている。容疑者を監視し、標的を定めた殺傷を行うことが、スクリーン、衛星、ソフトウェア・プログラム、ビッグデータにおいて、それらを通じて行われる。ドローンは、遠隔地から殺人を行う机上のパイロットによって日常的に操作されている。『ドローンの理論』においてグレゴワール・シャマユ（Gregoire Chamayou）が述べているが、無人航空機は長距離の遠隔操作戦闘を可能とし、「お互いの直接的な関係」をなくしてしまう。[53] ドローンのパイロットはときに「フライトスーツ」を着て基地にいるのかもしれないが、高度に技術的に管理されている複雑な「キルチェーン」の一部となっている。机上のパイロット、センサー・オペレーター、戦略的諜報オペレーターの組み合わせは、優秀なる軍事組織と連携し、イアン・ショー（Ian Shaw）が「殺傷するビューロクラート」と呼ぶ現象を創出している(54)。

無人航空機システムが戦争の未来にとって重要になるのは、三つの核となる次元にまたがっているがゆえである――それは、デジタル化、モビリティ、小型化である。2010年代、無人ドローンの小型化が爆発的に進んだ。そのなかには、虫のように小さなものもある。ドローンの縮小、多様化、洗練化を促進するテクノロジーの役割が示しているのは、組織的な暴力に対する影響が大きいということである。最もポピュラーな小型ドローンの一つはレイブンである。これは、米軍向けに設計された長さ3フィートのリモコン飛行機である。レイブンはアフガニスタン全土の戦場で広く使用され、世界中の防衛部門で広く採用されるようになった。もっと新しい小型ドローンになると、子どものおもちゃのように小さくなっている。そうした飛行機は、ミクロバット、SLADF、ブラック・ウィドウという名で、サイエンス・フィクションの世界からやって来たかのようである。特に興味深いのは、ドローンを極小サイズに圧縮し、昆虫が飛んでいるように見せかけるようにしたということであろう。小型のセンサーとビデオカメラを使って敵本人に接近し、トンボやスズメバチの影のなかで移動できるドローンは、近年の研究開発の方向性を導いてきた。Wasp や Wing-store UAV といった様々な「パラサイトUAV」が登場し、「飛行センサーのグローバルなネットワークからの津波のような情報を処理し、利用し、拡散させる最も機密性の高い軍事施設」を生み出している。津波のようなデータと述べたのは、アルゴリズムが情報を自動的に処理する一方で、大量のビッグデータが存在し、防衛部隊やセキュリティ部隊がいまやオーバーロード状態になっているからである。

小型化された半自律兵器システムもまた、戦争のオートメーション化された手段として扱われるようになっている。その結果、モダニティの軍事的要素がテクノロジーに基礎づけられて複雑に変質していく。それは以前には見受けられなかったことである。例えば、2017年初頭に、インテリジェント自律兵器システムを今後開発していくにあたって、米軍が小型ドローンのテストに成功したことが広く報じられた。F／A－18スーパーホーネット戦闘機3機から約100機のパーディクス（Perdix）小型ドローンがカリフォルニア上空に投下され、16センチほどの非常に小さなマシンが一群で隊列編制を行った。ペンタゴンが発表した声明によると、「小型ドローンは集団的な意思決定を行い、隊列編制に適応するとともに自己修正を行うといった高度な集団行動を展開した」[55]。いったんこのようにつくられると、小型ドローンが他の小型ドローンとコミュニケートしながら、UAVは監視や攻撃を受けないよう環境に適応して群れを成し、一種の集合的有機体として動くようになっていく。このような展開は明らかにAIの拡張に影響されており、戦略的な軍事目標は多数の小型ドローンによって敵対勢力の防衛能力を圧倒することになるのだ。

AI、産業、洗練された兵器の開発が組み合わされることでもたらされる、テクノロジーの変容に関する今日のダイナミックなプロセスが、組織的な暴力の制度的な要因と戦争を行う手段に革命をもたらしていることはまさに明らかである。戦争においてドローンが蔓延していくことや、小型ドローンと戦争遂行手段の統合が進展していくといったことは、AI時代における軍事力を分析するうえで第一義的な位置を占めている。非常に不穏なことに、ＡＩテクノロジーの普及は、「キラーロボット」すなわち自律型殺傷兵器システム（ＬＡＷＳ）の形で武器開発をさらに拡大させている。これらは、人間の介入なしに（潜在的な）敵を自動的に選択し、標的として定め、攻撃できる、ＡＩに媒介される兵器である。本書の最終章で述べるように、兵器化されたＡＩと殺傷能力の高い自律型兵器については、大規模な論争がグローバルに巻き起こっており、多くの科学者、産業界リーダーや諸団体がこうしたテクノロジーを今のうちに禁止するよう求めている。これはグローバルな未来と戦争における技術産業に関わる重要な議論だが、強調されるべきは、このような殺人機械が先進的な兵器産業をすでに増殖させているということである。現在実際に用いられている事例としては、MARCbot、パックボット、タロン、グラディエーター無人戦術車両（Tactical Unmanned Ground Vehicle：ＴＵＧＶ）などがある。米軍は自律型の戦闘機や爆撃機の開発など、オートメーション化された武器システムの研究と実験に多額の投資をしているのである。

ＡＩ時代に戦争を起こす手段を開発する際には、このように〈殺人を機械に文字どおりアウトソーシングする〉必要がある。これは、組織的な暴力の手段の制御をアルゴリズムやソフトウェアやコンピュータコードに結びつけていく開発となる。しかし、兵器産業の主な中心（特に合衆国やヨーロッパ）では、キラーロボットの研究開発への投資が非常に高い水準に達している一方、そのことが影響して、国家のみならず非国家的なアクターの数も増えている。ロシアやイスラエル、軍備が進んだ他の国々でも、兵器開発においてキラーロボットのテクノロジーを追求している。様々な報道によると、中国は次世代巡航ミサイルの製造にAI兵器の使用を検討しているという[56]。韓国では、ある兵器メーカーが、理論的には人間の介入を必要とせずに標的を識別し、追跡し、撃つことのできる砲塔を設計し建設した。ドイツのAMAP－ADS、ロシアのアリーナ、イスラエルのトロフィーなどの自律的な軍事防御システムは、飛来してくるミサイル、ロケット、砲弾、航空機、水上艦艇を自動的に識別し、攻撃できる。近年、明らかに、先進諸国からそうではない地域・諸国へオートメーション化された兵器が拡散しており、多くの国々がLAWS競争に参加しようとしている。2016年の世界経済フォーラムで、イギリスの兵器メーカーBAEの会長ロジャー・カー（Roger Carr）卿は、40ヵ国が現在、キラーロボットのテクノロジーに取り組んでいると述べている[57]。自律システムのテクノロジー開発を軍事兵器の展開に応用するのは、この分野における一連の技術進歩の一面に過ぎない。だが重要な点は、武力紛争の際にこれらの兵器がどのように使用されるかを規定する合意された国際関係のフレームワークが存在しないことであり、自律型キラーロボットを規制しコントロールするグローバルなガバナンスのメカニズムも存在しないことである。

私たちは、ここで何が危機に瀕しているのかを明確にするべきである。戦争の技術産業がオートメーション化され、特にAIと高度なロボットが軍事的世界に用いられると、これまで人類が遭遇したことのない重大なリスクが生じる。AIを備えた洗練された兵器が集中的に開発された結果、人類の実存の脅威をめぐり、様々に多岐にわたって警告が述べられるに至っている。イーロン・マスク（Elon Musk）は、ロボット戦争のターミネーター的世界のなかで、人間が二級市民になると語った[59]。オックスフォード大学の哲学者ニック・ボストロム（Nick Bostrom）は、ＡＩの脅威について「私たちは爆弾で遊ぶ子どもたちのようだ」とコメントしている。[60] 亡きスティーブン・ホーキング（Stephen Hawking）は、「完璧な人工知能を開発したとき、人類は終焉を迎えるかもしれない」と述べている。[61] ＡＩによる最後の審判を告げる予言者は数多い。確かに、自律的な殺傷兵器を用いた戦争がもたらすグローバルな影響は瞬時に広がるだろうし、それは壊滅的なものになるだろう。社会、政治、経済、そして環境にもたらす結果も同様に悲惨なことになるだろう。ＡＩを用いた戦争のリスクを抑えることができるかどうかは誰にも分からないが、こうした傾向に対抗したり制限したりするためのアクションは数多く展開されるようになっている。２０１７年には、26ヵ国の１００人を超えるＡＩの専門家たちが、国連主導で自律的殺傷兵器の禁止を求めた。最近では、世界をリードするＡＩ専門家たちの多くが、殺傷力のある自律兵器の開発を拒否する誓約書に署名している。[62] これらは重要な進展である。だがＡＩ戦争が人類にラディカルな挑戦状を突きつけているのだとすれば、今日、グローバルな状況のもとで私たちは新たな思考を必要としていることも明らかだろう。ＡＩを用いた戦争の重大なリスクに警鐘を鳴らす社会理論は、――そうした活動がどれだけ重要だとしても――軍事的な進展に対して逆に抵抗していくといったことだけに還元できるものではなく、ＡＩがもたらす社会的未来がどのような軌跡を描いていくものなのかについて考察を深めていく必要があろう。これをふまえて、今こそ最終章へと移っていくことにしよう。

第6章

AIと社会的未来

ＡＩの文化について考えることは、あらゆる社会とそのありうべき未来にとって不可欠である。産業革命やマニュファクチュアの登場から、ポスト工業化の衝撃波およびグローバルなアウトソーシングや電子的オフショアリングの台頭に至るまで、社会組織に関するテクノロジカルな変容は以前から数多く見られるものであった。インダストリー４・０および真にオートメーション化された産業の出現により、今日の革新的なテクノロジーは一方では驚くべきチャンスと新たな個人の自由を約束してくれるに至ったのだが、他方では急増するテクノロジーによる失業とグローバルな不平等の脅威を増大させた。デジタルな世界で起こっていることは、全く諸刃の剣なのであって、新たなチャンスと脅威を与えるリスクに分かたれているのである。今日におけるテクノロジーの変容は、近代化や脱工業化の影響といった、以前の歴史的な変化と複雑に相互に関連しているものの、今日新たなデジタル・テクノロジーによって引き起こされているグローバルなショックは、非常に異なるものに見え、ＡＩ革命の利害はこれまでの世代が遭遇してきたものとは明らかに違っているのである。例えば、デジタルな世界で生じていることについて考えてみよう。２０１５年に情報通信技術分野をリードする専門家や経営者と共に様々な「転換点」を明らかにした、世界経済フォーラムの「ソフトウェアと社会の未来に関するグローバル・アジェンダ・カウンシル」では、今後10年から15年の間にグローバル経済に生じうる未来の衝撃が強調されている。世界経済フォーラムによると、先進諸国では今後、モバイルデバイスを埋め込むボディ・インプラントや広範なブロックチェーン技術だけでなく、さらに脅威的なことに高度なＡＩアルゴリズムを通じたビッグデータで統治を行う政府、マネジメントを行う企業取締役会なども出てくるようになる。

今日私たちが生きる世界では、ロボットが工場で箱を動かしたり、スーパーマーケットで棚を管理したり、複雑なアルゴリズムが確定申告や金融市場での取引を行ったりしている。しかし、私が本書で論じてきたように、オートメーション化が進むグローバルな世界の帰結は単純なものではない。人工知能の文化は、一元的な世界ではないのだ。ここまでの章において述べてきたが、高度なロボット工学と加速するオートメーション化の影響は決して経済的なものに限られるわけではない。理解しておくべきなのは、ＡＩ、ロボット工学、デジタル・テクノロジーは、輻輳する日常的実践、社会制度、グローバリゼーションに見られる諸力を分析するなかで位置づけられなくてはならないということだ。現段階における人工知能とロボット工学は、世界秩序を根本的に変えつつあり、従業員が主になって製造する工業的マニュファクチュアによって組織された世界から、バイオ・マテリアル・エンジニアリング、ナノ医療、先進的マニュファクチュアリング、光学・電気化学的なバイオセンサー、マイクロ流体デバイス等といった新しい未来の産業へと、社会は移行しているのである。それに伴って、組織構造、社会的慣行、人間関係、個人の展望において抜本的な変化が生じるのは不可避である。これらのテクノロジーが進展、深化、加速するにつれ、より多くの人々が影響を受けるようになるだろう。しかし、もし新しいテクノロジーが強く社会的な帰結を生じさせていくのならば、これらのテクノロジーによって影響される人々が、こうした変化にどのように対処するかを検討することも同様に重要となろう。すなわち、人々が実際にＡＩや機械知能やロボット工学にどのように反応し、対処するかに焦点を当てることが重要なのだ。本書をとおして私が目指したのは、まさに人工知能の文化に関する分析を展開することなのであって、既存の文献に見られるような技術的決定論や経済学者による批評とは異なっている。

新たなテクノロジーやAIが非常に長期的な未来において積極的な役割を果たすことを、とても広い影響力を持って提唱しているのがカーツワイル（Kurzweil）である。これまでの章で議論してきたように、彼は、コンピュータの能力が高まっていくことで生じる「収穫加速の法則（The Law of Accelerating Returns）」についてかなりの分量を費やして書いており、特にAIによって社会においてテクノロジーが向上していくことを主張している。(1) カーツワイルによると、テクノロジーの変化において今日見られる指数関数的な速度は「シンギュラリティ」を生み、生物によらない知性が生物による知性を凌駕する歴史的ポイントを形成するのである。(2) カーツワイルは、この迫り来るグローバルな変化について非常に明確に述べており、シンギュラリティが2045年に生じると予測している。シンギュラリティは、人間と機械の区別を消し去り、コンピュータにもとづく知能やAIは、集合的な人間の知能を超え、さらに加速していく。ただカーツワイルは明らかにAIがもたらす長期的な未来をかなり楽観視している。もしかすると、それはユートピア的でさえあるのかもしれない。そのように批判する者も多く、彼らは、カーツワイルが単にユートピアを夢見る未来学者だと論難している。(3) シンギュラリティに関する彼の考えは、批判する者たちが述べるように単に画餅に過ぎない。私自身の見解では、シンギュラリティの考えは論理的にはありうることだが、そこには大いに疑問がある。しかしながら、ありうることか否かは別にして、私の中心的な論点は、そのようなシナリオは事前に考えられたものとは程遠いものになるだろうということである。本書で私が展開してきた中心的な議論は、自己、社会、テクノロジーの関係に影響を与えるグローバルなシフトに対して、中心に存在する複雑なシステムに関するものである。ロボット工学のような複雑なシステムや、AIやマシン・ラーニングといった技術革新の特徴は、それが予測不可能で、不確実で、ジグザグに進み、ときには後退したりもするということである。新しいテクノロジーを導入し、日常のレベルで複雑なシステムに対処しようとする文化的な試みは、しばしば意図せざる結果をもたらし、他のイシューや課題を明白にし、発生させたりする。そして次にはシステム同士が相互に依存し合っていると、他の解決策やシナジー効果も現れたりするのである。[4]私が思うに、アイデンティティおよび日常的な社会実践に関する適切な理論との関連で概念化するにあたって、複雑なシステム思考の最も重要なことの一つは、技術革新が、予測不可能を伴うとともに、様々なグローバルなシフト、収斂的な社会発展、文化的な揺り戻し、せめぎ合う未来を伴っているということだ。これまでの章で、以下のものにおける変容を分析しつつ、このことを論じてきた。すなわち、それは、都市のモビリティのダイナミクス、自動運転車の可能性、多様なAIシステムや、グローバルな監視の可能性および危険、先進的なロボット工学がグローバルなマニュファクチュアそして雇用と失業において含意するもの等である。

本書では、デジタル革命による大いなる文化変容——すなわち人工知能、高度なロボット工学、オートメーション化の加速に伴って社会や経済のレベルで生じるシフト、シナジー、衝撃を分析し説明しようとしてきた。これまでの章では、人工知能の文化によって解き放たれた様々な種類の社会的未来に言及してきたが、詳細には論じてはこなかった。この最終章において、私はいくつか重要な残っているイシューをまとめるとともに、未来の姿を描写しようと思っている。AIが雇用や職業生活を再形成・再構成する中心的な推進力であることを私たちは見てきたが、パーソナルな生活、親密性、セクシュアリティにおいて、私たちの未来はどのようなものになるだろうか。今後数十年間で、AIは健康と医療にどのようなチャンスとリスクをもたらすだろうか。AIは公共生活や政治生活にどのような貢献をするだろうか。民主政治の刷新はオートメーション化を自治と調和させ、とりわけ参加型民主主義をAIによって生まれる不平等と調和させることができるだろうか。どうすれば、コスモポリタンであるという感覚をビッグデータで再調整できるだろうか。互酬性と社会責任に関わる倫理は、高度なロボット工学の時代に育まれうるだろうか。こうした問いのいくつかを、私はここで考察する。そうすることで、学術界、政界、シンクタンクからの多様なアイデアと同様、多くの議論が交わされていること、そのもとでAIがもたらす社会的な未来が概念化され、可視化され、精緻化されていることを述べる。本章は必然的に部分的で、かつ暫定的なものになるだろう。ただし本章は、国境や地域を越え行われるに至る新たな学術的かつ政策的な議論に貢献したいと考えている。そうした議論のもとでは、新世紀における複雑な問題やシステムが相互に依存し合うことで特徴づけられている、ありうべきAIの未来、そしてテクノロジーのこれからのシナリオが論じられているのである。

ロボットによる親密性

２０１７年４月、カリフォルニアにあるセックステック企業であるアビス・クリエーションは、世界初のセックス・ロボットの開発を発表した。同社は数年前に、シリコンを用いた革新的な大人の玩具を開発して有名になった。セックス産業に最先端ＡＩが参入することで、ラブドールに機械学習を容易に活用できるようになった。その結果、セックス・ロボット〈ハーモニー〉が生まれた。ジェニー・クリーマン（Jenny Kleeman）は、ＡＩを用いたこのセックス・ロボットの到来について次のように述べる。

ハーモニーは微笑んだり、まばたきをしたり、しかめ面をしたりする。彼女は会話をしたり、ジョークを口にしたり、シェークスピアの言葉を引用したりできる。彼女はあなたの誕生日を覚えてくれている。…それだけではなく、あなたが好きな食べ物、あなたの兄弟や姉妹の名前も覚えてくれていることだろう。彼女は音楽、映画、本について会話ができる。もちろん、ハーモニーはあなたが望むときいつでもセックスの相手をしてくれるのだ。(5)

〈ハーモニー〉は、おそらく驚くことではないだろうが３００億ドル規模にもなるセックステック産業の産物なのであり、その外見はシリコンセックスドールのイメージのもとでつくられている。大きな胸、引き締まったウエスト、信じられないほど細い太もも、フランス製マニキュアを塗った手の爪を持つセックス・ロボットである〈ハーモニー〉は、「あなたがいつも夢見てきた女性」として売り出された。受動的で、柔らかい機械の大人の玩具であるハーモニーは、14タイプの陰唇と42色の乳首など、様々なオプションをカスタマイズして購入できる。これらカスタマイズできる特徴は、様々な女性の体型が「プロトタイプ」として提示されつつも、実際の顧客による選択と別に潜在顧客に向けて宣伝されている。

ある意味では〈ハーモニー〉は、男性主義的で超ポルノグラフィックなファンタジーの汚点である。セックステック産業は、利益を休みなく求めAIとロボット工学を徹底して追求してきたのである。しかしながら、別の意味では、〈ハーモニー〉は画期的なAIテクノロジーと密接に結びついた発明でもある。このセックス・ロボットは、顔認識ソフトウェア、発声を可能とする技術、アニマトロニクス工学、モーションセンシング技術などの多様な革新的テクノロジーが集まった成果なのである。アビス・クリエーションの場合、〈ハーモニー〉をより豊かにするためにAIを導入することで、優しく、恥ずかしがりで、素朴なタイプから、セクシーで、嫉妬深く、スリルを求めるタイプまで、18種類の個性を備えた機械学習のシステムが顧客に提供されている。これらの個性は、様々な形で顧客が活用できる効果的なロボットのプラットフォームとなっており、自己と機械の新たな相互作用を生み出している。セクシュアリティと商業的エロティシズムの橋渡しをしてくれる、こうしたロボットの価格はエントリーモデルで約1万ドルであった。

親密さに影響を与える一般的な社会変動を〈ハーモニー〉の事例から、どの程度学ぶことができるだろうか。〈ハーモニー〉の登場は、性的な生活や親密な生活において適用される新たな人工知能がもたらす結果として、社会関係が劇的に変容しつつあることを示しているのだろうか。より広くいうならば、

〈ハーモニー〉の到来によって示されているようなことは、確実に、西洋社会やそれ以外でも起こっているのである。何十もの世界中の企業が、セックス・ロボットを進展させるべく研究開発資金を提供している。ここで多分重要な問いが提起されるのではないか。それは以下のようなものである。「では、AIのテクノロジーの進歩は、セクシュアリティや、より一般的には親密な生活における変容とどのように関わっているのか」。私が思うに、ロボット工学、スマート・アルゴリズム、機械学習は、今日、親密な生活のフロンティアであるにとどまらず、自己アイデンティティや個人の生活を変え、新たな種類の経験や、社会関係や親密な関係のテクノロジーに媒介された枠組みをもたらすようになっているのである。ただし、ありがたいことだが、これは男性も女性も他人との関わりをセックス支援ロボットとの関係へと変えてしまうなどということを意味するわけではない。しかし、チャットボットからテレプレゼンス・ロボットやセックス・ロボットに至るまで、高度なロボット工学の分野は、ジェンダー、セクシュアリティ、個人の生活において新たなフロンティアを切り拓くのだ。その結果、AIはますます、身体、自己アイデンティティ、親密な関係等をテクノロジーを介して取り結ぶ接続ポイントとなっているように思われる。

AIが今日の親密性の概念を変えてしまうという意味は何か。それはとりわけ、デジタル・トランスフォーメーションがますます重要になる加速的なテクノロジーの世界において、新たな文化における考え方が生じてきたということである。これらの新たな文化における考え方は、情報テクノロジーの時代、ロボット工学の台頭、クラウドコンピューティング、3Dプリンティング、人工知能の拡充に深く根ざしている。親密性の感覚は、その結果、ラディカルな突然変異を起こしたのである。アクター・ネットワーク理論からポスト・ヒューマニズムに至る社会思想の流れのなかで、「親密性」という言葉は、生物と無生物、人間と機械、主体と対象の混合されたものとなっている。もし親密さがかつては非人間的なものではなく人間同士の関係を、物質的なものではなく情動的なものを表していたのだとしても、もはやそういうものではなくなっているのである。親密性は今、単なるエロティックな絆の問題なのではなく、テクノロジーそのものと結びついて育まれるものである。親密性とは、エロティックなものと技術的なものが出会う空間であり、自己のパッションをテクノロジー的な諸力の外部へと開くものなのである。親密性において自己が他者との関わりを持つのだとすれば、同時に親密性によってテクノロジーは自己実現そのものとしてみなされるようになり、単に非人間的な道具としてみなされないようになる。

　親密性はこのようにして、テクノロジーによって避け難く影響を受ける。親密性は人間的でエロティックな絆の涵養だけでなく、今日、デートアプリ、セクスティング、バーチャルリアリティによるエロティシズム、ＡＩを搭載した大人の玩具、ウェブカメラをとおしたセックス、感覚に訴えかけるようなその他のデバイスを意味するようになっている。しかしながら、親密性の概念が新しいデジタル・テクノロジーに対応して変化したのであれば、文化的感性におけるこうしたシフトにも問題がないわけではない。その問題は、親密性の人間的な形態と物質的な形態とのコンフリクトによるものである。新たなＡＩのテクノロジーは、高度なロボット工学から自己学習する複雑なマシンのシステムに至るまで、もはや相互性、相互主観性、共同性にもとづいていない親密な絆といった問題を開示している。[6] その代わりに、いまや親密性は、社会生活がソフトウェアのコードに導かれるあり方を意味するようになっている。そこには、定型的な言葉とステレオタイプな表現が際立って目立っているのである。

これらは全て、セックス・ロボットをめぐるより広範な議論のなかで検討される必要がある。そうした議論は学術界のみならず、より広く政治的な領域においても展開されてきた。おおよそ、こうした議論は、セックス・ロボットが親密性の世界を変えると考える推進派と、そういった評価が間違っているだけでなく社会的・政治的な意味において危険でもあると考える悲観論者に分かれている。セックス・ロボットをめぐる議論を推進派と悲観論者に分けるのは、もちろん、単純化しすぎであろう。人間－ロボット間の性的関係がもたらす帰結については、多様に、対立する議論や見解が存在してきたのだ。しかし、私が推進派と悲観論者という用語を用いるのは、この後の主要な論点に焦点を当て、親密性の変容を理解する点でロボット・セックスがもたらすインパクトと未来を明らかにするためである。

ロボットとのセックスに関しては、それを支援する推進派たちの力強い議論がある。イギリスの作家デビッド・レヴィ（David Levy）は、ときに推進派に位置づけられている。彼の著作『ロボットとの愛とセックス』では、2050年までに「ロボットとの愛は人間との愛と同様にノーマルなものとされる」という仮説が述べられている[7]。実際、この著作のサブタイトルは『人とロボットとの関係を評価する』というものである。レヴィがいうには、ロボットはもはや初歩的な社会性を超えて発展を遂げており、現在重要な技術革新の移行期に入っている。AIやロボット工学のテクノロジーがこれまで以上に急速に進歩するなか、ロボットはより人間のようになっていき、それによって、例えばロボットとの友情や

AIによる親密性を含め、人間とロボットとの新しい関係が生み出されつつある。

レヴィの議論の中心にあるのは、ロボットが人間のセクシュアリティと社会的関係の両方を大きく変えるという考えである。レヴィの主要な議論には、こうした傾向に関する三つの側面が見て取れる。すなわち、恋に落ちるという伝統的なパターンの変容、セクシュアリティと性行為の変容、そして人間関係の変容である。（子ども時代のテディベアから思春期のコンピュータゲームまで）人間が恋に落ちる対象の領域を拡張することで、ロボットは感情的同一化や共感に関する新たな可能性を生み出し、人間が無生物に対して感情を抱く地平をさらに広げていく。同時にロボット工学は、人間のセクシュアリティの再編を促し、特に性行為に影響を与える。簡単にいえば、人々の性的活動がますますテクノロジーの刷新と絡み合うようになり――例えば、テレホンセックスから「テレディィルドニクス」という遠隔操作によるセックス・デバイスへシフトすることも含めて――、ロボットは、自己、セクシュアリティ、人間の性的パートナーにおけるこれまでのあり方を変えてしまう[8]。恋に落ちることが有する社会的文脈や、性的活動そのものの諸条件をも変容させ、ロボットは親密な関係の定義を再構成するのである。実際、レヴィは、人間がロボットと結婚すると予測しており、2050年までに〈人間〉と〈ロボット〉との婚姻が当たり前のものになるのだという[9]。

では悲観論者たちに目を向けてみよう。悲観論者にとって、人間とロボットの関係に関する言説全体が満足できないものであるだけではなく、誤ったものなのである。彼らは、ロボット工学に関して、何をもって「親密」でありうるのかと問う。ロボットは人間の感情に敏感に反応するようになってきているかもしれないが、それは感情リテラシーと同じものではなく、深い人間関係に近づいているわけでもない。セックス、恋愛、デジタル・テクノロジーに関する科学的な議論や政策的な議論が共にアイデンティティやジェンダーを軽視してきたことを考えると、驚くにあたらないが、セックス・ロボットの登場は親密性を死に追いやったのである。

キャスリーン・リチャードソン（Kathleen Richardson）は〈セックス・ロボット反対キャンペーン〉の責任者で、ロボット工学の倫理を専門としているが、セックス・ロボットのリスクが著しく過小評価されてきたと主張する最も影響力のある著者の一人である[(10)]。リチャードソンは『セックス・ロボット――愛の終わり』において、レヴィのような推進派には申し訳ないが、セックス・ロボットが人間性を奪い、孤立させ、特に女性や子どもに新たな危険をもたらしていると主張している[(11)]。セックス・ロボットの商品化は社会性の発達に新たな可能性をもたらすどころか、全く異なる機能を果たすことになるとリチャードソンはいう。リチャードソンにとって、セックス・ロボットは、ハイパー資本主義の社会と所有関係を中心とする新自由主義的イデオロギーとの結びつきを正当化する一助となるものだ。この点で、セックス・ロボットに関する言説は一種の「親密性の神話」として機能し、人々が実際にはますます距離を持って、相互に切り離される一方、人間的なつながりやコミュニケーションの模倣物（シミュレーション）をもたらすのである。

所有関係や高度資本主義の観点からセックス・ロボットを位置づけることによって、不平等な権力関係やジェンダーのヒエラルキーが複雑に織り込まれた構造としてセックス・ロボットを見ることになる。

リチャードソンは、セックス・ロボットによって生じているように見える社会関係がセックスワークをモデルにしていると考えている。とはいえ、彼女は「セックスワーカーと顧客との関係」ではなく「売春婦と主人ジョンの関係」という価値づけられた言葉を用いて、そのことを強調している。リチャードソンによると、セックス・ロボットを楽しむのは主人と奴隷の関係を再現するという。彼女がいうには、ロボットは受動的で、金で買われるような「女性の奴隷」であり、それとは対照的に、能動的な人間の男性は主体性と権力に満ち溢れている。そこには、感情などありはしない。人間とロボットのつながりが危険に思われるなら、リチャードソンが述べるリスクはカタストロフィをもたらす。セックス・ロボットが人間の心の闇を解き放ち、他の人間とのやりとりが断ち切られたところで性的満足を得るのを人々は破滅的なことに当たり前に思うようになってしまうのだ。このような分断や娯楽に直面して、人々が強烈な個人的幻滅と惨めな快楽主義にあえぐとき、それでも残されている助かるべき道はただ一つ、それは、セックス・ロボットをなくすことだと、リチャードソンは悲観論的な表現で強くいう。

セックス・ロボットをこれほど徹底して悪く、かつ暴力的に語るのは、おそらく難しいだろう。もしこれが本当にセックスの未来なら、リチャードソンがセックス・ロボットの禁止を求めたとしても驚くにはあたらない。しかし、様々な批評家が論じているように、現在と未来における人間とロボットの関係は、そういった一枚岩的な言葉で理解されるべきではない。リチャードソンの著作に対する重要な批判の一つは、ダナハー、アープそしてサンドバーグ（Danaher, Earp and Sandberg）によって展開されている。彼らが指摘するところでは、セックス・ロボットに対するリチャードソンの非常に否定的な評価は、売春が強制的なもので、人間を客体視させてしまうものであるという非常に限定的な考え方に依拠している。[12]多くのセックスワーカーと顧客の関係――特に常連の顧客との関係――においては、相互の敬意と相互の理解が必要であり、顧客の多くが親密性を求めているのだと述べる多くの研究をリチャードソンは無視していると、彼女を批判する人々は主張する。これに関連して、リチャードソンがセックス・ロボットの禁止を求めていることに反対する意見もなされている。「（セックス・ロボットの）禁止を求めているのではなく、明らかにテクノロジーを失速させようとしているのだ」と、エヴァ・ワイズマン（Eva Wiseman）はリチャードソンの立場に疑問を投げかける。「変えるべきは物語なのである。この新しい市場を利用し、私たちはセックス、親密性、ジェンダーに抱いてきた問いを切り拓くべきなのである」。[13]

（セックス・ロボットを含む）社会的なロボットに関する議論はときに、文化が自滅してしまうという危険性を強調する。ロボットが堕落し略奪的になるほど、社会は衰弱し、痛みを伴うようになる。確かにオートメーション化の進展によって大量の失業が生まれ、プライバシーやデータ・セキュリティに対して新たに侵害が行われるようになり、人間の性的関係がインテリジェントマシンに置き換えられ親密性が全く消滅してしまうことは問題である。だが、セックス・ロボットを家父長的イデオロギーを技術的手段で強化するものだと、なぜ考えねばならないのかという疑問が残る。多くの見解では、人間とロボットのセックスが一般的に、女性に対する敬意を低下させてしまう可能性もあることを示す不安な傾向も考察されているが、いかにロボットが、親密性に対する人々のニーズを、ときに良い形で変容させるのかについてはふれられていない。それは、まるで、こうした議論に寄与してきた人々によって述べられる暗い未来が、普遍的な真実としてのみ表現されうるものであり、この時代における私たちの生を形成しているロボットと合理性のコンフリクト、オートメーション化と自律性とのコンフリクトと対立するものとして表現されうるかのようである。

もう一つ別の視点は、親密性が、一般的にはセクシュアリティ、個別的にはエロティシズムと区別されるべきであるということである。この見解では、親密性とは、性的な関係やエロティックな関係を広範囲に取り結ぶものではなく、それぞれが独自の様式を有する多様な非性的な友情、関係性、生活様式を意味するものなのである。性的関係が完全に商業的あるいは手段的なものになりがちな世俗的時代にあって、親密性を維持し高めるのは、人間的なつながり、感情的な経験、情動の領域なのである。要するに、性的活動は多くの場合に親密性を得る際に重要であるとしても、しかし、個人的な生活や社会的な生活において友情が維持されることが重要であるという事実が明らかにしているように、性的活動は親密性と同一のものではない。このように親密性の概念をより広く複数の次元で考えることで、人間とロボットとの相互作用をとおして、自己実現、自律性、情緒的な生活のその他の側面がどのように高められるのかといった問いが再び提起されることになるだろう。

例えば、人間が直接関与することなく、高齢者のデータを自動的に収集するＡＩテクノロジーやセンサーを搭載した環境など、高齢者介護に現在起きている変化を見てみよう。予防医学や健康促進の専門家は、スマート・デジタル・テクノロジーや社会的ロボットの利点を強調し、高齢の患者たちが疾患や病気を避ける手段としてオートメーション化された健康データや指標が重要となっていることに言及している。だが高齢者の健康問題では、ロボットやオートメーション化されたデジタル・テクノロジーは、個人の健康情報を向上させる以上のものを提供している。マージェ・デ・グラーフ（Maartje de Graaf）は、高齢者が友だちロボットを受け入れていると述べている。[14] デ・グラーフと同僚たちが示したように、高齢者の家庭環境において社会的ロボットと関係を構築するなかで、人間とロボットの相互作用に伴う課題にもかかわらず、個々人はロボットとの感情的な愛着の革新的な形態を作りあげている。デ・グラーフの研究は、ＥＵによる「ロボットとの社会参加」プロジェクトを背景にしたもので、高齢の参加者たちが2ヵ月にわたって、友だちロボットである（ウサギに似せた）「キャロッツ」を自宅に迎え入れるというものだった。いうまでもないことだが、このような高齢者には友だちロボット「キャロッツ」と関わるうえで否定的な面も肯定的な面もあった。重要なことに、社会的なロボットと確立された関係は、単に機能的なものや実用的なものではなく、楽しさ、気づかい、友だち意識を伴っているようだった。

デ・グラーフの研究は、人間とロボットとの相互作用における二つの主要なモードに関するものである。個々人は「人間が社会的なロボットを愛し育んで彼らと関係を築いていくか、あるいは社会的なロボットを人工的なものでマシンに過ぎないものと考えるかである」と彼女は指摘する。デ・グラーフが示すように、友だちロボットとの関係を築く能力は、想像力と共感力にかかっている。ロボットとの新たな形の交友関係や感情的な関係を構築するには、技術的なモノを「人とみなす」能力が必要である。この研究に関与した人々は、ロボットがまるで人間であるかのようにこう描写する。キャロッツは「かわいい仕草をする」。キャロッツは「電源が入っているのに、ぐっすりと眠ってしまった」。キャロッツは「目を覚ますと、耳を上下に動かし始めた」。――こんな風にいうのである。デ・グラーフの研究は、個々人がどのようにロボットを積極的に「人とみなす」のか、そして新たな社会性を構築するのかを示している。だが、多くの人間がいっているのだが、困惑したり恥ずかしいと感じたりすることも確かである。ロボットと時間を過ごし、ふれ合ったりするのを他人が変だと思うのではないかという懸念も広がっていたのである。しかしながら、同時に、研究から明らかになったのは、個々人がロボットと物語を共有し、ロボットに秘密を打ち明け、心理的愛着を持つに至ったということである。

これらの知見は、私が日本とオーストラリアのチームと共に行ってきた研究と一致するものだ。その研究は、いかにロボット開発者がロボットを高齢者介護において友だちとなりうると考えているかを調査したものである。[15] チームの共同研究者は、高齢者介護部門へロボット工学テクノロジーを応用することを指して、社会的なロボットとのつながりを「拡張的想像（imagining out）」と表現している。「拡張的想像」とは、結びつきを創出するリソースとしての想像力、ファンタジー、共感を動員・転用し、社会的なロボットや社会的な支援を行うデジタル・テクノロジーを結びつけ、自己とモノの世界の関係を積極的に再構築し、新たな形の社会性を生み出すことを意味している。デ・グラーフと同様、マーク・コーケルバーグ（Mark Coeckelbergh）は、社会的なロボットが潜在的に有するプラス面を指摘しているか、もしくは少なくとも、この分野におけるデジタルな発展を制約のない形で考えられるように促そうとしており、次のように述べる。

私たちはフィクションとノン・フィクション両方に慣れ親しみ暮らしているが、オンラインとオフラインの両方にも慣れ親しむようになっている。少なくとも、両方をうまく使い分けながら暮らしている。高齢者介護の未来にはロボットがいるかもしれないし、いないかもしれない。だが、そこには確実に私たちはいる。介護を受ける者も介護する者も、ICTを用いるようになるだろうし、デジタル・ネイティブかもしれない。ICTのない世界など知らない人間なのである。ロボットが高齢者介護や高齢者医療に数多く登場するようになれば（実際にはそうならないかもしれないが）、ロボットは「ロボット・ネイティブ」たちと出会うことになるだろう。彼ら「ロボット・ネイティブ」は、ロボットを含め、あらゆる種類のICTに親しむ人々なのである。そういった未来予想図のもとでは、ロボットと共に暮らしを営むことは欺瞞ではなくなる。暮らしを営むことの一部に、テクノロジーと共に生きることも、働いたり娯楽を楽しんだりすることも、他者とつながりコミュニケーションを図っていくこともあるのだ。新しいテクノロジーは、尊厳、自律性、リアリティ、社会関係が何を意味するのかに影響を与えることさえある。[16]

社会的なロボットを受け入れることは、ある意味で、上記の引用文が示す以上に創造的なことである。AIと高度なロボット工学が結びつくとともに、非人格的なテクノロジーのシステムや、社会的なロボットといった人間以外のシステムを信頼することは、社会生活にとって非常に重要なことになっていく。しかし、これは単に人間のアクターと人間以外のテクノロジーのモノとの関係を再編するということだけではなく、ロボットが社会的アクターとして登場するということなのである。それは、個人のアイデンティティそのものの根本的な変容なのである。個人の生活は、ネットワーク化されたテクノロジー・システムやモノとますます結びつくようになっている。社会的なロボットとの関係を含めて、人間と機械の関係性に関して、その特徴は外的にも内的にも、個人の結びつきをとおして実現されている。

では、親密な関係性においてロボットが異なる役割を果たすようになるという未来予想図は、どのように評価すべきなのだろうか。まず第一に、これらの未来予想図はどれもが、単にありそうなものでも、望ましいものでもないということである。全体的に見て、レヴィが想像した未来――すなわち2050年までには人間とロボットの婚姻が一般的になるだろうというもの――は、様々な理由で、どちらかといえばありえないことであり、明らかに議論すべき余地が残されたものなのである。とはいえ、セックス・ロボットの禁止というリチャードソンの考えも、AIが未来の親密性にもたらすものなのではない。身体の所有権の問題は明らかに複雑であり、フェミニストの研究者たちが懸命に取り組んできた問題である。それはまた、リチャードソンがほぼ沈黙している「人格」の定義に関する幅広い問題を含んでいる。しかしながら先にも述べたように、人間とロボットの関係を理解するためのモデルとして、所有関係やセックスワークを重視しすぎることが、この議論を制約している。親密性の領域において、AIと高度なロボット工学は、外的かつ内的なものへと自己を「開いていくこと」と理解され、個々人が選択するライフスタイル、品物、アイデンティティに密接に関連するようになっている。セックス・ロボットに関する明白なリスクは、セクシュアリティを、商業化されたセックス、道具への親密性へと還元してしまうことであり、個人を孤立したモナド〔単一の個体〕へと追いやってしまうことである。ロボットにセクシュアリティをインストールしようとすることは、エロティックな親密性を損なってしまうリスクがある。だが感謝すべきことに、セクシュアリティ、親密性、テクノロジーの未来には多様な議論がせめぎ合っている。大事なのは、親密なテクノロジーの未来という地平を取り戻すことであり、女性と男性が自らの個人的でプライベートな生を営む際に用いることができそうな複数の選択肢を強調することなのである。この節では、人間とロボットの関係において愛情、共感、気づかい、関心、内面性、想像力が重要だということを強調してきた。そのために、親密な未来を再考する手段として、高齢者介護の分野を取り上げてきた。子ども時代のことや、友情関係、遠距離の関係のことを考えたり、個人の生活における他の変容のことを考えたりするためには、さらなる研究によってロボット工学テクノロジーを検討していくことが必要となるだろう。

AI以後の医療

情報技術、人工知能、ロボット工学の進展はこれまで、福祉システムや医療セクターに不規則に入り込んできた。インターネットの黎明期には、多くの評論家たちが、医学や医療におけるデジタル化の進展の利点を強調していた。1990年代と2000年代初期には、コンピュータの急速な発展と普及は、人々が医療情報へアクセスする方法を変えた。ヘルシーなライフスタイルや自分たちの健康状態に関連する医学研究に、人々はより積極的にアクセスするようになった。他にも、世界中の人々と学習内容や関心事を共有しつつ、治療や健康に関する双方向的なサポート・ネットワークを体験する人もいた。主な医療専門家システムであるジェネラル・プラクティショナー（GP）は、医療実践モデルになるとかつては広く考えられていた。オンラインを用いてGPと接続するプログラムのなかには、衰退することなく急速に成功したものもある。女性も男性も、自らの健康状態を管理し、望ましい医療結果を達成するべく、GPに相談する必要性をなお感じているということが知られてきたのである。

２０１０年代、デジタル・テクノロジーは劇的に加速していき、多様な健康に関わるテクノロジーを用いるいっそう多くのユーザーたちが、今日、特定の機関における伝統的な医療相談を、オンラインの医療サービスや新しいバーチャルな形態のデータ収集と医療画像と合わせて行うようになっている。実際、ＡＩ革命の結果として、医学と医療のシステムが劇的に変化しつつある。イギリスの産業推計が近年報告したところによれば、ＡＩを用いた健康に関わるテクノロジーは、２０２１年までに世界中で50億ポンドの価値がある。これは、現在のＡＩを用いた医療市場からすると40％の成長となる。[17] ＡＩを用いた医療の急速な拡大は、多くの変化に起因している。スマートフォンはさほど目新しいものではないが、パソコンがスマートフォンに取って代わられ、人々はより洗練された健康アプリを用いて、自らの身体の状態をモニターしたり、睡眠のパターンをチェックしたり、代謝レベルをモニターしたり、出生統計やその他の診断データを利用したりするようになった。例えば流行したフィットビットは、健康状態を診断する意味でも、目標値を設定する意味でも機能する。それは、毎日1万歩を目標とするようにと促し、デジタル・テクノロジーを用いてデータを記録し、ヘルシーな未来に向けてライフスタイルを選択していく重要性を強調する。スマートな医療支援のテクノロジーは、ポータブルなX線装置や血液検査装置といった病院レベルの診断・治療のためのテクノロジーなどであるが、患者の障害や健康状態に関する医療行為や課題について患者自らがコントロールできるようエンパワーしている。機械学習のアルゴリズムは、データを認識し、専門医の予約リマインダーから疑わしい黒色腫の特定まで、様々なことを行うことができる。

マシュー・ハニーマン（Matthew Honeyman）、フィービー・ダン（Phoebe Dunn）、ヘレン・マッケンナ（Helen McKenna）は、イギリスの医療システム――特に国民保健サービス（NHS）――に対してデジタル・テクノロジーが可能にしたイノベーションについて、明瞭に概観している。彼らの報告書『デジタルなNHS』[18]において、ハニーマンや共同研究者たちが適切に主張しているように、デジタル革命は、NHSが医療を提供し、医療サービスを調整し、ウェルビーイングを支える仕方における「段階的な変化」を表している。著者たちがいうには、新たなテクノロジーが、医療診断、治療、アフターケア、医療記録の保存やデータ・モニタリング、ヘルシーなライフスタイルの促進において、患者と医療専門家との関係を広範囲に変化させる可能性をもたらしているのだ。報告書が結論づけているように、「IT、データシステム、情報の共有は統合されたケアを提供するために不可欠であり、様々な組織や患者たちのより広範囲のサポート・ネットワークを超えて専門家たちによって提供されるケアを調整する手助けとなる」のである。他方、ハニーマンは、いくつかのテクノロジーが、今後数十年の間でグローバルな規模で、健康や医療のあり方を変えてしまう可能性があるという。これには、スマートピルや埋め込み式の投薬システムといった新しいセンサー・テクノロジーから、デジタル・セラピューティクス、コンピュータを用いた認知行動療法、ブロックチェーン技術、分散型医療記録まで様々なものがある。

ハニーマンと共同研究者たちは、近未来における医療の変容に目を向けている。だが長期的な未来も重要なのである。未来のオートメーション化された医療や、特に未来の外科手術を行うロボット工学を生み出そうと、多くの議論が近年展開されてきた。2010年代に入り、多くの外科医やその他の医療従事者たちは、手術室の新しいテクノロジーに対していっそう自覚的になっている。2010年代には、メスや注射器を扱う医師から、外科用ロボットを扱う医師へと、「テクノロジーを用いた」外科医は、「伝統的な」外科医からより区別されるに至っている。この新しいテクノロジーの領域では、従来の手術ツールが、位置センサーやマイクロ・カメラ、手術用ロボットに急速に取って代わられた。腹部外科におけるロボット工学は、世界中でかなり多く採用され商業化されるに至っており、このことを例証している。外科医のマイケル・スティフェルマン（Michael Stifelman）は、ニューヨークにあるランゴーンロボット外科センターの元所長であり、医療のオートメーション化を進める世界をリードする専門家の一人である。彼は、ロボットが手術室において外科医に対して、より正確かつ精密さをもたらしてくれると述べてきた。スティフェルマンがいうように、ますます多くの外科医が何枚ものコンピュータ・ディスプレイの前に座り、ロボットアームの誘導を受けて開腹・開胸手術において最適な位置を決定することから、マシンに誘導されて縫合の最適な地点を決定することまで様々なことを行う。外科手術に対するロボット工学のアプローチは、人間とマシンが横にいて一緒に働くことを示しており、こうしたテクノロジーの開発によって「スーパー外科医」も登場してくるのだと示唆する者もいる。だが腹腔鏡手術と比較して、ロボットに支援される手術やロボットによる手術の利点については、議論すべき余地がかなりの程度残っている。スティフェルマンは、「ロボットは私と共にあるものだ」と自らの外科手術の実践についてコメントしながら、半オートメーション化された外科手術的アッサンブラージュ〔連結〕が到来していることについて興味深い見解を示している(19)。

スティフェルマンは、人工知能が世界規模で医療に変容をもたらす可能性について、非常に肯定的である。外科医の命令のもとで基本的な処置を行うだけではなく、より高度な処置を扱う外科ロボットの世界中の数を見ると、こうした視点は確かに支持されるかもしれない。ハイテク医療機器産業のなかで最も急速に成長している腹部外科用ロボットに焦点を当てると、その市場調査では、2016年の27億ドルから2023年には158億ドルへと世界的に成長すると予測されている。ロボットによって支援される外科手術は、腹部疾患の治療だけでなく、泌尿器や婦人科における良性および悪性の疾患の治療においても大きな成長を遂げている。このようなロボット外科手術の応用には、いくつかの主要なテクノロジーがあるが、最も重要なものの一つは、カリフォルニア州のインテュイティブ・サージカル社によって製造されたダ・ヴィンチ・ロボットである。ダ・ヴィンチ・ロボットの価格は250万ドルを超えており、現在、世界中の病院に設置されているこういった手術用ロボットは3600台を上回る。

「ロボットは私と共にあるものだ」――このスティフェルマンの表現は興味深い。その意味をもう少し検討する価値はあるだろう。これは例えば、外科用ロボットが常に医師のコントロール下に置かれているという意味なのだろうか。そうではなく、外科用ロボットが日常的な医療の仕事を比較的自律的に処理するのだという意味なのだろうか。医学や医療の分野で「技術者」と「伝統主義者」の溝が広がるとともに、オートメーション化された外科用ロボットの役割が重要なポイントになっているのだとしても、現時点で、後者の問いに関する答えはノーだ。ほとんどの場合、手術用ロボットは外科医の指示で動作するのである。テクノロジーによる科学の将来性は広がっており、現在の医療や医学をはるかに超えていくのかもしれないが、当面、外科用ロボットは、人間による直接的なコントロール下にあり、医療においては人間の監督下にある。しかし興味深いことに、医学や医療における他分野では、必ずしもそうではないといえる。矯正眼手術にあっては、ロボット工学によるオートメーション化されたシステムによって、患者の角膜が切開されている。関節形成術や人工膝関節置換術では、半自律的なロボットが、多くの一流の専門家にも不可能な精度で骨を切断している。毛髪移植手術にあっては、ロボット・システムによって、健康な毛包がどれか同定され、それらを収穫し、患者の頭皮を微小切開して毛髪移植に使用される。

したがって、オートメーション化された手術から自律的なロボット手術への移行は、多くの専門家が予想するよりも早く実現される可能性がある。あるアナリストはいう。「ロボット外科医が手術室で当たり前の存在になれば、ますます複雑化する作業をロボット外科医に任せるのは当然のことのように思われる。ロボットの信頼性が高まれば、人間の外科医の役割も劇的に変わるかもしれない。いつの日か、外科医は患者と会って治療方針を決め、ロボットが命令を実行するのを監督するだけになるかもしれない」[20]。自律的なロボットによる手術へ移行していく際には、医療システムや医学システムに非常に大きな変化が伴うことになるだろう。そこには現在や未来において、情報化された公共政策による対応が必要となる多くの複雑なイシュー、問題、可能性がある。しかしながらデジタル・テクノロジーはかつてないほどのダイナミズムを持ち続け、技術革新の速度は、自律的なロボットによる手術のジレンマが、医学や医療の分野で新たに進歩した小型ロボット工学によってすでに覆い隠されているほどだ。埋め込み式のスマート投薬システムのテクノロジーは、しばらくは開発段階にとどまっていたが、小型化されたロボット手術装置や可食ロボットの登場によって、医療におけるＡＩ革命は、全く異なるレベルに至っている。ソフトな小型ロボットは、かつては純粋に医療従事者の領域と考えられていた医療行為を実行できるようになっている。最近の例では、次のようなものがある。

- ラニ・セラピューティクス社は、炭水化物ベースの注射器の形をしている、体内に摂取可能なロボットを開発した。このロボットを使えば、腸管など身体の指定された場所に薬を送り届けることができる。
- ドイツのマックス・プランク研究所の研究者たちは、医療従事者が患者の体外から操作できる、一種の小型ロボットである摂取可能な内視鏡を開発した。この超小型ロボットは人間の腸を通過し、細針生検を行うことができる。

●スイス連邦工科大学ローザンヌ校の研究者らはソフトなロボット工学における方向性を示し、食用ゼラチンとグリセリン素材でつくられた柔らかいロボットを設計した。これらの柔らかいロボットは生分解性であり、患者の体内で分解され消化される。この研究は将来的には食品輸送にも利用可能だろう。その際には、小型ロボットは食品としても十分に役割を務めてくれる。

科学やテクノロジーのイノベーションに関して、その全体的なレベルは驚くべきものである。しかし、経口ロボットが人間をサイボーグに変え医療に革命をもたらすのかどうか、あるいはロボットを用いた医学やオートメーション化された投薬におけるこれら多くのイノベーションがテクノロジーによるユートピアを社会が渇望する際のただ近年の形態に過ぎないものなのかどうかを判断するのは容易ではない。明らかなことは、医療や医学のテクノロジーにおけるこれらの変化の多くは、歴史上前例のないものであり、その結果、社会・文化・政治に新たなチャンスとリスクを共にもたらしているということである。

ロボット医師が外科医に取って代わるという展望は、その響きほど未来主義的ではない。手術室内の仮想現実や拡張現実は、すでに医学生の訓練に利用されており、訓練施設に入ることが制限されている国では医学のあり方を変え始めている。未来の医学教育では、ハプティック〔触覚〕技術が導入される可能性が高く、外科医を目指す学生は「バーチャルなメス」を使用して、バーチャル・シミュレーションを通じて医療手術の感覚を体験することができるようになるだろう。[21] さらに、テクノロジーにおける小型化やコスト削減の傾向ゆえに、ロボットは日常業務で外科医を支援するだけでなく、医学や医療の分野全体を牽引するようになるだろう。すなわち、オートメーション化されたロボットから自律的なロボットへの転換が医療環境において生じつつあるのだ。過去10年ほどで、ロボット工学とＡＩテクノロジーは、特に社会的未来に関心を持つ人々の間で、現代の生物医学における議論の中心となっている。この分野で最も影響力のある者の一人は、本書でも何度か言及してきたが、カーツワイルだ。『シンギュラリティは近い』や他のいくつかの著作において、カーツワイルは現代の生物医学が有している意味や、ＡＩやナノロボット技術を用いた人体の増強や最適化の可能性について、かなり詳細に説明している。カーツワイルによれば、「バイオテクノロジーの進歩が加速することで、遺伝子や代謝プロセスをプログラムし直し、病気や老化プロセスをとめることが可能になる（中略）。私たちが非生物学的な存在へとなっていくようになるにつれて、私たちは（知識、スキル、パーソナリティの基礎となる主要パターンを保存するなどといった）『自己をバックアップする』手段を獲得し、私たちが知っている死の原因のほとんどを取り除くことができるだろう[22]」。

ここでいわれているのは、老化が常に遺伝的に封じ込められるという生物学的決定論者による議論が妥当か、それとも老化が文脈的に特有のものであるという文化史家的な議論が妥当かということではない。カーツワイルが主張しているのは、生物学や老化が文脈に依存しないということなのではなく、それらが非生物学的な情報テクノロジーによって驚くべき速さで完全に克服され、人間と機械の区別や、物理的な世界と仮想的な世界の区別をなくしていくということだからである。ともかく本章で私が述べてきたことであるが、カーツワイルの分析の最も重要な特徴は、ナノボット技術が〈生命にもたらす帰結〉に関わる。そうしたナノボット技術は、21世紀後半において、生物学的領域を非生物学的に再設計していくものとして確立されたのである。カーツワイルは、生物学的な医療への介入する人工知能とナノ医療は、リバース・エンジニアリングとスーパー・インテリジェンスをもとに、「脆弱であったバージョン1・0の人体」を、「より耐久性があり能力の高いバージョン2・0」へと根本的に変えていくのだと主張する。いくつかの場所でカーツワイルは、まるでAIが不死の直接的な道具となって、人間の身体と老化のプロセスに課されている生物学的制約全てを一掃するかのように語っている。例えば、カーツワイルが予言するこんな言葉がある。近未来において「何十億ものナノボットが血流に乗って、私たちの身体や脳を駆け巡るだろう。私たちの身体のなかで、病原菌を破壊し、DNAのエラーを修正し、毒素を除去し、健康を増進するために様々な仕事をしてくれる。その結果、私たちは、いつまでも生き続けることができるだろう」[23]。このようなユートピア的な予言については、嘲笑されるべきものと考えるのも仕方がない。実際、カーツワイルの未来主義的な主張に対しては多くの批判がなされてきた。しかし、この分析が、AIの社会に関する非現実的なユートピアを描写する分析に過ぎないと考えるのは間違いだと思う。カーツワイルは、社会の未来予測のうえで明らかに記憶にとどめられるべきであり、その分析の多くは、ナノボット技術に関する医学研究にもとづいているのだ。例えばカーツワイルは、とりわけナノ医療に関するロバート・A・フレイタス・ジュニア（Robert A. Freitas Jr.）の研究、特に分子スケールでの生物学的システムのリエンジニアリングに関する研究を引き合いに出す。フレイタスが設計したナノロボットは、不要な化学物質や残骸（プリオンやプロトフィブリルから奇形タンパク質まで）をヒト細胞から取り除くことができる。カーツワイルによると、このような医療用の小型ロボットは、人体の「洗浄者」の役割を果たすという。

しかしながら、これらの点に留意しつつも、批判的な視点を構築することが重要であると考えられる。必要とされているのは、現代の生物医学や最適化技術に取り組むことのできる批判的な視点であり、近未来や長期的な未来にあって社会全体のなかでバイオテクノロジーがいかなる形態を有するのかを示すような視点である。まさにこれを行っていく試みとして、医療社会学者ニコラス・ローズ（Nikolas Rose）が「生政治それ自体」と呼ぶものを定式化した試みがある。ローズは、フランスの歴史家ミシェル・フーコー（Michel Foucault）によるポスト構造主義の理論的背景を受け継いで、生命科学、生物医学、バイオテクノロジーの発展についてより洗練された説明を行おうとする。カーツワイルと同様、ローズもバイオテクノロジーは基本的に、人間の身体と自己同一性を最適化することを目的としていると強調する。ローズによると、現代の生物医学は、かつては考えられなかった方法で生命維持に必要な生物学的システムへ介入することを可能にする。例えば、彼はいう。

ひとたび情動・認知・意志の閾値や規範、変化を再構成するうえで抗精神病薬が効果があることを目の当たりにしてしまうと、このように変更されないような自己を想像することなど困難である。ひとたび女性の生殖に関する規範が生殖補助医療により再形成されるのを見れば、出産の性質と限界、そしてそれを取り巻く希望や恐怖のあり方は、後戻りできないほどに大きく変化する。ひとたび女性の高齢化に関する規範がホルモン補充療法によって再形成され、男性セクシュアリティの高齢化に関する規範がバイアグラによって再形成されるのを見れば、「正常な」プロセスで年を重ねるということは、少なくとも豊かな西洋諸国の人々にとっては選択肢のなかの一つに過ぎないように思われる[24]。

こうしてローズがフーコー的に強く主張するのは、現代の生物医学とバイオテクノロジーが、有機的領域の境界を示し、人間の生そのものの輪郭を再構成しながら、社会的関係の新しい秩序を創り出しているということである。「新しい分子増強技術は、身体をマシンの装置と融合させるのではなく、身体を有機的に変形させ、内側から生命力を再形成しようとする」ものだと、ローズはいう[25]。ローズは封じ込めと規律訓練をネオ・フーコー主義的に強調しながら、身体を増強するための新しいバイオテクノロジーが、分離、動員、蓄積、保存、区切り、交換のプロセスを通じて生物と非生物の境界を新たに描き直すのだという。

この点においてローズの著書は、カーツワイルが強調することに対抗する言説となっている。カーツワイルによると、現代のバイオテクノロジーは、人間の生の生物学的リエンジニアリングに関わるものである。医学と医療における未来の傾向を見ると、生物学的な制約はほぼ確実に超えられていくだろうと、カーツワイルはいう。カーツワイルが『シンギュラリティは近い』という本の副題を『人類が生命を超越するとき』とつけたのは、疑いなく、このためである。しかし、物事はカーツワイルが仮定したとおりにいくわけではない。ローズによると、生物医学とバイオテクノロジーの未来は、生物を超越してしまうのではなく、生物を次なる力へと押し上げていくものだという。バイオテクノロジーと人工知能の時代には、「人間は生物的でなくなるのではなく、よりさらに生物的になるのだ」とローズはいう。[26] ローズによれば、AIと新しいバイオテクノロジーは、健康を増進したり、老化を逆行させたり、自己のアイデンティティを変えたりするだけでなく、生物の領域を根本的に変えてしまう。「バイオテクノロジーによって人間とはどういうものかが変わる」ということの前に、「バイオテクノロジーによって生物とはどういうものかが変わる」ということが必要だというローズの主張は、カーツワイルの議論を有効に修正しているが、医学や医療において果たしているAIやデジタル革命の重要な側面にも光を当てているともいえる。多分このように表現するのが一番良いように思うのだが、AI社会の到来は、生物的なものと非生物的なものの混淆を促していき、個々人のレベルでも社会組織のレベルでも、20世紀後半の脱工業社会で見受けられていたものと根本的に異なるようになっているのである。

たとえそうであっても、これらの理論的解釈の違いにかかわらず、現時点で医学に対するナノ・ロボティクスの影響には実用的に大きな限界も残っている。重要な課題の一つは、米国食品医薬品局(FDA)からナノ粒子ロボットの承認を得ることである。FDAは、ナノ粒子ロボットやそれに関連する薬剤の両方が組み合わせて使用しても安全であることを証明するよう要求しており、結果として承認には複雑なプロセスが生じてしまっている。動物、および臨床試験に参加している人々に対して、実験室で何度もテストが繰り返されているのだ。ナノロボットに関するFDAによる承認率は、興味深い。

1995年に最初のナノ粒子ロボットがFDAで承認を受けて以来、30種類程度のナノ粒子医薬品しか市販されていないと推定されている。この点を強調するにあたって、現在の行政上の手続きがナノ医療におけるこの上なくすばらしい技術開発を驚くべきほどに鈍らせているというつもりはない。しかし、ナノ・ロボティクスとインテリジェントなコンピュータ化が私たちの身体と脳をまもなく完全に再構築し、ウイルス、細菌、癌細胞などの病原体が個々人を攻撃する前に壊滅させられるであろうとするカーツワイルの予測はいささか盲目的に楽観的だ、という結論にはあらがい難いものがある。重要なのは、ナノ・ロボティクスが進歩し、それによって新たな実践、習慣、性質、価値観が生み出され、医学でグローバルな規模で人間の生命を理解できる分子のレベルが再編される——これがいつ、どのような結果を伴ってなのかが分からないということである。したがって、カーツワイルの「血流におけるナノボット」の未来が近いうちに自動的に実現されるという保証はない。それにもかかわらず、代謝化学的不均衡を感知し、ホルモンレベルをチェックし、細胞膜を修復し、薬物を体内に送り、DNAエラーを修正できるよう小型化しながら、医学におけるナノロボットの進歩は、生命科学や生物医学の多くの分野、そして医療と生命の管理において重大な転換期を迎えていることを示しているのである。

AIを超える民主主義

デジタル革命は、民主主義と民主政治に対して厳しい挑戦状を突きつけている。これらの挑戦状は、

AI、スマート・アルゴリズム、チャットボットの登場によって民主主義にもたらされる新たな利点や負荷に関わるものである。（Facebook、Twitter、Tumblr、YouTube等々といった）コミュニケーションの即時性の力学は、政治組織においても、国民国家においても、良い部分をもたらしもすれば、困難な部分をもたらしもする。自然言語処理の発展や、機械学習の進展は、サービス産業、顧客セールスだけではなく、政治的な選挙、有権者に影響を与えるためのテクニックを変容させている。ビッグデータの急速な拡大は、コンピュータ技術の進歩とあいまって、近代社会全体において、統治的監視システムと監視によるビジネスモデルを生み出した。このような背景から、社会学者マニュエル・カステル（Manuel Castells）は、民主主義が今日二つの戦線と関わっているのだという[27]。第一の戦線は、領土政治や統治機構における代表制民主主義についてである。代表制民主主義の基本的な制度上の特徴は、国民国家、ローカルかつ地域的な政治、工業経済である。そのシステムとして、代議制民主主義の速度は遅く、政治的な判断や折衝はゆっくりと行われる。第二の戦線は、デジタル・テクノロジーや、データに駆動される政治についてである。このモデルの基本的な特徴は、インターネット、越境、グローバリゼーション、分散化、データのネットワークである。このモデルの政治は、その性質からして瞬間的である。カステルによると、二つのモデルは互いに対立しており、民主主義がデジタル革命による挑戦状を克服し残っていけるかは自明ではないのだ。

こうした議論は、民主主義にとって、そして民主政治に関する現在の運命にとって、どのような意味を有しているだろうか。以前の章で、一般的にはデジタル革命の到来、個別的には人工知能の普及とともに、雇用、失業、仕事の未来から、モビリティや交通政策に至るまで、あらゆる分野で公共生活と政治がいかに新たな課題やリスクに直面するようになっているかを考察してきた。その発展の中心には、組織的活動や国家的活動を支えるデータ量が増加しているということがある。これまで見てきたように、データが生み出される量は毎年ほぼ倍増しており、ＩｏＴ（モノのインターネット：Internet of Things）の出現によって、世界のデータ量は急増している。データがこのように爆発的に増加するのは、スマートフォンやソーシャルメディアによるものであることは確かだが、スマートホーム、スマート工場、スマートシティによってもデータは増加している。このことは、工業のオートメーション化やモビリティのデジタル化の余波のなかで、政治と公共生活のオートメーション化が次に進んでいくことになるのかといった問題を提起する。すなわち、人工知能は経済や工業をプログラミングするだけではなく、市民をプログラミングする世界を導くことになるのかという問題である。そうしたオーウェル（Orwell）風の予想図にあって、ＡＩ、高度なオートメーション化、ビッグデータが次々と進展していくなかで、民主主義をいかにして存続できるのかというイシューに向きあう必要が生じているのである。今日、民主主義には脅威が広がっている。それは、外国からのインフルエンス活動やそれによる選挙危機だけでなく、政府や企業がプライバシーや私生活へ侵入する兆候が増えていることにも起因している。この節では、政治や社会が今日、ＡＩ、大規模な監視ネットワーク、オートメーション化の諸現象の複雑なシステムと次第に絡み合うようになっている状況下で民主主義が有する意味を考え、こうした脅威や挑戦状に向きあいたいと考えている。

民主主義という言葉ほど、学術的世界においても市井においても激しい議論を呼んできた言葉はない。[28]ここでは、こうした議論をたどり直そうとは思わないし、メディア時代やデジタル革命に関連させて近代民主主義の発展を概説しようとも思わない。近代国家、経済、社会の構造に関する諸側面を理解するうえで自由主義的な代表制民主主義が重要であることを否定する気はないが、私としては以下の点を主張したい。それは（1）自由主義的な民主主義思想の伝統にとどまるだけでは、現代の大規模な社会組織の諸側面を十分に理解することは不可能であること、（2）進行しつつあるグローバルな技術的発展が今日、民主主義的な政治組織に大きな圧力をかけ、自由主義的な民主主義の理論を限界点まで拡張させるに至っていること、である。政治的共同体のより広い文脈において個人、自由、市民の権利・責任に関して様々な概念を考察しつつ、デビッド・ヘルド（David Held）がうまく述べているように、自由主義的な民主主義の土台や構造に関して、これまでと全く違う理解を具体化するような自由主義的な伝統が明らかに存在している。[29]ジェレミー・ベンサム（Jeremy Bentham）、ジェームズ・ミル（James Mill）、ジョン・スチュアート・ミル（John Stuart Mill）の著書において展開されてきたような、自由主義の伝統に関する特定の流れは、自由な意見の表明が、社会全体にわたって多様な視点を民主的に開花させていくうえで不可欠であると強調する。これは、個人主義や個人の自由という観点から民主的参加の起源を説明しようとするよく知られた自由主義的な説明である。このような自由主義的な説明は様々に濃淡を持ちつつ展開されてきたが、基本的に共通しているのは、個々人の思想や意見を公の場で表現する自由が、たとえそれが政府にとって厄介なものであろうとも、近代における民主主義的な生活にあって大原則と

なるといった点を強調することである。(30)

近代民主主義の形成において、個人の人権はどのような役割を果たしてきたのだろうか。価値観が対立する世界にあって、民主的な公共生活を育むうえで、表現の自由の社会的影響をどのように理解すべきだろうか。初期の自由主義的な政治理論家たちが民主的な政治の拡大にインパクトをもたらし変える力を考察しようとする場合、それは、個人の自由、表現の自由、個人の権利や政治的権利をめぐり民主的な議論に参加しようとする市民のエンパワーメントといった観点のもとでなされていた。近代的民主主義の発展について異なる解釈を行っている人もいるが、彼らもまた、民主主義の拡大に向けて「世論」の形成を促すといった点を強調している。ユルゲン・ハーバーマス（Jurgen Habermas）は非常に著名な『公共性の構造転換』において、さらに批判的な視点を取りつつ、18世紀初頭のヨーロッパにおいて、文学サロン、コーヒーハウス、「テーブル・ソサエティ」などをとおして「世論」の形態が出現していることを述べている。そこでは、多様なグループが目もくらむようなアイデアやイデオロギーについて意見を交換し合うのである。この著書においてハーバーマスは（新聞、ラジオ、テレビといった）マスメディアの台頭を含め、もう少し近年の社会の発展に目を向けつつ、20世紀の公共領域が急激な衰退期に入っていると主張している。資本主義のグローバルな拡大、それに伴うメディアの商品化は、公共領域が民主的に活力を保持するうえで大きな課題となっているのである。ハーバーマスによれば、資本主義社会の腐敗した官僚的論理が、日常生活の実践的な市民による行為を蝕み、同時により広範な民主的規範の力を弱体化させるとともに、公的領域も縮小したのである。彼の著書における一節でハーバーマスは、「公共的だが批判的ではない受容性を持つに至っている大衆消費者」について語っている。民主主義と公共生活に関するこれらの理論的な説明が重要であることは変わらないものの、今日の世界は、明らかに19世紀や20世紀の世界とは全く異なっている。ケンブリッジ大学の社会学者ジョン・B・トンプソン（John B. Thompson）がかつて述べていたように、メディア産業は巨大企業によって担われるものへと変容し、コミュニケーションは急速にグローバル化しており、そのことが公共生活や民主主義の条件と様相を大きく変えているのだ。トンプソンは次のようにいう。

初期の自由主義的な思想家たちは、国境を越えた権力のネットワークの発展や、ますますグローバルな規模で活動する組織の活動や方針によって、特定の国民国家の自治権や主権が、どの程度制限されるのか考えたこともなかった（中略）。お互いに結びつく程度は明らかに増大した。これは、情報やコミュニケーションの領域においても当てはまっており、他の商品生産の分野においても同様である。グローバルなコミュニケーションのコングロマリットが象徴的商品の生産と流通の主役である時代において、表現の自由の条件に関する影響は、国民国家の領域に限定することはできない(31)。

経済的グローバリゼーション、コミュニケーションのグローバリゼーション、メディアの巨大コングロマリットが相互に関連し合う結果として、民主主義が変化を遂げていくことを強調する点で、トンプソンは私の意見からすれば、間違いなく正しい。グローバルなコミュニケーション・ネットワークの性質が変容する結果、表現の自由は、肯定的にも否定的にも大きく影響を被ることになる。しかし自由な個人が近代民主主義社会における表現の自由の基本的な中核とする考えは、より近年のテクノロジーの変容や科学の進展からすれば、もはや自明視できない。コンピュータ能力の大幅な向上、人工知能の進歩、自然言語処理のイノベーション、ソーシャルボットをソーシャルメディア上のデジタルな（生身ではない）エージェントとなるのを容易にする超高速データ――これらは近年のテクノロジーの発達の一部であるが、それらによって私たちはたちどまり、民主主義に関する自由主義的かつ個人主義的な考え方に対して疑問を投げかけることができるかもしれないのだ(32)。

テクノロジーが歴史的に進展した結果、代表制民主主義の制度と、国民生活や政治のデジタル化との境界が曖昧になりつつある。デジタル世界が出現し一般化し、グローバルな権力と近代的民主主義国家を再構築するに至っている。ソーシャルボットは、ソーシャルメディアの操作を日常的にオートメーション的に実行し、消費者のトレンドと同様に、政治的な意見にも影響を与える。予測ＡＩは、個人の好み、デバイスの使用状況、ソーシャルネットワークに従って、誰が消費者となるのか標的を絞る。オートメーション化されたソフトウェアは、選挙中に政治的コミュニケーションを強化し、Twitterや Facebookのより洗練されたボットを用いて「フェイクニュース」を広める。政府は大規模にＡＩを用いて、健康、教育、労働市場、環境などの社会政策へと市民を「動員」する。市民を民主的なプロセスに参加させることなく、政府は――ビッグデータを「動員」に結びつけ――市民を調整し「大きく動かす」[33]。予測できるＡＩの発展には暗部もある。インドや中国を含むアジアの政府は、ソーシャルメディアをオンライン上で監視し、全体の監視を行う大規模な中央集権型のデータベースを構築するべく、ソーシャルメディア研究所を設立した。換言すれば予測的ＡＩ、スマート・アルゴリズム、ビッグデータは、市民が何をし、何を考えているかに関する情報を収集し、さらには市民がいかに感じているのかを監視する技術ツールとして導入されている。この新たなデジタルによる支配は、多くのリスクのうちの一つであるが、それは国家に有利になるよう権力のバランスを崩し、主権たる政治的主体のあり方を再編するかもしれないのである。

人工知能が民主主義にもたらす脅威の典型例としては、ロシアゲートがある。それは、一連の調査で明らかとされた、２０１６年米大統領選挙におけるロシアの干渉である[34]。これらの調査は多岐にわたっており複雑であるが、（少なくとも私たちの目的のためには）この政治スキャンダルの核心部分は、以下のように要約できるだろう。ドナルド・トランプ（Donald Trump）氏がアメリカ大統領に就任した２０１７年1月、アメリカ連邦捜査局（ＦＢＩ）、中央情報局（ＣＩＡ）、国家安全保障局（ＮＳＡ）はその報告書において、ロシア政府が２０１６年の米大統領選挙に影響を与えるため、民主党のヒラリー・クリントン（Hillary Clinton）候補の選挙運動にダメージを与え、共和党のドナルド・トランプ氏の大統領選を応援する隠密作戦を実行したと「確信を持って」結論づけた[35]。トランプ大統領がこれらの主張の正しさに疑問を呈した一方、ＦＢＩ、ＣＩＡ、ＮＳＡによる報告は世界中に衝撃を与えたのである。いまやもちろん、外国へのインフルエンス活動が世界中の治安機関によって長らく実施されてきたということなど、目新しくも何ともない。[36] しかしながら、ロシアゲートにおいては、ロシアの諜報部門だけではなく、東欧の金で雇われたハッカーや「荒らし」、ＡＩを搭載し多様なネットワークを有するソーシャルメディア・ボットによっても、インフルエンス活動が行われていたのである。元国家情報長官のジェームズ・クラッパー（James Clapper）は、このインフルエンス活動の規模について、このようにいう。「Facebookによると、アメリカユーザー、1億2600万人にロシアのコンテンツが届けられている。アメリカで投票するのは1億3900万人であることを考えるならば、これは驚くべき数である」。[37]

2017年5月、ロバート・モラー（Robert Mueller）――彼は2001年から2013年までＦＢＩ長官を務めていたが――は、米司法省の特別顧問に任命された。そして「ドナルド・トランプ大統領の選挙運動に関連して、ロシア政府と個々人の間で何らかの結びつきや調整が存在したのか、そして何らかの問題が当該調査から直接発生したり、発生しうるのか」について調べた。本書を執筆している時点でも、特別検察官の捜査によると、トランプ政権と選挙運動関係者からの五つの有罪答弁を含む、数十件の連邦犯罪が起訴されている。[38] ロシアンゲートに対するトランプ政権の関与をめぐる最も厳しい評価の一つは、ジェームズ・コミー（James Comey）元ＦＢＩ長官によるものである。コミーはその著『高い忠誠心』において、トランプのチームはロシアの選挙干渉に関する情報機関の調査結果を知ったうえで、「ロシアの将来における脅威について何の質問もしなかった」と書いている。[39] その代わりにトランプと仲間たちがやったことはといえば、メディアへ配信するために「我々が彼らに述べたことをどう紡ぐか」に集中したことだったというのだ。特に、アメリカ選挙へのロシアの干渉に関して、モラーは

２０１８年に26人のロシア人とロシアの3企業を起訴した。２０１６年にアメリカの選挙運動を妨害するように計画されたプロパガンダに関連して、時に「ロシアの荒らしの溜まり場」と呼ばれたロシア企業インターネット・リサーチ・エージェンシーに対し、２０１８年2月に最初の起訴がなされている。２０１８年7月には、ロシアの軍事諜報機関に対して二度目の起訴状が提出された。そこでロシア軍参謀本部情報総局の職員が、民主党全国大会の電子メールのハッキングと漏洩によって告発されたのだ。(40)

『ニューヨーク・タイムズ』による一連の調査レポートは、ＡＩやソーシャルメディア・ボットの役割に焦点を当てながら、このインフルエンス活動に用いられた主要プロセスの一部を明らかにしている。アメリカの情報機関は、ウェブサイトDCLeaks.comをロシア軍参謀本部情報総局が制作したものであることを特定した。DCLeaks.comにアップロードされたのは、民主党全国委員会からハッキングされた電子メールの多様なコレクションであったが、それがFacebook、Twitter、Redditの一部のユーザー（人間と人間以外の両方）によって取り上げられ、拡散された。WikiLeaksは、ロシアの諜報機関のハッカーによってフィルタリングされていた何千通もの民主党の電子メールを公開しようとした。このような外国からのインフルエンス活動に関する最も注目すべき特徴は、おそらくソーシャルメディア上で行われる情報操作であり、フェイク・アカウントを持つ多様なユーザーが電子メール漏洩に注目し、コメントするといった点である。こうした多くのフェイク・アカウントは、反クリントンのメッセージを定期的に投稿していた。それは実際にはボットだったのかもしれないが、投票者に影響を与えるべくオートメーション化された応答を展開したのである。

クリントン・ワッツ（Clinton Watts）はＦＢＩのためにロシアのインフルエンス活動を注視するサイバー・インテリジェンス・オフィサーとして働いていたが、Twitter や Facebook を含めてソーシャルメディアが「そのプラットフォームの信頼を損なうボットの癌」にかかっていると結論づけている[41]。ボットが例えば政策情報を広めることによって、民主的プロセスを前進させることができると主張するアナリストもいるが、アメリカにおける政治的意見を揺り動かしたソーシャルメディア・ボットの展開は、民主的プロセスを大きく破壊している。『ニューヨーク・タイムズ』の調査報道記者スコット・シェーン（Scott Shane）は、こうしたロシアの「ボット攻撃」がどのように展開したかを詳細に調査し次のように述べている。

研究者たちは、数秒から数分の間に同じメッセージをアルファベット順で次々と送信するボット・アカウントのリストを発見した。研究者たちはそれらを「War リスト」という言葉で呼んでいる。選挙日には、そのようなリストに載っているアカウントは、１７００以上のツイートにおいて Anonymous Poland からのリークを引用していた。これらのスニペット〔コードの断片〕は、例えば、以下のようなシークエンスとなっている。

@edanur01#WarAgainstDemocrats 17:54

@efekinoks#WarAgainstDemocrats 17:54

@elyashayk#WarAgainstDemocrats 17:54
@emrecanbalc#WarAgainstDemocrats 17:55
@emrullahtac#WarAgainstDemocrats 17:55

要するにアメリカの選挙運動中に、Twitterアカウント（および他のソーシャルメディアのアカウントも）がボットに乗っ取られ、これらのアカウントの大部分がロシアへリンクしていた疑いがあったのである。ソフトボットの開発は、人工知能の台頭とあいまって、先進社会の安全保障、自由、民主的プロセスがかつてないほどの圧力にさらされる状況をつくりだした。しかし、これらの民主政治への圧力に関する継続的な批判的分析はかなりとぼしい。ときには、民主主義的機能へデータマイニングが侵入することが含意する政治的重要性を、自由主義的なエリートやメディアによる過剰反応に過ぎないと退けている批評家たちもいる。これに関連して、一部の批評家にあっては、トランプ大統領のエキセントリックで風変わりな言行に注目する方が好きなようだ。リアリティ・テレビの元スターがホワイトハウスをリアリティ・テレビに変えようとしているのは、驚くべきことではないと主張する。そうした批評家たちは、虚偽の情報を広めようとソーシャルメディアとＡＩを悪意を持って用いた結果、２０１６年の米大統領選挙が崩壊したことが政治的にいかなる影響を与えたのか真剣に考えようとしていない。ＡＩと民主主義を取り巻く難問は山積している。ソフトボットやソーシャルメディアの荒らしが有権者に誤った情報を与えてしまう危うさを、２０１６年アメリカ選挙にとどまらず、それ以上に広い社会的・政治的文脈のもとに位置づけるべきだと理解することが肝要なのである。一つには、様々なコメンテーターが指摘しているように、データマイニングは２００８年のオバマ大統領の選挙キャンペーンで初めて使われた[42]。もう一つ重要な点としては、民主主義の腐敗の兆候は、ＡＩの悪意ある使用を通じて生じており、それはＥＵ離脱に関するイギリスの投票から、スペインのカタルーニャ独立投票に至るまで、世界中の選挙プロセスに影響を与えている。実際、オックスフォード大学のコンピュータ・プロパガンダ研究プロジェクトによると、２０１５年には40ヵ国以上が政治ボットや自動アルゴリズムを利用して世論に影響を与えていたのである[43]。ここでは、あらゆる種類の広範囲にわたる問いがなされ、回答されなくてはならない。だが２０１６年のアメリカ大統領選挙とアメリカ政治へのロシアの干渉の影響は、民主主義がＡＩ、アルゴリズム、オートメーション、機械学習によって脅かされているか否かを考えるうえで、依然として焦点となっている。ロシアゲートは、ＡＩやソーシャルメディア・ボットのロシアによる配備が米国内の政治的意見を密かに左右し、それによって民主的な政治プロセスを非合法化したことをアメリカの安全保障機関が認めたがゆえに、第一級のグローバルな重要事項として際立っている。だがロシアゲートが重要なのは、デジタル革命が民主的な政治を弱体化させていることのみが理由ではない。ロシアゲートが重要なのは、そのような腐敗のプロセスが、自由主義的な民主主義の手続き、規則、法を破壊するべく外国政府によって展開され、検出しづらいソフトボットによる働きやレーダーをかいくぐるスマート・アルゴリズムのインパクトなど目に見えない手段を通じて進行しているからでもあるのだ。

ＡＩとビッグデータに直面して民主政治が向きあっている問題が巨大なものであることは自明のことのように見える(44)。現代の政治や選挙活動へＡＩやビッグデータが侵入することによって、新しい情報化時代において、いかにして民主主義のプロセスを守ることができ、進歩させることができるのかについて新たな問題を投げかけているのは疑う余地がないだろう。しかしＡＩとビッグデータがなぜ、代表制民主主義の制度を弱体化させる温床となっているのかはあまり明らかではない。確かに、マイクロ・ターゲティングは国民国家を公共領域の民主主義から遠ざけ、幻滅するようなデジタル化された民主主義に向かわせるリスクをはらんでいる。そこでは「シニカルな有権者」がターゲットとされ、狭小なイシューのもと、恐怖を煽られ、公共的に明確に精査が行われていないような虚偽や誤報にさらされる。ロシアゲート・スキャンダル（および第1章で述べたケンブリッジ・アナリティカ社のデータマイニングにまつわるスキャンダル）は、民主主義に対し大きな課題を提起している。特にビッグデータの時代にあってはそうである。それは、洗練されたＡＩと機械学習がコンピュータ化をさらに推し進め、説得力を持っていそうターゲットを絞るようになる時代なのである。また誤った情報を広げてしまう金銭的インセンティブがかなりの程度存在しているオンライン環境のもとでも、そういった傾向は見られる。そうした環境下では、事実の正確さより「同意」や「シェア」をうまくとりつけられる人々に広告収入が流れていってしまうのだ。これらは明らかに政策立案者にとって大きな課題であり、２０１８年初頭に欧州委員会は専門家――市民社会からの代表者、報道機関、ソーシャルメディア・プラットフォーム、ジャーナリスト、学者の代表者で構成されている――を任命し、これに対応した。彼らは、フェイクニュースやネット上の偽情報の拡散に対処するべく勧告案を策定する。[45] 次節では、そういった政策の展開に立ち戻ることにしよう。

新しいテクノロジーと民主主義を調和させることは、議論の余地が多いイシューであり、したがって、市民の民主的参画を脅かすという点で、デジタル革命が民主主義政策全体に大きな影響を与えていることを強調することは重要である。今日、自由主義的な社会に生きる人々は、代表制的な民主主義だけでなく、デジタルな民主主義にも生きているといえるかもしれない。インターネット、ソーシャルメディア、フェイクニュース、ボット、トレンドを分析するアルゴリズムなど、デジタル・テクノロジーやその他の技術的イノベーションは、国民国家と民主主義の間に存在していた結びつきを変容させつつある。トレンドを分析する欺瞞的なアルゴリズムと政治選挙におけるフェイクニュースの拡散に関する社会不安の中核には、民主的意思決定への個人参加と民主的政治の集団的意思形成に対する懸念が存在している。民主主義は広い意味で、長い間「多元政治」と同じものだと考えられてきた。これは多数派による支配を意味しながらも、権力の恣意的行使に対抗するため論争や選好に関するその他の表現を促す多元的なシステムと手続きを含むものである。[46] 多くの民主主義の理論家たちは、政策決定に影響を与えるための表現の自由と市民間の議論形成が、民主主義的な規範の根幹であると強調してきた。だが、ここでたちどまって、民主主義の議論をデジタル化の議論へと戻して考えてみよう。そうすれば、AIの影響力の拡大は民主政治にとって大きな問題であることが分かる。データ政治、多様なデータ・ストリームの集約、デジタルな監視の範囲の拡充——これらによって、自由主義的な民主主義の核となる権利や権限がいくつか深刻な形で脅かされているのである。政治的に平等だと考えられている他の市民の意見と対話したり、彼らの好みに配慮したりすることは、民主主義的なプロセスにとって重要であるが、ソフトボットがソーシャルメディア・プラットフォーム上で市民に影響を与えることができる私たち自身の時代にあっては、このことが問題なくうまくいくと仮定することなど、もはやできないのである。要約するなら、社会学的に表現した場合、そうした流れは、コンピュータのプログラミングから人間のプログラミングへシフトしていくといった流れになるだろう[47]。

近年、機械学習が人々の感情に影響を与え、ボットが総選挙中に誤った情報を拡散するようになったことで、AIは民主主義を征服するものとされるようになってしまった。民主政治の浸食、衰退、弱体化について語る批評家もいる。また今日必要なのは、新たなデジタル時代に直面して、民主主義を完全に再起動することに他ならないと主張する政治家、政治活動家、知識人もいる。AIが伝統的な政治に新たな限界をもたらし、民主主義に根本的な課題を突きつけていることはまさに明らかであるが、私がここで述べている議論は、そういった政治的な諦めに対する厳しい批判である。AIの余波における民主主義の死に関する単純な定式化は、今日突きつけられている挑戦状とリスクの性質を誤って伝えている。AIは間違いなく、民主主義の諸制度が公的な議論を支え保持する領野を再構成しているが、政党、公的機関、諜報機関、より広くは市民は、（例えば、AIによって駆動されるテクノロジーが選挙を操作するために組織的に悪用されるケースを、パブリックに監視したり、議会が調査したりすることを通じて）この再編成のプロセスに深く関与し続ける。メディアやクリエイティブ産業といった他の分野にあっては、イノベーターが民主主義を強化するべく新しいテクノロジーを援用しようとするアクティヴィスト的アプローチを唱えている一方、科学分野にあっては、独裁者、犯罪者、テロリストたちが悪意を持ってＡＩを使用することに対抗するべく、それを予防する戦略を進歩させることが近年、中心的な課題になっている。[48]これらは、公的領域の侵食とか民主主義の衰退という観点から説得力を持って捉えることができるような動きではない。むしろ、これらの動きは、それぞれがＡＩの文化と結びついて、せめぎ合いや抗争のアリーナの拡大として理解されるべきなのであろう。ＡＩをめぐる全ての論争が明確であって解決可能というわけではもちろんない。そういった展望は、世界中で社会の変化を推進している高度な段階にある技術革新と科学的実験のあり方を誤って認識させてしまうのかもしれない。[49]しかし、私が思うに、ＡＩの進展が民主主義を全体として台無しにしたというよりも、民主的なせめぎ合いがＡＩに対する公的な関与の中核であり続けてきたという方が正しいだろう。

重要なのは、ここで何が危機に瀕しているのかを明確にすることである。一見したところ、先進的なＡＩソフトボット、機械学習、ビッグデータ、心理学的プロファイリング、ソーシャルメディアによるプロパガンダを行う荒らしの出現は、民主的社会全体に広がるあらゆる混乱の中核にある。残念ながら、これら社会的な病に立ち向かうための理論的かつ実践的な資源は、自由主義的な民主主義思想や古典的政治理論の伝統のなかには見いだし難い。また、そういった資源は、批判的な社会理論や、公共領域の変容に関するハーバーマスの説明からも引き出すことはできないと考える。この分野におけるハーバーマスによる先駆的な貢献は１９６０年代初期にさかのぼり、１９６８年のドイツにおける学生叛乱で重要な役割を果たした。しかし、そうした文化的コンフリクトにおいて際立って目立っていたのは、人間の個性、指導者、著名な人物であった。対照的に、今日の政治的なせめぎ合いの最前線はもっと不透明で、チャットボットやそれに関連した新しいテクノロジーにあふれているのである。[50] 現在、私たちは、民主主義とデジタル革命の関係について、より革新的なやり方で再考しなくてはならなくなっている。まずもって、民主主義とデジタル化は単に対極的というわけではなく、深く結びついており、相互に関連し合っている。ＡＩがこれほどに広範囲に及んでいるにもかかわらず、オートメーション化されたボットやその他の機械学習の現状が侵入してくることに対抗する、プライバシーや個人の権利を主張する抵抗の政治学は、現在の技術革新の状況をあまり理解していない。これについて、インテリジェントマシンと人間の関係を再考する多くの研究者から得られる重要な洞察もある。[51] フェリックス・ガタリ（Felix Guattari）はＡＩがグローバルな変容を大きくもたらすことを早くから予見していたが、そのなかで「今日の情報コミュニケーションのマシン」が「単に表象のコンテンツを伝達するというだけではなく、発話、個、集団の新たなアッサンブラージュを形成することにも役立つ」のだという。[52] これは重要な洞察であり、これをうまく拡張し応用すれば、今日においてアイデンティティ、組織、インテリジェントマシンの関係が再編されていることを把握できるようになるだろう。社会的アイデンティティ――エスニシティ、ジェンダー、セクシュアリティ、政治――がＡＩ、オートメーション化されたアルゴリズムのプラットフォーム、高度な機械学習と結びついているがゆえに、それらのアイデンティティそのものは、誤った情報や誤ったコミュニケーションから逃れることもできないし、「自律的な個人」の権利をノスタルジックに主張するといった抵抗を特権的に行うこともできないのである。というのは、デジタル革命によって促進されたグローバルな相互接続性は、アイデンティティ、社会性、サブカルチャー、政治的親和性とリンクする密な網の目状の関係をすでに織りあげているからである。

民主主義に対するAIの脅威に対抗するために、ビッグデータに対するアクセスや、政府や企業が同時に行うスマート・アルゴリズムのランダムなチェックにもとづいて解放的な政治の新たな形を提案する批評家もいる。このような考え方は事実上、AIの課題に対処するべく提案された「データの自由に関する活動」といったものに帰結する。だが、抵抗の戦略として、そのような政治はほとんど知られていない。例えば1970年代後半、有名なフランスの哲学者ジャン＝フランソワ・リオタール（Jean-François Lyotard）は『ポストモダンの条件』において、「メモリやデータバンクに対して公共的で自由なアクセス権を付与する」べきだという[53]。今日、AIの政治に関わる「データのアクセス権」「データの自由」「データの使用」をめぐる議論は、学術的なフォーラムや一般のフォーラムにおいていっそう行われるようになっている。だが、そういった議論は時に、AIの言説が個人、社会関係に対して深刻な影響を与えていることを、特に現在進行しつつある自己、社会、インテリジェントマシン間の関係が再編されていることを認識できていない。そうではなく、二者択一的なロジックとなっていることが多いのである。例えば、『人間 vs テクノロジー』においてジェイミー・バートレット（Jamie Bartlett）は、「今後数年のうちに、テクノロジーが、私たちのこれまで知っていたような民主主義や社会秩序のあり方を破壊するか、政治が、デジタルな世界に対して権威を打ち立てるか、どちらかになる」と述べている[54]。

バートレットにとっては、今日、「互換性のない二つのシステム間の大規模な争いにあって、その勝者はどちらか一つでしかありえない」のは自明なのである。ブルース・シュナイアー（Bruce Schneier）は『データと巨人』において、大量のデータを監視するには、機密性を減らし透明性を高めることが政治的に喫緊の課題であるとする。「データが情報化時代の公害問題に相当し、プライバシーの保護は環境問題に相当する」とシュナイアーは書いている。[55] しかしプライバシーの保護は実際に、AIを民主的なものにしていくうえで役立つだろうか。AIの民主化を求める近年の要求は、アルゴリズムやビッグデータに内在する知識や能力を個人が容易に奪還でき、それによって新たな政治が出現するといったことを前提としている。しかしながら、AIが私たちの生にいかなる影響を与え、それをどのように変容させているかや、AIがアイデンティティを再編し、新たな社会関係を創り出していくあり方を明確にするためには、さらに分析を行い、批判的な検討を進めていく必要がある。

多くの政治アナリストにとって、デジタル革命の到来はプライバシーの終焉を意味する——AIはいまや遍在しており、あらゆる人々のデジタル体験は監視され、操られ、検閲されうる。とはいえ、それはプライバシーの浸食というものではない。私が思うに、インテンシブなAIの時代にあって「私的なもの」は、実際にはプライバシーを強めるのである。私的な世界と公共的な世界の間で対話や解釈がなされる可能性は、舞台裏の政府の監視プログラムやAIに駆動されているビジネスモデルを前提として、ますます政治から乖離するようになる。政治的なコンテクストにおける論理的な帰結は、デジタルの変容に直面し、代表制的公的機関の無力さが高まるがゆえに、民主主義の未来が深く脅かされているということ、その際には政治が、共通の社会的イシューを私的な不安、心配、懸念に結びつけ損なってしまうということのように思われる。ジグムント・バウマン（Zygmunt Bauman）が記しているように、「今日最も浮上している政治的な問いとは、『何をなすべきか』ということではない。『それがたとえ分かっていたとしても、誰がそれを行うのか』である」[56]。バウマンの立場が基本的に示しているのは、人々が今日、グローバルな変容に戸惑う世界にあって行動の自由が制限されることに馴致されてしまうということである。しかしながら、そこには肯定的な側面もある。ＡＩの文化は、多様なアイデンティティを再構築し、人間とインテリジェントマシンが混淆する社会関係とテクノロジーを新たに生み出していく。広範でインテンシブなＡＩの世界がもたらすのは、個人に対する監視権力の構造が制度化されていくというより、個々人と個人の生の性質を根本的に再編してしまうということなのである。これが、ＡＩにおいて、ＡＩをとおして再編される民主主義の新たな論点なのである。

ＡＩの特徴と公共政策

それでは、ＡＩ、機械学習、ビッグデータによってますます媒介されるようになった世界のもとで、ガバナンスの未来はどのように考えられるべきなのか。ＡＩ時代に民主的政治が直面する新しい種類の問題には、規範的次元はあるのだろうか。現代社会にもたらされたインパクトをめぐる社会学的アプローチについてはいっそう批判的な検討が必要だとしても、近年真剣に検討されている（疑いなく、多くが見いだされている）政策上の戦略を明確にすることは可能であろう。「アクティブで積極的な市民のデジタル・ツールを向上させていくこと」は、ＡＩの未来における可能性として第一に考えられることである。デジタル市民権は、このアプローチの中核である。政府、市民社会、産業は、オンライン・テクノロジーの安全で責任ある利用のための社会的・政治的条件をつくり出そうとしてきた。このアプローチを主張する人々は、高度なテクノロジーの時代において、学習、雇用、他者との交流、オンライン売買、エンターテインメント、文化的・政治的・市民的参画にとってデジタルスキルが重要であると強調する。[57]デジタルリテラシー、、、の発達が重要となるのだ。デジタルリテラシーを推進するため様々な国で実施されている措置には、学校におけるクリティカル・メディア・リテラシー教育、基本的なコンピュータ・スキル、インターネット・セーフティ、信頼できるオンライン環境の実現、デジタル情報の管理、ネットいじめとの戦い、デジタル・テクノロジーが民主的権利と責任において人々の生にいかなる影響を及ぼすのかに関する把握など、多様なものが含まれる。これに関連して、デジタルな排除をなくしていくことは、デジタルスキルのギャップを埋めると同様に重要である。これは、レイチェル・コルディカット（Rachel Coldicutt）が「少数者だけでなく、あらゆる者のためのデジタル変革」と呼んだものである。しかしＡＩや高度なロボット工学の時代にあっては特に、核となる課題はデジタルリテラシーをはるかに超えたものだと、多くの人々は述べている。ここで問題なのは、レーン＝フォックス男爵（Baroness Lane-Fox）が「デジタルな理解」といっているものである。[58]基本的なデジタルリテラシーを超えて、デジタルな理解には「テクノロジーを利用する能力と、テクノロジーが私たちの生に与える影響を実際に理解する能力」が含まれるとレーン＝フォックスは述べるのである。[59]

第二の可能性は、「政府がＡＩに対して何をすべきかを議論する公共政策」である。例えば英国議会には、産業界、学界、シンクタンクの専門家にインタビューすることを通じてデジタルな変容のあり方を検討する特別委員会がいくつかある。英国貴族院は、人工知能に関する特別委員会を設置し、ＡＩは以下のことを行うべきとする憲章を提案した。（１）公共善を推進する。（２）公平性と明瞭性の原則にもとづいて運用する。（３）プライバシーに対する権利を尊重する。（４）教育、特にデジタルスキルの向上に関する徹底的な改革と結びつける。（５）自律的な力を、人間を欺き、傷つけ、破壊するために行使しないようにする。ドイツ政府は２０１７年に法律を可決させ、24時間以内にフェイクニュースやヘイトメッセージを削除しないソーシャルメディアの企業に最高５０００万ユーロの罰金を科した。[60]イタリアでは、「虚偽、誇張、偏向したニュース」をオンライン上に投稿したりシェアしたりすることを犯罪とする法律が提案された。欧州委員会は、先述したように、フェイクニュースとオンラインにおける偽情報の拡散を調査する委員会を立ち上げ、欧州全域で対策を推進している。さらにＥＵ議会は２０１８年に一般データ保護規則を導入し、これまでのデータ保護規則を拡張し、個人データの使用に関していっそう厳密に同意を求め、いかなる段階でも同意を取り消すことを認めている。その罰金は、当該企業の全世界総売上高の４％に設定されている。

ＡＩやビッグデータによる挑戦に対して公共政策の対応は非常に様々で、公共生活がいかにあるべきかや民主的規範をいかに保護するべきかといった点で、全く一様ではない。[61]例えばアメリカでは、「選挙運動のコミュニケーション」に関する法的定義を従来メディアからあらゆる公共的な形態のデジタル・コミュニケーションにまで拡大し、オネスト・アド・アクト（誠実な広報に関する法）が提案された。この法案は、ロシアゲートの影響を受けて、FacebookやTwitterなどの企業の規制を促進する試みであった。ただし批評家たちは、デジタル・ガバナンスに関するこの試みには、多くの技術的な欠陥があることを即座に強調した。[62] 対照的に、中国政府はデジタルな世界を統治するにあたって間違いなく最も強く規制を行う法律を策定し、「オンライン上のうわさ」が流布するのを容認するソーシャルメディア・ネットワークの運営者に対し罰則（最高3年の懲役）を科した。AIに関する独立した省庁および独立した戦略を必要とするか否かという問題を提起する政府もある。こうした案件は、英国上院の人工知能に関する特別委員会によって提起されていたものだ。2017年後半には、アラブ首長国連邦はオマール・ビン・スルタン・アル・オラマ（Omar Bin Sultan Al Olama）を同国初の人工知能担当国務大臣に任命した。

第三の戦略は経済市場に焦点を当てるものであるが、異なるアプローチも展開している。それは、「体系的な是正」と呼ぶべきものである。その主張によれば、AIの時代や技術革新の主要な新たな局面は、市場ソリューションの開発と実施を通じて進められるべきである。特に、表現の自由とメディアの自律性を危険にさらす可能性のある規制を回避しつつも、政策が反応できるチャンスを与える、市場の体系的な自己修正を通じて進められていくべきなのだ。これには、業界行動規範といった手段や、第三者による事実確認や検証プロジェクトを促進する措置をとおして、ソーシャルメディアやそれに関連するデジタル組織の透明性やアカウンタビリティの向上に焦点を当てていく構造改革が必要となるだろう。

「組織的な修正」や「市場の調整」を支持する人々は、企業や大規模なコングロマリットのなかには、ビジネスとデジタルな世界との関係を再構築しようと取り組むものもあると指摘する。[63] そうした再編がいかに達成されるかに関して、興味深い事例がいくつかある。ユニリーバやプロクター&ギャンブル——国際的に世界最大級の広告主のうちの2企業——は、2017年に広告予算、特にデジタルにおける広告予算を（それぞれ60%と40%まで）大幅に削減することを発表した。この決定は、アルゴリズムによるマイクロ・ターゲティングが、デジタル広告のターゲットに対する企業コントロールを超えてしまうといった懸念にもとづいての措置であると、プロクター&ギャンブルの上級幹部はいう。同社の広告コンテンツがソーシャルメディア・プラットフォーム上で論議を生むイシューに結びつくに至り、その結果、同社は不注意にも「好ましくない素材」の流通に資金を費やしていた、と非常に頻繁に感じられたというのである。企業におけるそうした展開により、一部のソーシャルメディア・プラットフォームやデジタル・プロバイダは、真正なコンテンツを特定してランク付けするアルゴリズム、トラッキング防止機能や広告ブロック機能の実装、独立したファクトチェック機関との新たな連携に重点を置いて、透明性のある新たな基準や強化された報告手続きを採用するようになっている。[64] また、ターゲットのメディア・サイトやソーシャルメディア・プラットフォームから距離を置くよう、アクティヴィストのグループが相次いで広告主に圧力をかけてもいる。[65] 例えば、Twitter のスリーピング・ジャイアントというアカウントは、ブライトバート・ニュース上の広告のスクリーンショットを掲載し、かなりの成功を収めている。しかしながら、このような動きが、立法規制やメディア統治の力に代替しうるものかは、難しい問題である。

現在までのところ、以上の戦略は全て、AIやビッグデータが民主政治にもたらす課題に取り組む公共政策についてのものである。しかしながら、AIと民主主義の今の現実や未来の可能性に向きあっている者のなかには、よりポジティブな人々もいる。確かに、オートメーション化されたソーシャルメディア・ボットの出現によって公共領域や民主的なプロセスが有するようになった危険は大きいかもしれないが、AIの結果、民主主義が持つに至った可能性を把握することも重要だろう――そう主張する人もいる。例えばジョン・クック（John Cook）は、超高速の評価アルゴリズムは人間によるファクトチェックよりもはるかに優れているがゆえに、フェイクニュースの拡散を可能にする同じ技術が、それに対抗するために利用できると主張する[66]。AIがフェイクニュースの問題を解決するかもしれないという考えは興味深いものであり、誤った情報を検出するシステムは、90％の精度で間違った情報を発見することができたと指摘する批評家もいる[67]。また、〈民主主義をアップグレードする〉ため、アルゴリズムによる意思決定ツールを支持する議論を展開している人もいる。いくつかの戦略では、複雑な社会問題への取り組みのために、公的機関に意思決定支援を提供するべくAIを援用することが提案されている。AIは意思決定の効率と公平性の両方を向上させることができ、それゆえ資源配分をより良く決定することができるというのだ[68]。ここで前提とされているのは、AIが政治的かつイデオロギー的な偏見や、その他の人間的な過失に影響されないということである。そこには、これまで利用されてきたデータ駆動型の人間行動分析のあり方を信用評価、リクルート、医療などの分野において拡張していくことも含意されているのだ。

これらの議論は、民主的政治の発展や深化に対するＡＩの貢献の可能性について、いくつかの重要な側面を捉えている。だが、この考え方の多くはあまりに機能的かつ技術決定論的で、社会的実践を変化させる際の複雑な社会的・感情的基盤を無視している。本書でまだ十分に扱われていない一つの注目すべき問題は、一部の批評家たちがＡＩは表向き影響を受けにくいと主張するバイアス、あるいは他の人間的な間違いを、ＡＩが実際のところでは再現し増幅しているということである[69]。例えば、アメリカの司法管轄区域で目立ち始めている事例のことを考えてみよう。そこでは、オートメーション化されたリスク・アセスメントのレポートが刑事司法制度のために作成され、囚人が再犯に至る可能性についてスコア付けされている。それが、仮釈放の決定に直接影響を与えているのである。近年の報告では、これらのアルゴリズムに強い人種的偏見があることが明らかにされている。黒人受刑者の再犯リスクのスコアは非常に高く評価されているのだが、白人受刑者――彼らのなかにはさらに多くの罪を犯す人もいる――の再犯リスクのスコアはかなり低く評価されている[70]。同様の問題は、将来的な犯罪予測のモデルを生成させるのに用いられる「予測的な取り締まり（ポリシング）」のアルゴリズムでも見受けられる。それらは、過去の犯罪が生じた時間や場所のデータを援用したり、ある特定の地域をターゲットとしたり、ある特定の社会属性をプロファイリングしたりする[71]。ある角度から見るならば、新たなデジタル・テクノロジーの「長所」は、その支持者たちが思っている以上に明らかに曖昧なのである。ＡＩの支持者たちは、しばしば、複雑なアルゴリズムが有する変化させる潜在能力を誇大に考えてしまい、機械学習が、すでにバイアスを含む大量のデータに依拠しており、不完全で、多様性に欠けていることを認識できていない。ＡＩの社会変革的な性質を支持する者たちは、数学的な手続きが中立的でバイアスに影響されないという考えに、途方もない信頼を示すことがある。[72] 社会組織にＡＩのテクノロジーを組み込んでいくことは多くの場合、技術楽観主義者が考える以上に複雑で、議論すべき点を残しているのである。[73]

ＡＩやビッグデータがもたらすチャンスと課題に対応していくためには、単一のアプローチではなく、様々な戦略が必要になるだろう。また、グローバルなガバナンス、地域の規制メカニズム、市民社会の参加、業界の支援、企業のコンプライアンスを適切に組み合わせることも重要になる。さらにはデジタルに関する国民の理解が進み深まっていくことも鍵となる。世界中の各国政府は、技術革新と科学の進歩について、特に雇用政策における国民の支持とバランスを取ろうとする際に、いっそうのジレンマに直面することになるだろう。ＡＩと高度なロボット工学という不確実な領域を受け入れることは、終わりのない政治プロセスであり続けている。ＡＩ時代の仕事とはどのようなものかといった問いや、機械学習が教育やデジタルスキルの開発にいかなる影響を与えるかといった問いのごとく大きな課題のことになると、不確実性やリスクは公共政策において広く残ってしまう可能性が高いのである。

現在のグローバルな秩序は、日常的な社会生活と交差するインテリジェントマシンのとてつもない広がりに基礎づけられている。インダストリー４・０や、ＩｏＴ（モノのインターネット：Internet of Things）

に加え、人工知能に関して新たにグローバルに語られるようになり、社会生活を理解する従来の理論的枠組みは、明らかに終焉を迎えつつあるのかもしれない。現在のデジタル・トランスフォーメーションによって引き起こされる社会的・文化的・政治的な議論が何かを教えてくれているのだとすれば、それは、技術革新の範囲、強度、スピード、そして長期的にもたらされる帰結があまりにも深刻であるために、そのような変革の影響を理解する思考スタイルや枠組みが追いついていないということである。アンソニー・ギデンズ（Anthony Giddens）が論じているように、私たちはいまや「歴史の端（エッジ）の向こう側」に生きているのかもしれない[74]。確かに、私たちが今日必要としているのは、新たなテクノロジーの時代を語るための新しい言葉――ポスト・ヒューマニズム的な議論のような――ではなく、むしろインテリジェントマシンが私たちの生をどのように変えていくのかに関する批判的思考なのである。実際、これこそが、新たな挑戦を伴った社会理論を提示することに結びつくだろう。故スティーブン・ホーキング（Stephen Hawking）が述べているように、「強力なAIの台頭は、人類にもたらされた最善のものとも、最悪のものともなりうる」[75]。だが、それは二者択一的なシナリオなのではなく、どちらともがありうるシナリオなのだ。そうであるならば、アンビバレントなものと向きあい、不確実性に対処していくことが、AI革命においては重要なのである。新しいイシューを考察するためには、こうした息をのむような挑戦に立ち向かい、窒息寸前となっている正統的な理論を打ち破ることができる、新たな思考が必要なのである。さらに、AIが世界中の翻訳を行えるようになるための比較言語学的な研究や、その可能性も、その例として挙げられる。また感情に対して敏感なAIを構築するべく、人間の脳をコピーするといった事例もある。(76) さらには世界中の医療専門家が不足している状況に対処するべく、CTスキャンやX線などの医療画像を処理するアルゴリズムをつくるといったことも挙げられる。あるいは大都市の渋滞を解消しようと自走式エア・タクシーを設計することもあるだろう。まだまだ、事例は数多くある。そうしたことの多くは今後、これらの技術革新が科学的観点からどのように実用化されるかだけでなく、大規模な社会システムにおいて、そうした科学的進展を援用していくにあたっての基盤にもかなり依存するだろう。AI、機械学習、ロボット工学の進展は、ただ科学的発見の領域なのではなく、基本的には生きられた経験、人間による体験、新たな社会的な未来においてアンビバレントに存在している領域なのである。

訳者あとがき

本書は、Anthony Elliott（2019）*The Culture of AI: Everyday Life and the Digital Revolution*. Oxford: Routledge の全訳である。

アンソニー・エリオットは、オーストラリアで１９６４年に生まれ、１９８６年にメルボルン大学を卒業している。その後、アンソニー・ギデンズ（Anthony Giddens）をスーパーバイザーとして、英国ケンブリッジ大学の大学院で社会学を学び、１９９１年に社会学博士号を取得している。

そしてイギリスのケント大学やオーストラリアのフリンダース大学で教授を歴任後、現在は南オーストラリア大学社会学教授に就いている。同時に南オーストラリア大学国際部部長（Dean of External Engagement）や、同大学に設置されているホーク・ジャンモネEU研究センター（Hawke EU Jean Monnet Centre of Excellence）の所長でもある。

他に、イギリスの社会科学アカデミー（Academy of Social Sciences）のフェローや、オーストラリア社会科学アカデミー（Academy of the Social Sciences in Australia：ＡＳＳＡ）のフェローにも就任している。２０１８年には、オーストラリア学術評議会（Australian Council of Learned Academies：ＡＣＯＬＡ）の人工知能専門家ワーキンググループのメンバーに任じられ、「ＡＩがオーストラリア社会にもたらすものは何か」に関して調査を行っている。この調査プロジェクトは、オーストラリア研究会議（Australian Research Council：ＡＲＣ）や内閣府、オーストラリア産業・イノベーション・科学省（Department of Industry, Innovation and Science）の支援を受けて実施されている。

彼は、社会理論や現代社会学にとって重要な業績を世に送り出してきた。それらは単著や共著を合わせると40冊以上に上り、様々な国で翻訳されている。その一部であるが、本書以外にも、例えば『Concepts of the Self』〔邦訳＝片桐雅隆・森真一訳（2008）『自己論を学ぶ人のために』世界思想社〕、『Introduction to Contemporary Social Theory』（Charles Lemertとの共著）、『Social Theory and Psychoanalysis in Transition』『Psychoanalytic Theory: An Introduction』『Social Theory Since Freud』『The New Individualism』（Charles Lemertとの共著）、『Making the Cut: How Cosmetic Surgery is Transforming Our Lives』『Mobile Lives』（John Urryとの共著）〔邦訳＝遠藤英樹監訳（2016）『モバイル・ライブズ――「移動」が社会を変える』ミネルヴァ書房〕、『On Society』（Bryan S. Turnerとの共著）、『Contemporary Social Theory: An Introduction』『Reinvention』『Identity Trouble』『Making Sense of AI: Our Algorithmic World』『Algorithmic Intimacy: Sexuality, Eroticism and Love in the Age of AI』がある。

このように、その業績は多岐にわたっているが、彼は一貫して、現代社会における「生（life）」や「自己（self）」の変容に焦点を当ててきた。特に近年では、〈モビリティや、ＡＩを含めたデジタル・テクノロジーとの関連において、私たちの「生（life）」や「自己（self）」がいかに変容し、どのような特徴を持ちつつあるのか〉という問題意識を持ってきた。ジョン・アーリとの共著である『Mobile Lives』でも、そうした問題意識が貫かれていることを濃厚に見て取ることができる。

本書でも同様である。そこでは、AIが未来においてではなく、まさに「今＝ここ」で、大きく変えようとしている「生（life）」のあり方に注目し、AIを搭載した機械やロボットがウェブやビッグデータを活用しオートメーションを促進し、現代における日常生活（everyday life）に多大なインパクトを与えていることが議論される。自動運転技術、Amazonのリコメンデーション機能、ドローン等も、この事例として重要なものである。こうしたテクノロジーは、人、モノ、情報、データ、資本等の移動（モビリティ）のあり方にも影響を与えながら、私たちの「生（life）」や「自己（self）」のあり方を変えていくのである。

『Identity Trouble』でも、こうした問題意識が見られる。ここでは本書で議論されているロボット工学やデジタル・テクノロジー、『Making The Cut: How Cosmetic Surgery is Transforming Our Lives』で議論されている外科手術等を俎上に載せながら、現代のアイデンティティあるいは自己（self）が大きく変異していることが社会・文化・政治的な文脈と絡めつつ議論されている。このように見てくれば、エリオットは、現代に生きる私たちの「生（life）」と「自己（self）」の変容について一貫して考察し続けてきた社会学者なのであるといえるだろう。

その点で私とも問題意識を大きく共有している。今感染をますます拡大させている新型コロナウイルスが常に変異株を生み出していくように、「社会」「生（life）」「自己（self）」もまた、デジタル革命を経たテクノロジーがモビリティと緊密に結びついていくなかで、多種多様な変異（variant）を常に形成していく。私も、彼も共に、そこに大きく関心を向けてきたのである。

エリオットは、そうした社会学を展開していくにあたって、シンボリック相互作用論、フランクフルト学派の理論、シグムント・フロイト（Sigmund Freud）やジャック・ラカン（Jacque Lacan）たちによる精神分析理論を始め様々な理論を取り入れ応用するとともに、それらに対して積極的に再考を加えていく。『Social Theory and Psychoanalysis in Transition』『Psychoanalytic Theory: An Introduction』『Social Theory Since Freud』『Contemporary Social Theory: An Introduction』等の業績がそれである。この点でエリオットは、大学院時代のスーパーバイザーであったギデンズを継ぐ社会理論家としての相貌も併せ持っている。

私が本書を翻訳しようと決意したのは、2019年2月のことである。それは、エリオットが監修を務める「Antinomies」シリーズの一冊として、『Understanding Tourism Mobilities in Japan』（Hideki Endo ed.）をRoutledge社より出版する打ち合わせをしようと、オーストラリアのアデレードを訪れたときのことだ。打ち合わせが終わって、アデレード郊外にある自宅へ夕食に招かれた。

しばらくご家族を交えてくつろいで話をしていると、彼は私を自室へと連れていき、刊行されたばかりの本書を手に取り、「信頼できるあなたに、ぜひとも、この本を日本語に訳してもらいたいと思っているんだ」といったのだった。これまでのエリオットの議論を追っていた私はすぐさま、本書が、現代の社会学や人文・社会科学にとってどれほど重要な業績かを理解し、快諾した。そのときから本書の翻訳を完成させるまで、3年ほどの月日がかかってしまったものの、ようやく彼との約束を果たすことができたと安堵している。

なお翻訳作業については、遠藤英樹（日本語版への序文、序言、第5章、第6章）、須藤廣（謝辞、序章、第3章）、濱野健（第1章、第2章）、高岡文章（第4章）の担当で進め、最後に遠藤と須藤が全体を通して見直し、文体や字句等を統一した。

本書では、デジタル革命、特にAIがもたらすユートピアとディストピアが両面にわたって縦横に論じられている。いまや、私たちの暮らしの至るところに、デジタル革命を経たテクノロジーが介在するようになっており、そのことがモビリティと緊密に連動し、私たちの社会や生（life）や自己（self）のあり方を大きく変容させている。では、それは、どのようにして、いかなる方向へと変容しているのか。こうした議論は、新型コロナウイルス感染症の感染拡大状況のなか、デジタル革命がいっそうの進化＝深化を遂げていく現代における社会学や人文・社会科学が喫緊に議論すべき課題であろう（片桐雅隆（2022）『人間・AI・動物――ポストヒューマンの社会学』丸善出版も、そうした文脈のなかで出された重要な業績の一つに位置づけられるだろう）。

ぜひとも読者の方々には、本書をお読みいただき、ここをベースに、さらに高みを目指す研究を、アンソニー・エリオットおよび私たち翻訳者と共に構築・創造していただきたいと切に願っている。

最後に、学術書の出版が大変なときにあって、このような大部の翻訳書の出版を快く引き受けて下さった明石書店社長・大江道雅氏に心よりお礼を申し上げたい。さらに編集の段階では、岡留洋文氏に大変お世話になった。氏の協力がなければ、本書は成立しなかったであろう。その意味で岡留氏も私たち翻訳グループの大切な一員である。深く感謝の意を表したい。

2022年1月30日　新型コロナウイルスの変異株による感染拡大のニュースが日々あふれるなかで

訳者を代表して

遠藤　英樹

bbkyiRCef7A

(75) www.theguardian.com/science/2016/oct/19/stephen-hawking-ai-best-or-worst-thing-for-humanity-cambridge

(76) www.wsj.com/articles/the-key-to-smarter-ai-copy-the-brain-1523369923

(71) 以下を参照。Mara Hvistendahl, 'Can "Predictive Policing" Prevent Crime Before it Happens?' *Science*, September 28, 2016, www.sciencemag.org/news/2016/09/can-predictive-policing-prevent-crime-it-happens

(72) このように、(数学を基礎とした) AIがバイアスをチェックすることなく再現できてしまう現象と、AIを利用する組織がそのようなバイアスに対する責任を否認するという現象は、一部では「マスウォッシング」として知られている。www.mathwashing.com/

ヘルガ・ノヴォトニー (Helga Nowotny) はそのすばらしい著作『不確実性の狡猾さ (*The Cunning of Uncertainty*)』においてエビデンス・ベースドな政治について議論している。特に政治を科学化し、不確実性に対処する際の政策決定能力を高めるべく、大量のデータセットに対して (機械学習も含んだ) コンピュータ資源を適用しようとすることについて考察を展開している。しかしながら彼女の指摘によると、政治をコンピュータを用いて再発明しようとすることは、かなり問題をはらんでいるのである。Googleインフルトレンドの記事――そこではGoogleの研究者たちが、インフルエンザの症状や推奨される治療法等について人々のオンライン検索を追跡することで、米国疾病対策予防センターよりも効果的かつ経済的にインフルエンザの拡大を追跡できると主張したものであるが――を参照しながら、ノヴォトニーは「データの傲慢さ」に関する十分なエビデンスを見いだしていく。彼女は、Googleインフルトレンドがインフルエンザのレベルをときには50%を超えて恒常的に過大評価しているという。膨大な量のデータにアクセスできたにもかかわらず、Googleのアルゴリズムは非因果的な相関関係を見いだしただけで、因果関係を見つける仮説も探索もないため、意味のあるいかなる知識も得ることはできなかったのである。以下を参照。Helga Nowotny, *The Cunning of Uncertainty*, Cambridge: Polity, 2016, pp.120-124を参照。

(73) キャシー・オニール (Cathy O'Neill) は、アルゴリズムが社会的に破壊的な影響を与えることについて重要な分析を行っている。特に、求職のフィルタリング、保険料の設定、教師の評価、アメリカの大学ランキングにアルゴリズムを適用することで、不平等がどのように悪化してきたかを考察している。以下を参照。Cathy O'Neil, *Weapons of Math Destruction: How Big Data Increases Inequality and Threatens Democracy*, New York: Crown, 2016.

(74) 以下を参照。Giddens's Lecture of this title: www.youtube.com/watch?v=

(65) 例えば以下を参照。Michael Grynbaum and Sapna Maheshwari, 'As Anger at O'Reilly Builds, Activists Use Social Media to Prod Advertisers.' *New York Times*, April 6, 2017, www.nytimes.com/2017/04/06/business/media/advertising-activists-social-media.html

(66) John Cook, 'Technology Helped Fake News. Now Technology Needs to Stop It.' *Bulletin of the Atomic Scientists*, November 17, 2017, https://thebulletin.org/technology-helped-fake-news-now-technology-needs-stop-it11285

(67) 以下を参照。David Cox, 'Fake News Is Still a Problem. Is AI the Solution?' *NBC News Mach*, February 16, 2018, www.nbcnews.com/mach/science/fake-news-still-problem-ai-solution-ncna848276

(68) 例えば以下を参照。Bruno Lepri et al., 'Fair, Transparent, and Accountable Algorithmic Decision-making Processes.' *Philosophy & Technology*, 2017, pp 1-17; Bruno Lepri et al. 'The Tyranny of Data? The Bright and Dark Sides of Data-Driven Decision-Making for Social Good,' in T. Cerquitelli, D. Quercia and F. Pasquale (eds.), *Transparent Data Mining for Big and Small Data: Studies in Big Data*, vol. 32, Cham: Springer, 2017.

(69) 例えば以下を参照。Aylin Caliskan, Joanna J. Bryson and Arvind Narayanan, 'Semantics Derived Automatically from Language Corpora Contain Human-like Biases.' *Science*, 356(6334), 2017, pp. 183-186, DOI: 10.1126/science.aal4230. ここでは、プリンストン大学の研究者たちが、機械学習を応用した潜在的連合テスト（オブジェクトの精神的表現間において人間的な主体が形成する連想を測定するようデザインされた心理学的テスト）を開発した。彼らはこれを使って、機械学習システムが概念と単語の間に形成する結びつきをマッピングしている。「花」や「音楽」が、「昆虫」や「武器」よりも心地よいと分類されたことに加えて、このシステムがヨーロッパ系アメリカ人の名前をアフリカ系アメリカ人の名前よりも心地よいと分類していることや、「女性」や「少女」という言葉が科学や数学に対するよりも芸術に対して関連性を持っていることがはるかに明らかになった。事実上、AIは人間の被験者を対象とした潜在的連合テストの研究で見つかったバイアスを再現していたのである。

(70) 以下を参照。Julia Angwin, Jeff Larson, Surya Mattu and Lauren Kirchner, 'Machine Bias.' *ProPublica*, May 23, 2016, www.propublica.org/article/machine-bias-risk-assessments-in-criminal-sentencing

sota Press, 1984, p. 67.

(54) Jamie Bartlett, *The People Vs Tech: How the Internet is Killing Democracy (And How We Save It)*, London: Edbury Press, 2018, p. 1.

(55) Bruce Schneier, *Data and Goliath: The Hidden Battles to Collect Your Data and Control Your World*, New York: Norton, 2015, p. 279.

(56) Zygmunt Bauman, *The Individualized Society*, Cambridge: Polity Press, 2001, p. 204.

(57) 例えば、パオロ・ゲルボード（Paolo Gerbaudo）は、階級を基盤とした大衆政党が、オンラインの参加型プラットフォームとソーシャルメディアを基盤とした今日的な新たな形に変容していることに焦点を当て、デジタルスキルの重要な役割を強調している。以下を参照。Paolo Gerbaudo, *The Digital Party: Political Organisation and Online Democracy*, London: Pluto, 2018.

(58) 以下を参照。https://hansard.parliament.uk/Lords/2017-09-07/debates/666FC16D-2C8D-4CC6-8E9E-7FB4086191A5/DigitalUnderstanding

(59) 'Digital Skills in the United Kingdom,' House of Lords, Library Briefing, August, 2017: http://researchbriefings.parliament.uk/ResearchBriefing/Summary/LLN-2017-0051

(60) この法律は、ネットワーク執行法、略してNetzDGと呼ばれている。以下を参照。www.bmjv.de/SharedDocs/Gesetzgebungsverfahren/Dokumente/RegE_NetzDG.pdf?__blob=publicationFile&v=2

(61) ビッグデータとインテリジェントなアルゴリズムの時代において透明性を確保する重要性については、以下を参照。Roger Taylor and Tim Kelsey, *Transparency and the Open Society*, Bristol: Bristol University/Policy Press, 2016.

(62) 以下を参照。www.bloomberg.com/view/articles/2017-10-20/russian-trolls-would-love-the-honest-ads-act

(63) 例えば以下を参照。Jimmy Wales, 'With the Power of Online Transparency, Together We Can Beat Fake News.' *The Guardian*, February 4, 2017. www.theguardian.com/commentisfree/2017/feb/03/online-transparency-fake-news-internet

(64) 以下を参照。Damian Tambini, 'Fake News: Public Policy Responses.' *Media Policy Brief 20*, London School of Economics Media Policy Project, 2017, http://eprints.lse.ac.uk/73015/1/LSE%20MPP%20Policy%20Brief%2020%20-%20Fake%20news_final.pdf

lance & Society, 8(3), 2011, p. 288; Christian Fuchs, 'Social Media and the Public Sphere.' *tripleC: Communication, Capitalism & Critique. Open Access Journal for a Global Sustainable Information Society*, 12(1), 2014, pp. 57-101.

(48) オックスフォード大学「人類の未来」研究所および「実存的リスク」研究センターによる報告書「人工知能の悪用：予測、予防、軽減」を参照。https://arxiv.org/pdf/1802.07228.pdf

そういった対策の開発には、電子フロンティア財団、新アメリカ安全保障センター、OpenAIなどの科学専門家が参加している。

(49) そうした構造的アンビバレンスがデジタル革命に浸透し、多くの二次的な社会的リスクや危険を生み出している例が、いわゆる「ダークウェブ」である。エリック・ジャーディン（Eric Jardine）が主張するように、ダークウェブは「隠されたサービス」のウェブサイトのユーザーとホスト両方に匿名性を提供する。ダークウェブは最も一般的には邪悪な使用——武器の販売、麻薬取引、テロ活動、過激な児童虐待画像の配布など——に関与している一方、抑圧的な政権下で暮らす女性や男性にとっては、より広い世界とのコミュニケーションを可能にし、監視、検閲、迫害から解放された情報へアクセスすることを可能にしてくれる。以下を参照。Eric Jardine, *The Dark Web Dilemma: Tor, Anonymity and Online Policing*. GCIG Paper Series No. 21. London: Centre for International Governance Innovation and Chatham House, 2015, www.cigionline.org/sites/default/files/no.21_1.pdf

この洞察についてはロス・ボイド（Ross Boyd）に負っている。

(50) この洞察については、スヴェン・ケッセルリング（Sven Kesselring）に負っている。

(51) ここで私が言及している研究者は、マニュエル・デランダ（Manuel DeLanda）、ベンジャミン・H・ブラットン（Benjamin H. Bratton）、スヴェン・ケッセルリング（Sven Kesselring）、デボラ・ラプトン（Deborah Lupton）、トーマス・バーチネル（Thomas Birtchnell）、ジュディ・ワイクマン（Judy Wajcman）、マーク・ポスター（Mark Poster）、エリック・スー（Eric Hsu）、ロス・ボイド（Ross Boyd）などである。

(52) Felix Guattari, 'Regimes, Pathways, Subjects,' in Jonathan Crary and Sanford Kwinter (eds.), *Zone 6: Incorporations*, Cambridge, MA: MIT Press, 1992, p. 18.

(53) Jean-Francois Lyotard, *The Postmodern Condition: A Report on Knowledge*. Trans. Geoff Bennington and Brian Massumi, Minneapolis: University of Minne-

に関連するＩＤ窃盗罪で起訴された。

(39) James Comey, *A Higher Loyalty: Truth, Lies and Leadership*, Basingstoke: Palgrave Macmillan, 2018.

(40) 以下を参照。Andrew Popp, 'All of Robert Mueller's Indictments and Plea Deals in the Russia Investigation So Far.' Vox: www.vox.com/policy-and-politics/2018/2/20/17031772/mueller-indictments-grand-jury 2018年3月、アメリカ財務省が2016年の選挙に対する干渉や重要なインフラを狙った様々な悪意のある侵入について、ロシアの「サイバーアクター」に正式に制裁措置を取っていることも注目すべきだ。以下を参照。https://home.treasury.gov/index.php/news/press-releases/sm0312

(41) www.nytimes.com/2017/09/07/us/politics/russia-facebook-twitter-election.html

(42) 以下を参照。Clarence Page, 'Why Nobody Complained When Obama Used Facebook Data.' *Chicago Tribune*, March 23, 2018, www.chicagotribune.com/news/opinion/page/ct-perspec-page-facebook-zuckerberg-obama-20180323-story.html

(43) オックスフォード大学のオックスフォード・インターネット研究所に本拠を置くコンピュータ・プロパガンダ研究プロジェクトは、アルゴリズム、オートメーション化、政治の相互作用を研究している。以下を参照。http://comprop.oii.ox.ac.uk

(44) 例えば以下を参照。Kofi Annan, 'How Information Technology Poses a Threat to Democracy.' *The Japan Times*, February 19, 2018, www.japantimes.co.jp/opinion/2018/02/19/commentary/world-commentary/information-technology-poses-threat-democracy/

(45) https://ec.europa.eu/digital-single-market/en/news/experts-appointed-high-level-group-fake-news-and-online-disinformation

(46) 以下の古典的議論を参照。R.A. Dahl, *Polyarchy*, New Haven: Yale University Press, 1971.

(47) 民主政治、アルゴリズムの力、Web2.0の台頭に関しては、様々な関連する議論がある。これらの問題を提起し、関連する論点を提示した以下の業績も参照されたい。David Beer, 'Power through the Algorithm? Participatory Web Cultures and the Technological Unconscious.' *New Media & Society*, 11(6), 2009, pp. 985-1002; C. Fuchs, 'Web 2.0, Prosumption, and Surveillance.' *Surveil-*

(28) 例えば、以下を参照。John Dunn (ed.), *Democracy: The Unfinished Journey, 508 BC to AD 1993*, Oxford: Oxford University Press, 1992; John Keane, *The Life and Death of Democracy*, New York: Norton, 2009.

(29) 以下を参照。David Held, *Democracy and the Global Order*, Cambridge: Polity Press, 1995; David Held, *Models of Democracy*, Cambridge: Polity Press, 2007.

(30) 古典的な説明として以下を参照。C. B. Macpherson, *The Political Theory of Possessive Individualism: Hobbes to Locke*, Oxford: Oxford University Press, 2010.

(31) John B. Thompson, *Media and Modernity: A Social Theory of the Media*, Cambridge: Polity Press, p. 240, 1995.

(32) とりわけ、以下を参照。Jamie Susskind, *Future Politics: Living Together in a World Transformed by Tech*, Oxford: Oxford University Press, 2018.

(33) 動かすことの行動科学理論については、以下を参照。R. Thaler and C. Sunstein, *Nudge* (revised edition), London: Penguin, 2009.

(34) ロシアゲート・スキャンダルの処理は、これらの展開について詳細な調査を行った質の高い媒体をもったメディアにおいて行われた。ロシアゲートに関する部分的ではあるものの有用な議論として、以下を参照。Luke Harding, *Collusion: How Russia Helped Trump Win the White House*, London: Guardian Faber Publishing, 2017.

(35) www.nytimes.com/2017/01/06/us/politics/russia-hack-report.html

(36) 近年の分析として以下を参照。Darren E. Tromblay, *Political Influence Operations*, Lanham, Maryland: Roman and Littlefield, 2018.

(37) James R. Clapper and Trey Brown, *Facts and Fears: Hard Truths from a Life in Intelligence*, New York: Viking, 2018.

(38) 連邦捜査官に虚偽陳述をしたとして有罪を認めた、元国家安全保障担当補佐官でトランプの選挙運動の中心人物であるマイケル・フリン（Michael Flynn）などの犯罪の証拠を、ミューラー特別検察官の捜査で明らかにした。トランプの選挙対策委員長であるポール・マナフォート（Paul Manafort）は、2018年に、五つの税詐欺の訴因、二つの銀行詐欺の訴因、および一つの外国銀行口座を開示しなかった訴因で、有罪判決を受けた。トランプ陣営の上級補佐官リック・ゲイツ（Rick Gates）、トランプ陣営の外交政策顧問のジョージ・パパドプロス（George Papadopoulos）は、連邦捜査官に虚偽の陳述をしたことで罪を認めた。また13名のロシア人とロシア企業3社が共謀罪で起訴され、一部はロシアのソーシャルメディアとハッキング活動

(13) Eva Wiseman, 'Sex, Love and Robots: Is this the End of Intimacy?' *The Guardian*, December 13, 2015.

(14) Maartje M. A. de Graaf, Somaya Ben Allouch, Tineke Klamer, 'Sharing a Life with Harvey: Exploring the Acceptance of and Relationship-building with a Social Robot.' *Computers in Human Behavior*, 43, 2015, pp. 1-14.

(15) この研究は慶應義塾大学において私が日本でリードするプロジェクトの一部で、トヨタ財団の資金援助を受けているものである。'Assessment of socially assistive robotics in elderly care: Toward technologically integrated aged care and well-being in Japan and Australia', 2017-2019 (D16-R-0242). この学際的研究チームには、日本では澤井敦、片桐雅隆、石井由香理、オーストラリアではエリック・スー、ロス・ボイドがいる。

(16) Mark Coeckelbergh. 'Care Robots and the Future of ICT-Mediated Elderly Care: A Response to Doom Scenarios.' *AI and Society*, 31, 2016, pp. 455-462. p. 461から引用。

(17) www.accenture.com/t20171215T032059Z__w__/us-en/_acnmedia/PDF-49/Accenture-Health-Artificial-Intelligence.pdf

(18) www.kingsfund.org.uk/sites/default/files/field/field_publication_file/A_digital_NHS_Kings_Fund_Sep_2016.pdf

(19) https://spectrum.ieee.org/robotics/medical-robots/would-you-trust-a-robot-surgeon-to-operate-on-you

(20) https://spectrum.ieee.org/robotics/medical-robots/would-you-trust-a-robot-surgeon-to-operate-on-you

(21) 触覚に関わるテクノロジーの進歩、限界、可能性についての有益な議論として、以下を参照。Abdulmotaleb El Saddik, 'The Potential of Haptics Technologies.' *IEEE Instrumentation & Measurement Magazine*, 10(1), 2007, pp. 10–17.

(22) Kurzweil, p. 323.

(23) Ibid., p. 300.

(24) Nikolas Rose, *The Politics of Life Itself: Biomedicine, Power, and Subjectivity in the Twenty-First Century*, Princeton: Princeton University Press, 2009, p. 17

(25) Ibid., p. 20.

(26) Ibid., p. 20.

(27) Manuel Castells, *The Internet Galaxy*, Cambridge: Polity Press, 2010.

キシーは世界初のセックスボットとしていわれており、2010年2月、ラスベガス・アダルト・エンターテインメント・エキスポにおいて高い注目度でプレビューされた。なおロキシーの商用モデルは2018年の時点でまだ市場には登場していない。

(6) 人間とセックス・ロボットの関係の非対称性をめぐっては、様々な議論が巻き起こっている。例えば以下を参照。Matthias Scheutz and Thomas Arnold, 'Are We Ready For Sex Robots?' in *The Eleventh ACM/IEEE International Conference on Human Robot Interaction*, pp. 351–358. Piscataway, NJ: IEEE Press, 2016.

(7) David Levy, *Love and Sex with Robots*, New York: HarperCollins Publishers, 2009.

(8) 以下も参照。Riley Richards, Chelsea Coss, Jace Quinn, 'Exploration of Relational Factors and the Likelihood of a Sexual Robotic Experience,' in Adrian David Cheok, Kate Devlin and David Levy (eds.), *Love and Sex with Robots*, Proceedings of the Second International Conference, LSR 2016, London, UK, December 19–20, pp. 97-103. Cham, Switzerland: Springer, 2017.

(9) だが、ロボットにおいて「リアルに感情で駆動される行動」が達成されるところまでソフトウェアを開発するために必要とされる研究開発については、レヴィが示している留意点を参照してもらいたい。これは、以下の文献で議論されている。Adrian Cheok, David Levy, Kasun Karunanayake, Yukihiro Morisawa, 'Love and Sex with Robots,' in Ryohei Nakatsu, Matthias Rauterberg and Paolo Ciancarini (eds.), *Handbook of Digital Games and Entertainment Technologies*, pp. 833-858. Singapore: Springer, 2017.

(10) 以下を参照。Kathleen Richardson, 'The Asymmetrical "Relationship": Parallels Between Prostitution and the Development of Sex Robots,' published in the ACM Digital Library as a special issue of the ACM SIGCAS newsletter. *SIGCAS Computers & Society*, 45(3) (September 2015), pp. 290-293, https://campaignagainstsexrobots.org/the-asymmetrical-relationship-parallels-between-prostitution-and-the-development-of-sex-robots.

(11) Kathleen Richardson, *Sex Robots: The End of Love*, Cambridge: Polity Press, 2018.

(12) John Danaher, Brian Earp, Anders Sandberg, 'Should We Campaign Against Sex Robots?' in John Danaher et al. (eds.), *Robot Sex: Social and Ethical Implications*, Cambridge, MA: MIT Press, 2017.

(59) 以下を参照。Olivia Solon, 'Killer Robots? Musk and Zuckerberg Escalate Row Over Dangers of AI.' *The Guardian*, July 26, 2017, www.theguardian.com/technology/2017/jul/25/elon-musk-mark-zuckerberg-artificial-intelligence-facebook-tesla

(60) 以下を参照。www.theguardian.com/technology/2016/jun/12/nick-bostrom-artificial-intelligence-machine

(61) 以下を参照。www.bbc.com/news/technology-30290540

(62) この展開に関しては、以下を参照。https://futurism.com/lethal-autonomous-weapons-pledge/

第6章 AIと社会的未来

(1) Ray Kurzweil, 'The Law of Accelerating Returns.' 2001, title http://www.kurzweilai.net/the-law-of-accelerating-returns

(2) R. Kurzweil, *The Singularity Is Near*, New York: Penguin Books, 2005.

(3) カーツワイルの研究のユートピア的要素に関する研究は、多くの新しい洞察を生み出している。シンギュラリティの理論がいかに宗教運動に似ているかを確かめようとした研究もある。Roberto Paura, 'Singularity Believers and the New Utopia of Transhumanism.' *Im@ go. A Journal of the Social Imaginary*, 7, 2016, pp. 23–35; Oskar Gruenwald, 'The Dystopian Imagination: The Challenge of Techno-utopia.' *Journal of Interdisciplinary Studies*, 25(1/2), 2013, p. 1. この一連の分析は、カーツワイルを始めとする人々が、多くの場合、人間の文化や経験の複雑さを理解することなくテクノロジーの力を信じすぎていると主張する。

(4) 適応システムの分析において複雑性の重要性の考察を深めるには、以下を参照。John Urry, 'The Complexity Turn.' *Theory, Culture & Society*, 22(5), 2005, pp. 1-14; John Urry, *Global Complexity*, Cambridge: Polity, 2003. またテクノロジー、経済、社会が共に進展していくということについては、以下を参照。Brian Arthur, *The Nature of Technology: What It Is and How It Evolves*, New York: Simon and Schuster, 2009.

(5) Jenny Kleeman, 'The Race to Build the World's First Sex Robot.' *The Guardian*, April 27, 2017, www.theguardian.com/technology/2017/apr/27/race-to-build-world-first-sex-robot

ハーモニーに加えて、クリーマンはロキシーについても語っている。ロ

(45) www.theguardian.com/news/datablog/2012/aug/03/drone-stocks-by-country これは、世界中で稼働している807のドローンをカバーしているが、それは少なく見積もりすぎである。中国、トルコ、ロシアのデータは入手できていない。

(46) 以下を参照。Clay Dillow, 'All of These Countries Now Have Armed Drones.' *Fortune*, February 12, 2016, http://fortune.com/2016/02/12/these-countries-have-armed-drones/

(47) 以下を参照。www.aero-news.net/index.cfm?do=main.textpost&id=3769e102-dd30-4ed7-95b5-5341c14f4e93

(48) Peter M. Asaro, 'The Labor of Surveillance and Bureaucratized Killing: New Subjectivities of Military Drone Operators.' *Social Semiotics*, 23(2), 2013, 196–224.

(49) Derek Gregory, 'From a View to a Kill: Drones and Late Modern War.' *Theory, Culture & Society*, 28(7–8), 2011, p. 193

(50) Neal Curtis, 'The Explication of the Social: Algorithms, Drones and (Counter-) terror.' *Journal of Sociology*, 52(3), 2016, pp. 522–536.

(51) Colleen McCue, *Data Mining and Predictive Analysis: Intelligence Gathering and Crime Analysis*, Oxford: Butterworth-Heinemann, 2007, p. 220.

(52) Simon Jenkins, 'Drones Are Fool's Gold: They Prolong Wars We Can't Win.' *The Guardian*, January 11, 2013, www.theguardian.com/commentisfree/2013/jan/10/drones-fools-gold-prolong-wars.

(53) Grégoire Chamayou, *A Theory of the Drone*, New York: New Press, 2015, p. 14.

(54) G. R. Ian Shaw, 'Predator Empire: The Geopolitics of US Drone Warfare.' Geopolitics, 18(3), 2013, p. 537.

(55) www.defense.gov/News/News-Releases/News-Release-View/Article/1044811/department-of-defense-announces-successful-micro-drone-demonstration/

(56) www.livescience.com/57306-un-addresses-killer-robots-in-2017.html?utm_source=feedburner&utm_medium=feed&utm_campaign=Feed%3A+Livesciencecom+%28LiveScience.com+Science+Headline+Feed%29

(57) https://thenextweb.com/us/2016/01/21/40-countries-are-working-on-killer-robots-and-theres-no-law-to-say-how-we-use-them/#.tnw_35IqjjXw

(58) 国連は近年、いかに自動化された戦争のガイドラインを設定するべきかフォーラムを開いている。

(37) Max Weber, 'Politics as a Vocation,' in H. H. Gerth and C. Wright Mills (eds.), *Max Weber: Essays in Sociology*, pp. 77-128. New York: Oxford University Press, 1958.

(38) Benedict Anderson, *Imagined Communities: Reflections on the Origin and Spread of Nationalism*, London and New York: Verso, 1991.

(39) グローバリゼーションの展開に関して、より詳細な社会学的・歴史的な考察については、以下を参照。Charles C. Lemert, Anthony Elliott, Daniel Chaffee, and Eric Hsu, *Globalization: A Reader*, Routledge London, 2010.

(40) ジェームズ・ダーデリアン（James Der Derian）は以下のように述べている。「戦争はもはや政治の単なる継続ではない（クラウゼヴィッツ）。また政治は戦争の継続でもない（ミシェル・フーコー）。これまでの固定的な定義を無視したものになっており（例えばシリアは内乱なのか、それとも国際的な戦争なのか）、実証的な検証ができなくなっており（例えばイエメンはオープンになっているのか秘匿されているのか）、通常の法的な立場を無視したものとなっている（例えばドローンは、法に準拠したものなのか超法規的なものなのか）戦争は、様々な側面を持ち、それらが密接に絡み合い、位相が変化していくような特徴を持っている」。James Der Derian, 'From War 2.0 to Quantum war: The Superpositionality of Global Violence.' *Australian Journal of International Affairs*, 67(5), 2013, pp. 570–585. この引用はp. 575からのもの。

(41) ポール・ヴィリリオ（Paul Virilio）の研究は、衛星を基盤とした戦争の形態の社会的帰結に関する理解に必要とされる、複雑性の重要なレイヤーを付与してくれている。ヴィリリオの著書『速度と政治（Speed and Politics)』は、オートメーション化された衛星兵器のシステム——冷戦時代に見られたような——が、人間の自律性を低下させ、十分な情報にもとづいた思考や議論を行う能力を低下させる可能性があることを明らかにしている。衛星の登場で、戦争は、土地をめぐる争いではなくなっている。そうではなく、戦争は、時間の争いなのである。ヴィリリオによると、最初に最も速く攻撃する者こそが社会秩序の勝利者となるのだという。

(42) Manuel DeLanda, *War in the Age of Intelligent Machines*, Cambridge: MIT Press, 1991, p. 1.

(43) Ibid., p. 2.

(44) www.defense.gov/UAS/

(23) 以下を参照。Eric Laurier, 'Doing Office Work on the Motorway.' *Theory, Culture & Society*, 21(4-5), 2004, pp. 261-277; Michael Bull, 'Mobile Spaces of Sound in the City,' in Nick Couldry and Anna McCarthy (eds.), *MediaSpace: Place, Scale, and Culture in a Media Age*, pp. 275-293. London: Routledge, 2004.

(24) 移動する人間たるうえで要求されることに順応していくため、人々が開発するスキルや戦略については、以下を参照。Sven Kesselring, 'Pioneering Mobilities. New Patterns of Movement and Motility in a Mobile World.' *Environment and Planning A*, 38(2), 2006, pp. 269–279.

(25) オートメーション化された自動車運転に関して有益な議論としては、以下を参照。John Urry, *Mobilities*, Cambridge: Polity, 2007.

(26) Laurier and Dant, 'What We Do Whilst Driving: Towards the Driverless Car,' p. 237.

(27) John Urry, 'Inhabiting the Car.' *The Sociological Review*, 54(s1), 2006, pp. 17-31.

(28) 以下を参照。Malene Freudendal-Pedersen and Sven Kesselring (forthcoming) 'Mobilities, Futures and the City. Changing perspectives and policies through transsectoral intersections,' in *Mobility Intersections, Special Issue in Mobilities*, co-edited by Monika Buscher; Mimi Sheller and David Tyfield.

(29) Urry, *Mobilities*.

(30) パックボットの軍事的な応用に関してより深く理解するためには、以下を参照。Brian M. Yamaguchi, 'PackBot: A Versatile Platform for Military Robotics.' *Defense and Security*, 2004.

(31) Peter W. Singer, 'Military Robots and the Laws of War.' *The New Atlantis*, (23), 2009, p. 33.

(32) www.cbsnews.com/news/south-korea-woman-hair-stuck-in-robotic-vacuum-cleaner/.

(33) www.therobotreport.com/news/latest-robotic-vacuum-product-launches-change-industry-from-niche-to-mainst

(34) Nigel Thrift, 'Lifeworld Inc. – and What To Do about It.' *Environment and Planning D: Society and Space*, 29(1), 2011, p. 11

(35) Ibid., p. 11–12.

(36) 以下も参照。James Der Derian, *Virtuous War: Mapping the Military-industrial-media-Entertainment Network*, New York: Routledge, 2009.

(15) http://asirt.org/initiatives/informing-road-users/road-safety-facts/road-crash-statistics

(16) M. Mitchell Waldrop, 'No Drivers Required.' *Nature*, 518(7537), 2015, p. 20.

(17) 以下を参照。Nidhi Kalra and Susan M. Paddock, 'Driving to Safety: How Many Miles of Driving Would it Take to Demonstrate Autonomous Vehicle Reliability?' *Transportation Research Part A*, 94, 2016, pp. 182–193.

(18) さらに議論を深めるには、以下を参照。James M. Anderson, Nidhi Kalra, Karlyn D. Stanley, Paul Sorensen, Constantine Samaras, Oluwatobi A. Oluwatola, *Autonomous Vehicle Technology: A Guide for Policymakers*, Santa Monica, CA: RAND Corporation, RR-443–2-RC, 2016. www.rand.org/pubs/research_reports/RR443–2.html(最終アクセス2016年1月24日).

(19) Gary Silberg, Richard Wallace, G. Matuszak, J. Plessers, C. Brower, and Deepak Subramanian, 'Self-Driving Cars: The Next Revolution.' White paper, KPMG LLP & Center of Automotive Research, 2012, p.36.

(20) 例えばセバスチアン・スラン(Sebastian Thrun)は、ドライバーを必要としない車が駐車場の割り当てや管理の仕方を変えられる可能性について以下のように述べる。「車は人生の4%ほどしか利用されないが、ボタンを押すだけですぐにレンタカーを注文できるとしたらどうだろう。私たちは目的地に着くと、駐車場を探しまわるのに時間を費やす必要はなく、次の顧客を迎えに車が走っていくのを目の当たりにするようになるのである。そういったビジョンは、必要な車の数を劇的に減らし、駐車している車が用いていたスペースなど重要な資源を解放することができる」。Sebastian Thrun, 'Toward Robotic Cars.' *Communications of the ACM*, 53(4), 2010, p. 105

(21) Eric Laurier and Tim Dant, 'What We Do Whilst Driving: Towards the Driverless Car,' in M. Grieco and J. Urry (eds.), *Mobilities: New Perspectives on Transport and Society*, pp. 223–243. Farnham: Ashgate, 2012.

(22) しかしながら、いくつかの注目すべき例外がある。デビッド・ビッセル(David Bissell)は、鉄道通勤を生産的な行為と捉えることができると述べている。David Bissell, 'Travelling Vulnerabilities: Mobile Timespaces of Quiescence.' *Cultural Geographies*, 16(4), 2009, pp. 427-445. この研究をもとに、エリック・スー(Eric Hsu)は、移動中に寝るという習慣がただ単に「無駄な」時間ではないことを示している。Eric L. Hsu, 'The Sociology of Sleep and the Measure of Social Acceleration.' *Time & Society*, 23(2), 2014, pp. 212-234.

artificial-stupidity-fumbling-the-handoff/

(7) Kingsley Dennis and John Urry, *After the Car*, Cambridge: Polity Press, 2009.

(8) 文化の圏域において、20世紀前半からいかにしてドライバーを必要としない車の未来が発展してきたかに関する、ファビアン・クローガー（Fabian Kröger）（2016）による歴史的な概観も有益である。クローガーは、ドライバーを必要としない車のテクノロジーやシステムを開発する取り組みについて述べている文化的なナラティヴのいくつかを挙げている。

(9) Jitendra N. Bajpai, 'Emerging Vehicle Technologies & the Search for Urban Mobility Solutions.' *Urban, Planning and Transport Research*, 4(1), 2016, p. 84.

(10) Ibid.

(11) グーグル・カーとその機能に関するより詳細な記述については、ミシェル・バードサル（Michelle Birdsall）による説明を見てもらいたい。Michelle Birdsall, 'Google and ITE: The Road Ahead for Self-driving Cars.' *Institute of Transportation Engineers. ITE Journal*, 84(5), 2014, p. 6. グーグル・カーに関する研究は、まだ初期段階にある。それがどのように、どの程度利用されるかは、議論の要点となる。以下を参照。Lee Gomes, 'When Will Google's Self-driving Car Really be Ready? It Depends on Where You Live and What You mean By Ready [News].' *IEEE Spectrum*, 53(5), 2016, pp. 13-14.

(12) Thomas Halleck, 'Google Inc. Says Self-driving Car Will be Ready by 2020.' *International Business Times*, January 14, 2015, www.ibtimes.com/google-inc-says-self-driving-car-will-be-ready-2020-1784150.

(13) Bajpai, 'Emerging Vehicle Technologies & the Search for Urban Mobility Solutions.' pp. 83–100.

(14) ドライバーを必要としない交通システムの潜在的な利点については、次の文献も含めて、多くの研究が言及している。Daniel J. Fagnant and Kara Kockelman, 'Preparing a Nation for Autonomous Vehicles: Opportunities, Barriers and Policy Recommendations.' *Transportation Research Part A: Policy and Practice*, 77, 2015, pp. 167-181; Austin Brown, Jeffrey Gonder, and Brittany Repac, 'An Analysis of Possible Energy Impacts of Automated Vehicle,' in G. Meyer and S. Beiker (eds.), *Road Vehicle Automation*, pp. 137-153. Cham, Switzerland: Springer, 2014. しかし、これらの利点がどこまで実現できるのかについては、様々な意見がある。Brian Christian and Tom Griffiths, *Algorithms to Live By: The Computer Science of Human Decisions*, London: HarperCollins, 2016.

（31）Zygmunt Bauman, *Liquid Love: On the Frailty of Human Bonds*, John Wiley & Sons, 2013; Zygmunt Bauman, *Liquid Modernity*, John Wiley & Sons, 2013. また、現代の社会的世界において速度がいかに表面化しているのかについての詳細な説明は以下を参照。Eric L. Hsu, 'The Sociology of Sleep and the Measure of Social Acceleration.' *Time & Society*, 23(2), 2014, pp. 212–234 や Eric L. Hsu and Anthony Elliott, 'Social Acceleration Theory and the Self.' *Journal for the Theory of Social Behaviour*, 45(4), 2015, pp. 397–418.

（32）Paul Virilio 1986。以下の引用より。Thomas Erikson, *Tyranny of the Moment*, London: Pluto Press 2001, p. 51.

（33）Michael Harris, *The End of Absence: Reclaiming What We've Lost in World of Constant Connection*, New York: Penguin Books US, 2014.

（34）Ibid., p. 203.

（35）この総括は以下を参照した。John Thompson 'The Media and Modernity.'

第5章　近代社会、モビリティ、人工知能

（1）例えば以下を参照。David Z. Morris, 'At Uber, Troubling Signs Were Rampant Long Before a Fatal Self-Driving Crash.' *Fortune*, March 24, 2018, http://fortune.com/2018/03/24/uber-self-driving-program-troubles/

（2）以下を参照。Sam Levin, 'Uber Crash Shows "Catastrophic Failure" of Self Driving Technology.' *The Guardian*, March 22, 2018, www.theguardian.com/technology/2018/mar/22/video-released-of-uber-self-driving-crash-that-killed-woman-in-arizona

（3）Richard Priday, 'Uber's Fatal Crash Shows the Folly of How We Test Self-driving Cars.' *Wired*, March 24, 2018, www.wired.co.uk/article/uber-crash-autonomous-self-driving-car-vehicle-testing

（4）Nicholas Carr, *The Glass Cage: Automation and Us*, New York and London: W. W. Norton and Co., 2014.

（5）Ibid., pp. 43–63.

（6）Sydney J. Freedberg Jr., 'Artificial Stupidity: When Artificial intelligence + Human = Disaster.' *Breaking Defense*, June 2, 2017, https://breakingdefense.com/2017/06/artificial-stupidity-when-artificial-intel-human-disaster/; Sydney J. Freedberg Jr., 'Artificial Stupidity: Fumbling the Handoff from AI to Human Control.' *Breaking Defense*, June 5, 2017, https://breakingdefense.com/2017/06/

and Society, 20(1), 2017, pp. 1–13.

(19) Douglas Hofstadter, *Fluid Concepts and Creative Analogies: Computer Models of the Fundamental Mechanisms of Thought*, New York: Basic Books, 1996.

(20) Ray Kurzweil in Ethan Baron, 'Google Will Let You Turn Yourself into a Bot, Ray Kurzweil Says,' May 31, 2016, www.siliconbeat. com/2016/05/31/google-chat-bot-coming-year-renowned-inventor-says/（最終アクセス2016年10月20日）.

(21)「技術楽観主義」についてのより有益な議論は以下に詳しい。Katherine Dentzman, Ryan Gunderson, and Raymond Jussaume. 'Techno-optimism as a Barrier to Overcoming Herbicide Resistance: Comparing Farmer Perceptions of the Future Potential of Herbicides.' *Journal of Rural Studies*, 48, 2016, pp. 22–372.

(22) Deirdre Boden, *The Business of Talk: Organizations in Action*, London: Polity Press, 1994, p. 82, p. 94.

(23) Anthony Giddens, *Modernity and Self-Identity*, Stanford: Stanford University Press, 1991, p. 120.

(24) Brian Christian, *The Most Human Human: What Artificial Intelligence Teaches Us About Being Alive*, New York: Anchor Books, 2015, p. 25.［＝吉田晋治訳『機械より人間らしくなれるか？―― AIとの対話が、人間でいることの意味を教えてくれる』2012，草思社，p. 44］

(25) Jason Del Ray, 'Here's Amazon's Explanation for the Alexa Eavesdropping Scandal.' *Recode*, May 24, 2018, www.recode.net/2018/5/24/17391480/amazon-alexa-woman-secret-recording-echo-explanation

(26) Christian, *The Most Human Human*, pp. 25–26.［＝『機械より人間らしくなれるか？』p. 44］

(27) Barry Wellman, 'Physical Space and Cyberplace: The Rise of Personalized Networking.' *International Journal of Urban and Regional Research*, 25, 2001, p. 238.

(28) 脱－同期化現象については特に以下の研究に詳しい。Koen Breedveld, 'The Double Myth of Flexibilization: Trends in Scattered Work Hours, and Differences in Time-sovereignty.' *Time & Society*, 7(1), 1998, pp. 129–143; Manfred Garhammer, 'Changes in Working Hours in Germany: The Resulting Impact on Everyday Life.' *Time & Society*, 4(2), 1995, pp. 167–203.

(29) Anthony Elliott and Charles Lemert, *The New Individualism: The Emotional Costs of Globalization*, New York: Routledge, 2009.

(30) Milan Kundera, *Slowness*, New York: HarperCollins Publishers, 1995, p. 2.

(10) なかでも以下を参照。J. B. Thompson, *Ideology in Modern Culture*, Palo Alto: Stanford University Press, 1990; J. B. Thompson, *The Media and Modernity: A Social Theory of the Media*, Palo Alto: Stanford University Press, 1995.

(11) Thompson, *The Media and Modernity*, p. 89.

(12) 以下を参照。Karin Knorr Cetina and Urs Bruegger, 'Global Microstructures: The Virtual Societies of Financial Markets.' *American Journal of Sociology*, 107(4), 2002, pp. 905–950; Karin Knorr Cetina and Urs Bruegger, 'Inhabiting Technology: The Global Lifeform of Financial Markets.' *Current Sociology*, 50(3), 2002, pp. 389–405.

(13) Cetina and Bruegger, 'Global Microstructures,' p. 908.

(14) 「メディアのマルチタスク」という実践は社会科学の様々な領域で探求されてきた。研究の焦点は、その普及（Ulla G. Foehr, 'Media Multitasking among American Youth: Prevalence, Predictors and Pairings.' *Henry J. Kaiser Family Foundation*, 2006; Se-Hoon Jeon and Martin Fishbein, 'Predictors of Multitasking with Media: Media Factors and Audience Factors.' *Media Psychology*, 10(3), 2007, pp. 364–384）だけでなく、その多様な効果（Jennifer Lee, Lin Lin, and Tip Robertson, 'The Impact of Media Multitasking on Learning.' *Learning, Media and Technology*, 37(1), 2012, pp. 94–104）や刺激（Fleura Bardh, Anrew J. Rohm, and Fareena Sultan, 'Tuning In and Tuning Out: Media Multitasking among Young Consumers.' *Journal of Consumer Behaviour*, 9(4), 2010, pp. 316–332; Zheng Wang and John M. Tchernev. 'The "myth" of Media Multitasking: Reciprocal Dynamics of Media Multitasking, Personal Needs, and Gratifications.' *Journal of Communication*, 62(3), 2012, pp. 493–513）にも当てられてきた。

(15) 「共在の規範」における社会変容を強調し、その可能性を共に議論してくれたトニー・ギデンズに謝意を表したい。

(16) John Urry, 'Mobility and Proximity.' *Sociology*, 36(2), 2002, pp. 255–274. 詳細については以下を参照。P. Evans and T. Wurstler, *Blown to Bits. How the New Economics of Information Transforms Strategy*, Boston, MA: Harvard Business School Press, 2000.

(17) Beerud Sheth, 'Forget Apps, Now the Bots Take Over,' September 29, 2015, https://techcrunch.com/2015/09/29/forget-apps-now-the-bots-take-over/（最終アクセス2016年10月24日）.

(18) David Beer, 'The Social Power of Algorithms.' *Information, Communication*

第4章　デジタル・テクノロジーと社会的相互行為

（1）Ben Bajarin, 'Are you Multitasking or Are you Suffering from Digital-Device-Distraction Syndrome?' *TIME*, November 12, 2012, http://techland.time.com/2012/11/12/are-you-multitasking-or-are-you-suffering-from-digital-device-distraction-syndrome（最終アクセス2016年10月17日）.

（2）重要なことにも、AIの文化は、Xerox PARCの元主任研究員であるマーク・ワイザーがユビキタス・コンピュータを念頭に行った有名な予言を実証している。それによれば、ユビキタス・コンピュータはいまや生活の構造のなかに浸透し、「日常生活の構造」へと編み込まれ、「生活そのものと見分けがつかなくなる」（94ページ）。以下を参照。Mark Weiser, 'The Computer for the 21st Century.' *Scientific American*, 265(3), 1991, pp. 94–104. しかしポール・ドーリッシュとジェネビーブ・ベルが指摘しているように、そのような技術開発に携わるエンジニアが予測したような結果が必ずしももたらされるわけではない。以下を参照。Paul Dourish and Genevieve Bell, *Divining a Digital Future: Mess and Mythology in Ubiquitous Computing*, Cambridge, MA and London: MIT Press, 2011.

（3）この種の研究は「会うこと」という概念をめぐって行われることが多い。以下が参考になるだろう。Yolande Strengers, 'Meeting in the Global Workplace: Air Travel, Telepresence and the Body.' *Mobilities*, 10(4), 2015, pp. 592–608; John Urry, 'Social Networks, Mobile Lives and Social Inequalities.' *Journal of Transport Geography*, 21, 2012, pp. 24–30; and Anthony Elliott and J. Urry, *Mobile Lives*, New York: Routledge, 2010.

（4）自己のこのような側面については以下に詳しい。Anthony Elliott, *Concepts of the Self*, 3rd edition. Cambridge: Polity Press, 2014.

（5）Erving Goffman, *The Presentation of Self in Everyday Life*, New York: Doubleday, 1959.

（6）以下を参照。Erving Goffman, *Presentation of Self*, New York: Penguin Books, 1971. また、関連書として以下を参照。*Relations in Public*, New York: Penguin Books, 1971; *Interaction Ritual*, New York: Penguin Books, 1972.

（7）Erving Goffman, *Behaviour in Public Places*, New York: Free Press, 1963, p. 92.

（8）以下を参照。Philip Manning, *Erving Goffman and Modern Sociology*, New York: Polity Press, 1992.

（9）Goffman, *The Presentation of Self in Everyday Life*.

(28) Turkle, *Alone Together*, p. 30.

(29) Donald W. Winnicott, 'The Use of an Object.' *The International Journal of Psycho-Analysis*, 50, 1969, p. 711.

(30) Turkle, *Alone Together*, p. 56.

(31) Ibid., p. 59.

(32) Christopher Bollas, *Being a Character: Psychoanalysis and Self Experience*, New York: Hill and Wang, 1992.

(33) Sigmund Freud, *Beyond the Pleasure Principle*, London: Penguin UK, 2003.

(34) Bollas, *Being a Character*, p. 59.

(35) George E. Atwood and Robert D. Stolorow, *Structures of Subjectivity: Explorations in Psychoanalytic Phenomenology and Contextualism*, New York: Routledge, 2014.

(36) Ibid., p. 69.

(37) Elliott and Urry, *Mobile Lives*.

(38) 例えば、Indeok Song, Robert Larose, Matthew S. Eastin, and Carolyn A. Lin, 'Internet Gratifications and Internet Addiction: On the Uses and Abuses of New Media.' *Cyberpsychology & Behavior*, 7(4), 2004, pp. 384–394; Daria J. Kuss and Mark D. Griffiths, 'Online Social Networking and Addiction – A Review of the Psychological Literature.' *International Journal of Environmental Research and Public Health*, 8(9), 2011, pp. 3528–3552.

(39) Pew Research Center, 'Millennials in Adulthood: Detached from Institutions, Networked with Friends.' March 2014.

(40) Theresa M. Senft and Nancy K. Baym, 'Selfies Introduction – What Does the Selfie Say? Investigating a Global Phenomenon.' *International Journal of Communication*, 9, 2015, p. 19.

(41) David Nemer and Guo Freeman, 'Selfies| Empowering the Marginalized: Rethinking Selfies in the Slums of Brazil.' *International Journal of Communication*, 9, 2015, p. 16.

(42) The experimentalist qualities of identities has been further explored in other works, such as E.L. Hsu, 'New Identities, New Individualism,' in A. Elliott (ed.), *Handbook of Identity Studies*, London and New York: Routledge, 2011, pp. 129–147, and in Elliott, *Identity Troubles*.

(17) Roger Burrowsも類似した指摘をしている。私たちの「交友や相互作用は、いまやソフトウェアやコードに媒介されるだけでなく、ソフトウェアやコードによって構成されるようになっている」と述べている。R. Burrows, 'Afterword: Urban Informatics and Social Ontology,' in M. Foth (ed.), *Handbook of Research on Urban Informatics*, pp.450-454. Hershey, PA: Information Science Reference, 2009.

(18) Turkle, *Alone Together*, p. 61.

(19) 以下を参照。E. Hargittai, 'The Digital Reproduction of Inequality,' in D. Grusky (ed.), *Social Stratification*, Boulder, CO: Westview Press, 2008; Wenhong Chen and Barry Wellman, 'Charting Digital Divides: Comparing Socioeconomic, Gender, Life Stage, and Rural-urban Internet Access and Use in Five Countries,' in *Transforming Enterprise: The Economic and Social Implications of Information Technology*, pp. 467–497. Cambridge, MA: MIT Press, 2005.

(20) Barry Wellman, 'Little Boxes, Glocalization, and Networked Individualism,' in *Kyoto Workshop on Digital Cities*, pp. 10–25. Springer Berlin Heidelberg, 2001.

(21) Don Tapscott, *Growing Up Digital the Rise of the Net Generation*, New York: McGraw-Hill, 1998.

(22) Marc Prensky, 'Digital Natives, Digital Immigrants Part 1.' *On the Horizon*, 9(5), pp. 1–6, 2001.

(23) 例えば、以下を参照。Chris Davies, John Coleman, and Sonia Livingstone, *Digital Technologies in the Lives of Young People*, New York: Routledge, 2015.

(24) 以下を参照。Paul DiMaggio, Eszter Hargittai, Coral Celeste, and Steven Shafer, 'From Unequal Access to Differentiated Use: A Literature Review and Agenda for Research on Digital Inequality.' *Social Inequality*, pp. 355–400, 2004; Karine Barzilai-Nahon, 'Gaps and Bits: Conceptualizing Measurements for Digital Divide/s.' *The Information Society*, 22(5), 2006, pp. 269–278.

(25) 例えば、以下を参照。Eszter Hargittai, 'Digital na (t) ives? Variation in Internet Skills and Uses Among Members of the "net generation".' *Sociological Inquiry*, 80(1), 2010, pp. 92–113.

(26) Susan Greenfield, *Mind Change: How Digital Technologies Are Leaving Their Mark on Our Brains*, New York: Random House, 2015.

(27) V. Bell, D.V.M. Bishop and A. K. Przybylsk, 'The Debate Over Digital Technology and Young People.' *BMJ*, 2015.

(5) フロイト理論が自己の複雑性をどう捉えたのかについて探求した記述は数多くある。以下を参照。Anthony Elliott, *Psychoanalytic Theory: An Introduction*, 3rd edition, London: Palgrave, 2015; Anthony Elliott, *Concepts of the Self*, 3rd edition, Cambridge: Polity Press, 2014; Stephen Frosh, *Identity Crisis: Modernity, Psychoanalysis and the Self*, New York: Routledge, 1991.

(6) D.W. Winnicott, *Playing and Reality*, London: Tavistock, 1997.

(7) このような傾向に、もちろん、注目すべき例外はある。例えば、以下を参照。Knafo, Danielle, and Rocco Lo Bosco, *The Age of Perversion: Desire and Technology in Psychoanalysis and Culture*, New York: Routledge, 2017; Anthony Elliott, 'Miniaturized Mobilities: Transformations in the Storage, Containment and Retrieval of Affect.' *Psychoanalysis, Culture & Society*, 18(1), 2013, pp. 71–80.

(8) Sherry Turkle, *Alone Together: Why We Expect More From Technology and Less From Each Other*, New York: Basic Books, 2011.［＝渡会圭子訳『つながっているのに孤独――人生を豊かにするはずのインターネットの正体』ダイヤモンド社，2018］

(9) Ibid., p. 16.

(10) Sherry Turkle, *Life on the Screen: Identity in the Age of the Internet*, New York: Simon & Schuster, 1995.［＝日暮雅通訳『接続された心――インターネット時代のアイデンティティ』早川書房，1998］

(11) Turkle, *Alone Together*, p. xii.

(12) Ibid., p. 31.

(13) 例えば、以下を参照。Sven Birkerts, *Changing the Subject: Art and Attention in the Internet Age*, Minneapolis: Minnesota Graywolf Press, 2015; Nicholas Carr, *The Shallows: How the Internet is Changing the Way We Think, Read and Remember*, London: Atlantic Books, 2010; Rob Cover, *Digital Identities: Creating and Communicating the Online Self*, London: Academic Press, 2015.

(14) Turkle, *Alone Together*, p. 36

(15) 以下を参照。Elliott, *Identity Troubles*.

(16) 科学技術研究（STS）の領域では、このような技術の理解を深めるために、多くの研究がなされてきた。例えば、以下を参照。Judy Wajcman, 'Addressing Technological Change: The Challenge to Social Theory.' *Current Sociology*, 50 (3), 2002, pp. 347–363; Wenda K. Bauchspies, *Science, Technology, and Society: A Sociological Approach*, Malden: Blackwell, 2006.

2009b; A. Elliott, *Making the Cut*, London: Reaktion, 2008. この理論が後に、E. L. Hsu, 'New Identities, New Individualism,' in A. Elliott (ed.), *The Routledge Handbook of Identity Studies*, pp. 129-148. London and New York: Routledge, 2011.のような他の研究によって再編されている。

(41) 例えばオーストラリアでは、FYA（若いオーストラリア人のための財団）が、将来の仕事に必要なスキルを磨くための支援に対する大きなリソースが必要だと繰り返し訴えている。www.fya.org.au/wp-content/uploads/2015/08/The-New-Work-Order-FINAL-low-res-2.pdf. アメリカ合衆国では、オバマ大統領の任期終了間際のEOP（大統領行政府）が提出した報告にて、教育と再訓練の取り組みが、オートメーションによってもたらされる課題に取り組むための鍵となるとして推奨されている。https://obamawhitehouse.archives.gov/sites/whitehouse.gov/files/documents/Artificial-Intelligence-Automation-Economy.PDF

(42) L. Bellmann and U. Leber, 'Economic Effects of Continuous Training,' in J. Addison and P. Welfens (eds.), *Labor Markets and Social Security*, pp. 345-365. Berlin: Springer, 2004.

第3章　デジタル・ライフと自己

(1) 'Mother Urges Internet Awareness After Daughter's Suicide.' *BBC News*, January 23, 2014, www.bbc.co.uk/newsbeat/article/25845273/mother-urges-internet-awareness-after-daughters-suicide（2017年9月4日最終アクセス）

(2)「リスボン戦略」に続いて、欧州委員会が採択した「欧州2020」戦略の七つの旗艦的構想の一つとして、「欧州のためのデジタル・アジェンダ」（DAE）が打ち出された。http://eige.europa.eu/resources/digital_agenda_en.pdf を参照のこと。

(3) 以下を参照。Anthony Elliott, *Identity Troubles*, London and New York: Routledge, 2016.

(4) テクノロジーが個人的生活とどのように絡み合っているのかについての詳細な議論については、以下を参照。Anthony Elliott and J. Urry, *Mobile Lives*, New York: Routledge, 2010. [＝遠藤英樹監訳『モバイル・ライブズ――「移動」が社会を変える』ミネルヴァ書房, 2016]; Mike Michael, *Technoscience and Everyday Life: The Complex Simplicities of the Mundane*, New York: Open University Press, 2006.

トの投入が、先進国と開発途上国の両方の労働と雇用に影響を及ぼす。だがこうした分析は、ボールドウィンやその他が議論しているような、テレロボットの潜在能力を視野に入れてない傾向がある。例えば以下を参照。UNCTAD, *Robots and Industrialization in Developing Countries: Policy Brief*, United Nations Conference on Trade and Development, 2016, http://unctad.org/en/PublicationsLibrary/presspb2016d6_en.pdf

一つの注目すべき例外として、現在世界最大数の産業ロボットを抱えている中国がある。中国では「人口ボーナス」(demographic dividend)や「労働者ボーナス」(labour dividend)によって説明される予想可能な「ロボットボーナス」(robot dividend)により、利益率を上昇させる方向への、経済機構の変容の兆しが見られる。以下を参照。Yu Huang and Sharif Naubahar, 'From "Labour Dividend" to "Robot Dividend": Technological Change and Workers' Power in South China.' *Agrarian South: Journal of Political Economy*, 6(1), 2017, pp. 53-78. 私にこの調査へ関心を向けさせてくれたロス・ボイド(Ross Boyd)に感謝する。

(36) 近代史における断続論的な解釈については以下を参照。Anthony Giddens, *The Nation-State and Violence*, Cambridge: Polity Press, 1985, pp. 31-34. [=松尾精文, 小幡正敏訳, 1999, 『国民国家と暴力』而立書房]

(37) Jeffrey Sachs, 'How to Live Happily with Robots,' http://jeffsachs.org/wp-content/uploads/2016/06/Sachs-American-Prospect-August-2015-How-to-Live-Happily-with-Robots.pdf

(38) Jeffrey D. Sachs, 'R&D, Structural Transformation, and the Distribution of Income,' in Ajay K. Agrawal, Joshua Gans and Avi Goldfarb (eds.), *The Economics of Artificial Intelligence: An Agenda* (Proceedings of the 2017 NBER Economics of AI Conference). Chicago: University of Chicago Press, 2018, www.nber.org/chapters/c14014.pdf

(39) Daron Acemoglu and Pascual Restrepo, *Robots and Jobs: Evidence from US Labor Markets*. Cambridge, MA: MIT Department of Economics, 2017.

(40) これまでの多くの研究において、私は新しい個人主義の理論を発展させてきた。以下を参照。A. Elliott and C. Lemert, 'The Global New Individualist Debate,' in A. Elliott and P. du Gay (eds.), *Identity in Question*, pp. 37-64. London: Sage Publications, 2009a; A. Elliott and C. Lemert, *The New Individualism: The Emotional Costs of Globalization* (revised edition). New York: Routledge,

うことができない。オフショア化のより詳細な社会学的説明については以下を参照。John Urry, *Offshoring*, London: Polity, 2014.［＝須藤廣，濱野健監訳，2018，『オフショア化する世界――人・モノ・金が逃げ込む「闇の空間」とは何か？』明石書店］

（29）Gene M. Grossman and Esteban Rossi-Hansberg, 'The Rise of Offshoring: It's Not Wine For Cloth Anymore.' *The New Economic Geography: Effects and Policy Implications*, pp. 59-102, 2006.

（30）Richard E. Baldwin, *The Great Convergence: Information Technology and the New Globalization*, Cambridge: Harvard University Press, 2016.［＝遠藤真美訳，2018，『世界経済　大いなる収斂――ITがもたらす新次元のグローバリゼーション』日本経済新聞出版社］

（31）www.huffingtonpost.com/entry/telerobotics_us_5873bb48e4b02b5f858a1579

（32）AIとテレロボット工学による遠隔管理の一見複雑な方法を「ギグエコノミー（gig economy）」でもって把握できるかもしれない。ギグエコノミーは（様々な段階にマイクロタスク化された業務のため、オンラインプラットフォームによって労働者を編成および組織化した）クラウドワーク、あるいはアプリを介した業務の需要を通じ、労働者に起因した経済的リスクの多くのコストを変容させる。以下を参照。Valerio De Stefano, 'The Rise of the Just-in-Time Workforce: On-Demand Work, Crowdwork, and Labor Protection in the Gig-Economy.' *Comparative Labor Law and Policy Journal*, 37, 2016, pp. 471-503.

（33）World Economic Forum, 'The Future of Jobs: Employment, Skills and Workforce Strategy for the Fourth Industrial Revolution,' 2016.

（34）以下を参照。www.theguardian.com/technology/2017/jan/11/robots-jobsemployees-artificial-intelligence

（35）ここで再び、世界の貧困地域もまた先進国と同様にAIとロボットによって深刻な影響を受けるという点を強調することが重要である。無数の公的なあるいは学問的論争で、先進国における雇用に対するロボットのしかるべき影響が述べられている一方、開発途上国におけるロボットの影響についての社会政策に関する重要な調査も行われている。そうしたAI、ロボット、そして開発途上国に関する調査の大半では、先進国の社会におけるロボットの導入が、開発途上国における従来の労働コストに及ぼす影響について検討している。こうした視点から見ると、先進国におけるロボッ

Forum, 2016.［＝世界経済フォーラム訳，2016，『第四次産業革命——ダボス会議が予測する未来』日本経済新聞出版社］

（18）Richard Susskind and Daniel Susskind, *The Future of the Professions: How Technology Will Transform the Work of Human Experts*, Oxford: Oxford University Press, 2015.［＝小林啓倫訳，2017，『プロフェッショナルの未来——AI、IoT時代に専門家が生き残る方法』朝日新聞出版］

（19）以下を参照。Jeremy Rifkin, *The End of Work: The Decline of the Global Labor Force and the Dawn of the Post-Market Era*, New York: Putnam, 1995. 20

（20）企業規模についてのこうした影響の重要性を私が理解する手助けをしてくれた、スヴェン・ケッセルリングに感謝する。

（21）Henry Mintzberg, 'Power in and Around Organizations,' in *The Theory of Management Policy Series*, Englewood Cliffs, NJ: PrenticeHall, 1983.

（22）以下を参照。www.bmw-connecteddrive.com.au/app/index.html#/portal

（23）Anthony Giddens, *Runaway World*, London: Profile Books, 1999.［＝佐和隆光訳，2001，『暴走する世界——グローバリゼーションは何をどう変えるのか』ダイヤモンド社］

（24）以下を参照。Stephen Bertman, *Hyperculture: The Human Cost of Speed*, London: Praeger Publishers, 1998.［＝松野弘監訳，2010，『ハイパーカルチャー——高速社会の衝撃とゆくえ』ミネルヴァ書房］; Thomas Hylland Eriksen, *Tyranny of the Moment: Fast and Slow Time in the Information Age*, London: Pluto Press, 2001.

（25）以下を参照。S. E. Black and L. M. Lynch, 'What's Driving the New Economy? The Benefits of Workplace Innovation.' *The Economic Journal*, 114(493), 2004; K. Kelly, *New Rules For the New Economy: 10 Radical Strategies for a Connected World*, New York: Penguin, 1999.［＝酒井泰介訳，1999，『ニューエコノミー勝者の条件——ウィナー・テイク・オール時代のマーケティング10則』ダイヤモンド社］

（26）2008年のグローバルな財政危機に関する社会学的な検証には様々なものがある。以下の例を参照。Robert J. Holton, *Global Finance*, London: Routledge, 2012; D. Bryan and M. Rafferty, 'Financial Derivatives as Social Policy Beyond Crisis.' *Sociology*, 48(5), 2014, pp. 887-903.

（27）以下を参照。John Saul, *The Collapse of Globalism*, New York: Atlantic, 2005.

（28）もちろんオフショア化は複雑で広範囲な問題であり、ここでは十分に扱

29(3), 2015, pp. 31-50; Joel Mokyr, 'The Past and the Future of Innovation: Some Lessons from Economic History.' *Explorations in Economic History*, 2018 (Online First), https://doi.org/10.1016/j.eeh.2018.03.003.

(8) 懐疑論における最も悲観的な主張は、あらゆる重要な発明（蒸気、電気、内燃機関エンジン）がすでに起こっていて、将来の発明がもはや雇用喪失の鍵となる「経済的逆風」（高齢化、不平等の高まりや公的にも私的にも高い負債）に対しては大きな影響力を持てないとするものだ。以下を参照。Robert J. Gordon, *The Rise and Fall of American Growth*, Princeton: Princeton University Press, 2016.

(9) Geoff Colvin, *Humans Are Underrated: What High Achievers Know That Brilliant Machines Never Will*, New York: Penguin, 20 15.

(10) Ibid., p. 4.

(11) 以下も参照。David Autor and Anna Salomons, 'Is Automation Labor Displacing? Productivity Growth, Employment and the Labor Share.' *Brookings Papers on Economic Activity*, 2018, www.brookings.edu/wpcontent/uploads/2018/03/1_autorsalomons.pdf; David Autor, 'Why Are There Still So Many Jobs?' *Journal of Economic Perspectives*, 29(3), 2015, 3-30; David Autor, Frank Levy and Richard Murnane, 'The Skill Content of Recent Technological Change.' *Quarterly Journal of Economics*, 118(4), 2003, pp. 1279-333.

(12) Georg Graetz and Guy Michaels, 'Robots At Work.' 2015, http://cep.lse.ac.uk/pubs/download/dp1335.pdf.

(13) Ibid., p. 4.

(14) 以下を参照。J. Wajcman, 'Automation: Is It Really Different this Time?' *The British Journal of Sociology*, 68(1), 2017, pp. 119-127.

(15) Erik Brynjolfsson and Andrew McAfee, *The Second Machine Age: Work, Progress, and Prosperity in a Time of Brilliant Technologies*, New York: WW Norton & Company, 2014, p. 8.

(16) Martin Ford, *The Rise of the Robots: Technology and the Threat of a Jobless Future*, New York: Basic Books, 2015.［＝松本剛史訳, 2018,『ロボットの脅威――人の仕事がなくなる日』日本経済新聞出版社］以下も参照。Ursula Huws, *Labor in the Global Digital Economy: The Cybertariat Comes of Age*, New York: Monthly Review Press, 2014.

(17) Klaus Schwab, *The Fourth Industrial Revolution*, Geneva: World Economic

The Emotional Costs of Globalization, 2nd edition, London and New York: Routledge, 2009; Anthony Elliott and John Urry, *Mobile Lives*, London and New York: Routledge, 2010.［＝遠藤英樹監訳，2016，『モバイル・ライブズ ――「移動」が社会を変える』ミネルヴァ書房］; Anthony Elliott and Bryan S. Turner, *On Society*, Polity Press, 2012; Anthony Elliott, Masataka Katagiri and Atsushi Sawai (eds.), *Contemporary Japanese Social Theory*, London and New York: Routledge, 2013.

（46）私はこうした理論的アプローチから着想を得て、さらにそれを発展させるべく近年の著書で取り組んできた。以下を参照。Elliott, *Reinvention*; Anthony Elliott, *Identity Troubles*, London and New York: Routledge, 2016.

第2章　ロボット工学の勃興

（1）John Maynard Keynes, 'Economic Possibilities for our Grandchildren,' in J.M. Keynes (ed.), *Essays in Persuasion* (with a new Introduction by Donald Moggridge), pp. 321-333. Basingstoke: Palgrave Macmillan, 2010 (1930).

（2）Karl Marx, *Capital* (Volume 1), New York: International Publishers, 1987.［＝向坂逸郎訳，1969-70，『資本論』岩波文庫］

（3）Karl Marx, *Grundrisse: Introduction to the Critique of Political Economy*. Trans. Martin Nicolaus, New York: Random House, 1973, p. 704.［＝高木幸二郎監訳，1958-65，『経済学批判要綱（草案）――1857-1858年』大月書店，pp.652-653］

（4）Ibid., p. 705. 邦訳pp.653-654.

（5）例えば、以下を参照。M. Betancourt, 'Automated Labor: The "New Aesthetic" and Immaterial Physicality.' *CTheory*, 2013, pp. 2-5; T. Morris-Suzuki, 'Robots and Capitalism.' *New Left Review*, (147), 1984, pp. 109-121.

（6）ロボットやAIにおける技術革新に関する現代的な論争かつ社会学的批判ともなっている、初期の社会理論的な貢献の一つに、以下の論文がある。Ross Boyd and Robert J. Holton, 'Technology, Innovation, Employment and Power: Does Robotics and Artificial Intelligence Really Mean Social Transformation?' *Journal of Sociology*, 2017 (Online First) doi.org/10.1177/1440783317726591

（7）Joel Mokyr, Chris Vickers, and Nicolas Ziebarth, 'The History of Technological Anxiety and the Future of Economic Growth.' *Journal of Economic Perspectives*,

University Press, 2007; Paul Dourish and Genevieve Bell, Divining a Digital Future, Boston, MA: MIT Press, 2011; Judy Wajcman, *Pressed for Time: The Acceleration of Life in Digital Capitalism*, Chicago: The University of Chicago Press, 2015; Susan Leigh Star, 'The Ethnography of Infrastructure.' *American Behavioral Scientist*, 43(3), 1999, pp. 377-391.

(38) Rosi Braidotti, *The Posthuman*, Cambridge: Polity, 2013, p. 42.［＝大貫菜穂，篠木涼，唄邦弘，福田安佐子，増田展大，松谷容作共訳，2019，『ポストヒューマン——新しい人文学に向けて』フィルムアート社］

(39) 以下を参照。Nigel Thrift, *Knowing Capitalism*, New York: SAGE Publications, 2005, and Nigel Thrift, *Non-Representational Theory: Space, Politics, Affect*, New York: Routledge, 2007.

(40) Thrift, *Non-Representational Theory*, p. 30.

(41) 以下を参照。Anthony Giddens, *The Consequences of Modernity*, Cambridge: Polity Press, 2013.［＝松尾精文，小幡正敏訳，1993，『近代とはいかなる時代か？——モダニティの帰結』而立書房］; Anthony Giddens, *Modernity and Self-identity: Self and Society in the Late Modern Age*, Stanford: Stanford University Press, 1991.［＝秋吉美都，安藤太郎，筒井淳也訳，2005，『モダニティと自己アイデンティティ——後期近代における自己と社会』ハーベスト社］; Ulrich Beck and Elisabeth Beck-Gernsheim, *Individualization: Institutionalized Individualism and its Social and Political Consequences*, New York: SAGE Publications, 2001; Zygmunt Bauman, *Liquid Life*, Cambridge: Polity Press, 2005.［＝長谷川啓介訳，2008，『リキッド・ライフ——現代における生の諸相』大月書店］; Zygmunt Bauman, *Liquid Modernity*, Cambridge: Polity Press, 2000.［＝森田典正訳，2001，『リキッド・モダニティ——液状化する社会』大月書店］

(42) ギデンズ『近代とはいかなる時代か？』pp. 52-53.

(43) Anthony Giddens, 'Off the Edge of History: The World in the 21st Century.' London School of Economics and Political Science, www.youtube.com/watch?v=bbkyiRCef7A.

(44) 以下を参照。Anthony Elliott, *Reinvention*, New York: Routledge, 2013; Cornelius Castoriadis, *The Imaginary Institution of Society*, Cambridge: Polity Press, 1987; Anthony Elliott, 'DIY Self-design: Experimentation Across Global Airports,' in *Identity Troubles: An Introduction*, New York: Routledge, 2015.

(45) 以下を参照。Anthony Elliott and Charles Lemert, *The New Individualism:*

humanism, New York: Palgrave Macmillan, 2014.

(31) 最も優れた概説は、おそらくヒューバート・ドレイファスによる以下の論文である。'Why Heideggerian AI Failed and How Fixing it Would Require Making it More Heideggerian.' *Artificial Intelligence*, 171, 2007, pp. 1137-1160.

(32) 以下を参照。Lewis Mumford, *Technics and Civilization*, New York and Burlingame: Harbinger, 1962. [＝生田勉訳, 1972, 『技術と文明』美術出版社]; Leo Marx, *The Machine in the Garden: Technology and the Pastoral Ideal*, Oxford: Oxford University Press, 2000. [＝榊原胖夫, 明石紀雄訳, 1972, 『楽園と機械文明 ―― テクノロジーと田園の理想』]; Langdon Winner, 'Do Artefacts Have Politics.' *Daedalus*, 109(1), 1980, pp. 121-136; Thomas Hughes, *Human-Built World: How to Think about Technology and Culture*, Chicago: University of Chicago Press, 2004.

(33) 以下を参照。Harry Collins, 'What Is Tacit Knowledge,' in T. R. Schatzki, K. Knorr Cetina and E. von Saviguy (eds.), *The Practice Turn in Contemporary Theory*, London and New York: Routledge, 2001. Alan Wolfe, 'Mind, Self, Society and Computer: Artificial Intelligence and the Sociology of Mind.' *American Journal of Sociology*, 95(5), 1991, pp. 1073-1096.

(34) Bruno Latour, *Pandora's Hope*, Cambridge, MA: Harvard University Press, 1999. [＝川崎勝, 平川秀幸訳, 2007, 『科学論の実在――パンドラの希望』産業図書]; Bruno Latour, *Reassembling the Social*, Oxford: Oxford University Press, 2005. [＝伊藤嘉高訳, 2019, 「社会的なものを組み直す――アクターネットワーク理論入門」法政大学出版局]

(35) 例えば、以下を参照。Michel Serres, *Hermes: Literature, Science, Philosophy*, Baltimore and London: John Hopkins University Press, 1982; Isabelle Stengers, *Cosmopolitics II*, Minneapolis: University of Minnesota Press, 2011.

(36) ラトゥールがAIについて語っている数少ない論文の一つとしては以下を参照。Bruno Latour, 'Social Theory and the Study of Computerized Work Sites,' in W.J. Orlinokowski, G. Walsham (eds.), *Information Technology and Changes in Organizational Work*, pp. 295-307. London: Chapman and Hall, 1996. AIとロボットの領域に対するラトゥールの思想の適用可能性に対する同情的な批判については以下を参照。Raya A. Jones, 'What Makes a Robot "social".' *Social Studies of Science*, 47(4), 2017, pp. 556-579

(37) Lucy Suchman, *Human – Machine Reconfigurations*, Cambridge: Cambridge

Information, Communication and Society, 16(2), 2013.

(25) ケンブリッジ・アナリティカは、2013年にアメリカのヘッジファンドマネージャーで、様々な保守政治運動を強力に支援してきたロバート・マーサーが実質的にその一部を握っている、戦略的コミュニケーション研究所（Strategic Communication Laboratories）の子会社として設立された。当時オルトライトのブライトバート・ニュースの経営者で、後のドナルド・トランプのアドバイザーでもあるスティーブ・バノンは、ケンブリッジ・アナリティカの副社長を務めていた。以下を参照。Matthew Rosenberg, Nicholas Confessore, and Carole Cardwalladr, 'How Trump Consultants Exploited the Facebook Data of Millions.' *New York Times*, March 17, 2018, www.nytimes.com/2018/03/l7/us/politics/cambridge-analytica trump-campaign.html

(26) イギリスのTV調査報告によると、ケンブリッジ・アナリティカの前CEOであるアレクサンドル・ニックス（後にこの会社から解任された）は、2016年のトランプの選挙活動に関する秘密報告について「あらゆる調査、全てのデータ、全ての分析、全てのマーケティングを行い、あらゆるデジタルキャンペーン、テレビのキャンペーンを実施し、そして我々のデータは全ての戦略に影響を与えた」と吹聴していたという。以下を参照。ABC News, 'Cam bridge Analytica Bosses Claimed they Invented "Crooked Hillary" Campaign, Won Donald Trump the Presidency.' March 21, 2018, www.abc.net.au/news/2018-03-21/cambridge-analytica-claimed-it-secured-donald-trump-presidentia/9570690

(27) Bruce Schneier, *Data and Goliath: The Hidden Battles to Collect Your Data and Control Your World*, New York: Norton, 2015, p. 7.［＝池村千秋訳, 2016,『超監視社会 ―― 私たちのデータはどこまで見られているのか？』草思社, pp.18-19］

(28) Louise Amoore, 'Algorithmic War: Everyday Geographies of the War on Terror.' *Antipode*, 41, 2009, pp. 49-69.

(29) Schneier, *Data and Goliath*, p. 91. 邦訳p.136.

(30)「ポストヒューマン」の有益な説明は以下を参照。Nicholas Gane, 'Posthuman.' *Theory, Culture & Society*, 23(2-3), 2006, pp. 431-434.「トランスヒューマニスト（transhumanist）」の立場について最もよく知られたものに、スティーブ・フラーとベロニカ・リプニスカによる以下の文献がある。Steve Fuller and Veronika Lipinska, *The Proactionary Imperative: A Foundation for Trans-*

高橋雅也，大塚彩美訳，2019，『「未来像」の未来――未来の予測と創造の社会学』作品社]

(14) John B. Thompson, *The Media and Modernity: A Social Theory of the Media*, Stanford: Stanford University Press, 1995, p. 153.

(15) Manuel Castells, *The Collapse of Soviet Communism: A View from the Information Society*, Los Angeles: Figueroa Press, 2003.

(16) Adam Greenfield, *Everyware: The Dawning Age of Ubiquitous Computing*, Berkeley: New Riders, 2006.

(17) Ibid.

(18) Semiconductor Transistor Association, *International Technology Roadmap for Semiconductors*, 2015, www.semiconductors.org/main/2015_international_technology_roadmap_for_semiconductors_itrs/（最終アクセス2016年8月31日）

(19) 科学技術の加速的な進捗状況に懐疑的な見解を示す膨大な研究がある。ボブ・サイデンステッカーによる著作*Future Hype*（「未来の誇大広告」）は、そうした懐疑的な解説を行っている。もちろん他にもこうしたものは存在する。Bob Seidensticker, *Future Hype: The Myths of Technological Change*, San Francisco: Berrett-Koehler Publishers, 2006.

(20) www.theverge.com/2015/6/8/8739611/apple-wwdc-2015-stats-update

(21) クリスチャン・フックスのように社会における監視のテーマについて書いている著者の多くが、ミシェル・フーコーの研究に強い影響を受けている。しかしながら、フーコーの理論、特にパノプティコンのテーマについての限界を認識すべき多くの理由があることに注意を払うべきである。以下の例を参照。Kevin Haggerty, 'Tear Down the Walls: On Demolishing the Panopticon,' in D. Lyon (ed.), *Theorising Surveillance: The Panopticon and Beyond*, pp. 23-45. Uffculme, Devon: Willan Publishing, 2006.

(22) 以下を参照。David Lyon, *Surveillance Studies*, Cambridge: Polity Press, 2007. [＝田島泰彦，小笠原みどり訳，2011，『監視スタディーズ――「見ること」「見られること」の社会理論』岩波書店]

(23) 以下を参照。Rob Kitchin, *The Data Revolution*, New York: SAGE Publications, 2014.

(24) さらなる議論のためには以下を参照。Christian Fuchs, 'New Media, Web 2.0 and Surveillance.' *Sociology Compass*, 5(2), 2011, pp. 134-147. 以下も参照。Samantha Adams, 'Post-Panoptic Surveillance Through Healthcare Rating Sites.'

Landscapes: Unmanned Aerial Vehicles and Epidemiology.' *Trends in Parasitology*, 30(11), 2014, pp. 514-519.

(5) Clement Uwiringiyimana, 'Rwanda to Start Using Drones to Supply Vaccines, Blood in August.' *Reuters*, May 14, 2016, www.reuters.com/article/us-africa-economy-rwanda-drones-idUSKCNOY 426D.

(6) Madhumita Murgia, 'Lord Norman Foster to Build World's First Droneport in Rwanda.' *The Telegraph*, September 21, 2015, www.telegraph.co.uk/technology/news/11879956/Lord-Norman-Foster to-build-worlds-first-droneport-in-Rwanda.html.

(7)「無害である」ということをどう定義すべきか、様々な立場からの論争が行われたにもかかわらず、21世紀初頭のアメリカ合衆国におけるドローン政策がいかにして民間人の犠牲者を出すに至ったのか、それについての優れたまとめや議論に関しては、イアン・G・R・ショーの以下の論文を参照。'Predator Empire: The Geopolitics of US Drone Warfare.' *Geopolitics*, 18(3), 2013, pp. 536-559.

(8) シャンタル・グリュートは、自律型殺戮兵器に関するロボット研究が、いかに国際人道法上で深刻な問題を招いているかを検証している。今のところ自動操縦機器による戦争を統制するための法メカニズムがいくつか存在している一方、自律型兵器システムの増加という問題の全てに対処するにはそれらは決して十分とはいえない。Chantal Grut, 'The Challenge of Autonomous Lethal Robotics to International Humanitarian Law.' *Journal of Conflict and Security Law*, 18(1), 2013, pp. 5-23.

(9) 以下を参照。John Urry, *Global Complexity*, Cambridge: Polity Press, 2003. [=伊藤嘉高，板倉有紀訳，2014，『グローバルな複雑性』法政大学出版局]

(10) 以下を参照。'Digital Skills Crisis.' House of Commons Science and Technology Committee, UK Parliament, Second Report of Session 2016-17, https://publications.parliament.uk/pa/cm201617/cmselect/cmsctech/270/270.pdf

(11) Karin Knorr Cetina, 'From Pipes to Scopes: The Flow Architecture of Financial Markets.' *Distinktion*, (7), 2003, pp. 7-23.

(12) Ayres and Miller, 'The Impacts of Industrial Robots,' 1981, p. 3; V. Sujan and M. Meggiolaro, *Mobile Robots: New Research*, New York: Nova Science Publishers, 2005, p. 42.

(13) John Urry, *What is the Future?* Cambridge: Polity Press, 2016. [=吉原直樹，

economy.pdf
（31）www.itu.int/net/pressoffice/press_releases/2015/17.aspx#.VWSF32Bjq-Q
（32）www.bcg.com/documents/file100409.pdf
（33）次の報告書によると、一部の業界人は、相互に接続されたマシンやデバイスに対して、300億台との予測を下方修正している。https://spectrum.ieee.org/tech-talk/telecom/internet/popular-internet-of-things-forecast-of-50-billion-devices-by-2020-is-outdated
（34）Erik Brynjolfsson and Andrew McAfee, *The Second Machine Age: Work, Progress, and Prosperity in a Time of Brilliant Technologies*, New York and London: WW Norton & Company, 2014; M. Ford, *Rise of the Robots: Technology and the Threat of a Jobless Future*, New York: Basic Books, 2015; J. Rifkin, *The Third Industrial Revolution: How Lateral Power Is Transforming Energy, the Economy, and the World*, Basingstoke: Palgrave Macmillan, 2011; Nicholas G. Carr, *The Big Switch: Rewiring the World, From Edison to Google*, New York and London: WW Norton & Company, 2008.

第1章　デジタルな世界

（1）Zoe Flood, 'From Killing Machines to Agents of Hope: The Future of Drones in Africa.' *The Guardian*, July 27, 2016, www.theguardian.com/world/2016/jul/27/africas-drone-rwanda-zipline-kenya-kruger.
（2）UAVが、農業や野生生物管理、災害モニタリングの様相を変化させると予測した記事もある。以下を参照。Ivan H. Beloev, 'A Review on Current and Emerging Application Possibilities for Unmanned Aerial Vehicles.' *Acta Technologica Agriculturae*, 19(3), 2016, pp. 70-76.
（3）以下を参照。Sherisse Pham, 'Drone Hits Passenger Plane in Canada.' *CNN News*, October 16, 2017, http://money.cnn.com/2017/10/16/ technology/drone-passenger-plane-canada/index.html
（4）UAVが医療ケアと薬を提供するために用いられる可能性もある。以下を参照。Cornelius A. Thiels, Johnathon M. Aho, Scott P. Zietlow, and Donald H. Jenkins, 'Use of Unmanned Aerial Vehicles for Medical Product Transport.' *Air Medical Journal*, 34 (2), 2015, pp. 104-108. UAVは感染症の状況を地図化するためにも活用できる。以下を参照。Kimberly M. Fornace, Chris J. Drakeley, Timothy William, Fe Espino, and Jonathan Cox,'Mapping Infectious Disease

(18) 以下を参照。Malene Freudendal-Pedersen and Sven Kesselring (eds), *Exploring Networked Urban Mobilities: Theories, Concepts, Ideas*, London: Routledge, 2018.

(19) www.newscientist.com/article/mg23030732-600-london-to-see-fleet-of-driverless-cars-on-public-roads-this-year/

(20) Gwyn Topham, 'Driverless Pods Plot New Course to Overtake Humans.' *The Guardian*, April 25, 2017, www.theguardian.com/technology/2017/apr/25/autonomous-car-projects-plot-course-uk-driverless-future

(21) www.businessinsider.com.au/why-driverless-cars-will-be-safer-than-human-drivers-2016-11?r=US&IR=T

(22) H. Claypool, A. Bin-Nun, and J. Gerlach, *Self-Driving Cars: The Impact on People with Disabilities*, Boston: Ruderman Foundation, 2017.

(23) 以下を参照。Daisuke Wakabayashi, 'Self-Driving Uber Car Kills Pedestrian in Arizona.' *New York Times*, March 19, 2018, www.nytimes.com/2018/03/19/technology/uber-driverless-fatality.html

(24) 以下を参照。Hod Lipson and Melba Kurman, *Fabricated: The New World of 3D Printing*, Hoboken, New Jersey: John Wiley & Sons, 2013.

(25) Thomas Birtchnell and John Urry, *A New Industrial Future?: 3D Printing and the Reconfiguring of Production, Distribution, and Consumption*, London: Routledge, 2016.

(26) www.domain.com.au/news/3dprinted-house-built-in-just-three-hours-in-chinas-xian-20150729-gim4e9/

(27) www.dailymail.co.uk/sciencetech/article-3322801/Will-humanoid-Mars-Nasa-gives-superhero-robots-universities-train-deep-space-missions.html

(28) 科学技術研究(STS)の分野はこのような観点を発展させてきた。「テクノロジーの社会的形成」アプローチについての有益な説明については、以下を参照。D. MacKenzie and J. Wajcman, *The Social Shaping of Technology*, Buckingham, UK: Open University Press, 1999. この本のなかでは、第1章で詳述するように、私はSTSとは全く違う戦略を取っている。さらに、以下を参照。Anthony Elliott, *Identity Troubles*, London and New York: Routledge, 2016.

(29) Nigel Thrift, 'The "Sentient" City and What It May Portend.' *Big Data & Society*, 1(1), 2014, p. 9

(30) www.images-et-reseaux.com/sites/default/files/medias/blog/2011/12/the-2nd-

ムに関する新たな研究を発表した。現在では、解読に加えて文脈理解の使用を進め、人間の行動のサインを見つける新世代CAPTCHAが開発されている。一つの例が、Googleの「Invisible reCAPTCHA」である。これは、マウスの動きやページをクリックするまでの時間を見て、利用者が人間であるかどうかを判別するものである。以下を参照。Dileep George et al., "A Generative Vision Model that Trains with High Data Efficiency and Breaks Text-based CAPTCHA," *Science*, 358, 2017, http://science.sciencemag.org/content/358/6368/eaag2612/tab-pdf; Matt Burgess, 'Captcha Is Dying. This Is How it's Being Reinvented for the AI Age.'〔CAPTCHAに死がやってくる。こうしてAIに向けて再構築は進んでいく〕. *Wired* www.wired.co.uk/article/captcha-automation-broken-history-fix（最終アクセス2017年10月26日）

（12）John Searle, 'The Chinese Room,' in R.A. Wilson and F. Keil (eds.), *The MIT Encyclopedia of the Cognitive Sciences*, Cambridge, MA: MIT Press, 1999.

（13）チューリングテストに次いで、サール（Searle）の「中国語の部屋論争（Chinese Room Argument）」は、認知科学で最も幅広く行われている哲学的議論である。例えば、以下を参照。M. Shaffer, 'A Logical Hole in the Chinese Room.' *Minds and Machines*, 19(2), 2009, pp. 229–235; and G. Rey, 'What's Really Going on in Searle's "Chinese Room".' *Philosophical Studies*, 50, 1986, pp. 169–185; G. Rey, 'Searle's Misunderstandings of Functionalism and Strong AI,' in Preston and Bishop (eds.), 2002, pp. 201–225.

（14）民間企業はもとより、高等教育機関でも、未来は大きなビジネスになっている。最近の例では、英国ランカスター大学に社会未来研究所が設立されている。よく知られたハワイ大学マノア校のHawaii Research Center for Futures Studiesのような、定評のある未来学の学術フォーラムもある。

（15）主流は、FitBitやApple Watchのような一部のウェアラブルデバイスであるが、その主な役割は情報収集と特定のパラメータによるフィードバックである。最近Apple Watchは、SiriなどのAI支援サービスにアクセス可能だが、これは実際には近くにあるiPhone上で実行されている〔訳注：2022年現在はApple Watch単独で実行可能〕。

（16）www.vtpi.org/avip.pdf

（17）ドライバーレスカーのより深い説明には、H. Lipson and M. Kurman, *Driverless: Intelligent Cars and the Road Ahead*, Cambridge: MIT Press, 2016.を参照して欲しい。

Science Fiction Studies, (38), 2011, pp.232-251.

(6) Gaby Woods, *Edison's Eve: A Magical History of the Quest for Mechanical Life*, New York: Anchor, 2003.

(7) Ian Bogost, '"Artificial Intelligence" Has Become Meaningless: It's Often Just a Fancy Name for a Computer Program.'〔『「人工知能」は意味がない。その多くは、コンピュータプログラムの空想的な名前に過ぎない」』〕, *The Atlantic*, March 4, 2017, www.theatlantic.com/technology/archive/2017/03/what-is-artificial-intelligence/518547/

(8) 例えばHamid Ekbiaは、AI研究における最初の50年のレヴューのなかで、AIに対する8つの主な科学および工学のアプローチを特定した。これらはそれぞれが「知能」とは何かについて、非常に異なる特徴に焦点を当てていた。以下を参照。Hamid Ekbia, 'Fifty Years of Research in Artificial Intelligence.' *Annual Review of Information Science and Technology*, 44(1), 2010, pp.201-247.

(9) Department for Business, 'Energy and Industrial Strategy, Industrial Strategy: Building a Britain Fit for the Future' (November 2017), p. 37, www.gov.uk/government/uploads/system/uploads/attachment_data/file/664563/industrial-strategy-white-paper-web-ready-version.pdf（最終アクセス2018年5月23日）。

(10) PwC, 'Sizing the Prize: PwC's Global Artificial Intelligence Study.' 2017 www.pwc.com/gx/en/issues/data-and-analytics/publications/artificial-intelligence-study.html

(11) 最近では、CAPTCHAを破る新しいアルゴリズムについて、学術的ないし一般的に、かなりの議論がなされている。コンピュータか人間かを見分ける完全自動化のチューリングテストの一種であるCAPTCHA（Completely Automated Turing Test to Tell Computers and Humans Apart）は、ウェブサイトに導入され、人間のユーザーと悪意のあるボットを区別するのに使われている。CAPTCHAは、普通の人間なら簡単に解ける問題なのだが、アルゴリズムによる分類が難しいことが分かっている。例えば、ニューラルネットワークにもとづいた高度なCAPTCHAクラッキングアルゴリズムには、最低5万枚のトレーニング画像が必要である。AIのスタートアップ企業ヴィカリオス（Vicarious）の研究者たちは、2018年に、テキストベースのCAPTCHAを非常に少量のトレーニングデータで突破することができる再帰的皮層ネットワーク（生成的ビジョンモデル）を使ったアルゴリズ

ficial Intelligence from the Logic Piano to Killer Robots, Carlton, Vic.: La Trobe University Press, 2017.

(10) ブラットンはこの巨大構造物を「スタック」と呼んでいるが、この概念を私は分析の精度に欠けていると考えている。それは、進展したAIのグローバルな条件のなかで、日常生活の埋め込みと再埋め込みが行われる空間／時間の次元を適切に理論化できないと批判できる。以下を参照。Benjamin H. Bratton, *The Stack: On Software and Sovereignty*, Cambridge, MA: MIT Press, 2015.

(11) McKinsey & Co., 'Artificial Intelligence: Implications for China.' McKinsey Global Institute, April 2017.

(12) Dr. Arnand S. Rao, Gerard Verweij et al., 'Sizing the Prize: What's the Real Value of AI For Your Business and How Can You Capitalize?' *PwC Global Artificial Intelligence Study, Exploiting the AI Revolution*, June 27, 2017.

(13) 地政学におけるAIの重要性は十分に分析されていないが、以下を参照してもらいたい。Kai-Fu Lee, *AI Superpowers: China, Silicon Valley, and the New World Order*, San Diego, CA: Houghton Mifflin Harcourt, 2018; and James Bridle, *New Dark Age: Technology and the End of the Future*, New York: Verso, 2018.

序　章

(1) 人工知能の前史については、Jessica Riskin (ed.), *Genesis Redux: Essays in the History and Philosophy of Artificial Life*, Chicago: John Cohen, Human Robots in Myth and Science, A.S. Barnes, 1967 and Eric Wilson, *Melancholy Android: On the Psychology of Sacred Machines*, Albany, NY: SUNY Press, 2006. を参照のこと。

(2) このコメントはパメラ・マコーダック（Pamela McCorduck）の http://expedite-consulting.com/invention-artificial-intelligence-means-world-work/ による。

(3) Nils J. Nilsson, *The Quest for Artificial Intelligence: A History of Ideas and Achievements*, Cambridge: Cambridge University Press, 2010を参照のこと。

(4) 以下を参照。Ibn al-Razzaz Al-Jazari, *The Book of Knowledge of Ingenious Mechanical Devices*. Trans. Donald Hill, Dordrecht: D. Reidel Publishing Company, 1979.〔12世紀の発明家ジャザリー『独創的な機械装置に関する知識の書』https://natgeo.nikkeibp.co.jp/atcl/gallery/080300965/　最終アクセス2021年4月29日〕

(5) 以下を参照。Kevin LaGrandeur, 'The Persistent Peril of the Artificial Slave.'

注　釈

序　言

（1）レイチェルは虚構のキャラクターである。このキャラクターをつくりだしたのは、AIの状況にある日常生活に埋め込まれた感性や文化を捉えるためである。グローバルなプロセスがいかに自己の創出やパフォーマンスから「読み取れる」のかに関する詳細な議論については、Anthony Elliott, *Concepts of the Self*, 3rd edition, Cambridge: Polity Press, 2014を参照のこと。

（2）以下を参照。www.mensjournal.com/gear/quip-review-toothbrush-dental-hygiene-brushing-teeth/　米上院の人工知能調査に対するサイバー・セキュリティのエビデンスについては、以下を参照。http://data.parliament.uk/writtenevidence/committeeevidence.svc/evidencedocument/artificial-intelligence-committee/artificial-intelligence/written/75825.html

（3）以下を参照。https://venturebeat.com/2018/06/14/ziprecruiter-announces-ai-tool-that-matches-businesses-with-ideal-job-candidates/

（4）以下を参照。www.wsj.com/articles/cutting-edge-cat-toys-your-pet-wont-immediately-destroy-1520361361

（5）以下を参照。www.howtogeek.com/347408/why-smart-fridges-are-the-future/

（6）以下を参照。https://venturebeat.com/2017/07/09/how-ai-will-help-you-sleep-better-at-night/

（7）オーストラリアでは、将来の国家投資、AI、機械学習の指針となる国家的AIロードマップを策定するべく政府に任命されたCSIROのデータ61が、これらのイニシアティブを主導している。以下を参照のこと。Adrian Turner, 'We Need to Drop the Robots-Are-Taking our Jobs Mindset.' Australian Financial Review, July 13, 2018, www.afr.com/technology/perfect-examples-of-why-our-ai-conversation-is-all-wrong-20180710-h12i3t

（8）IBMはこのAIのイニシアティブを主導している。以下を参照。www.ibm.com/blogs/research/2018/03/microscopic-reality-ai-microscopes/

（9）以下を参照。Nick Bostrom, Superintelligence: Paths, Dangers, *Strategies*, Oxford: Oxford University Press, 2014. 以下も参照。Toby Walsh, *It's Alive: Arti-*

な

は

索　引

[主な著書・訳書]
『観光社会学――ツーリズム研究の冒険的試み』(遠藤英樹との共著、明石書店、2005年)
『観光化する社会――観光社会学の理論と応用』(ナカニシヤ出版、2008年)
『ツーリズムとポストモダン社会――後期近代における観光の両義性』(明石書店、2012年)
スコット・ラッシュ著『ポストモダニズムの社会学』(共訳、法政大学出版局、1996年)
ディーン・マキァーネル著『ザ・ツーリスト――高度近代社会の構造分析』(共訳、学文社、2012年)
ジョン・アーリ著『オフショア化する世界』(編訳、明石書店、2018年)

高岡文章(たかおか　ふみあき)[第4章]

慶應義塾大学大学院社会学研究科後期博士課程単位取得退学。福岡女学院大学准教授等を経て、現在、立教大学観光学部教授。専門は、観光社会学。
[主な著書・論文]
『よくわかる観光コミュニケーション論』(須藤廣・遠藤英樹・松本健太郎と共編、ミネルヴァ書房、2022年)
「ソーシャル・ディスタンスはなぜそう呼ばれるか――旅を再想像するための一考察」(遠藤英樹編『アフターコロナの観光学――COVID-19以後の「新しい観光様式」』新曜社、pp.74-88、2021年)
「参加型観光とその時代――『みる』から『する』へ」(小西卓三・松本健太郎編『メディアとメッセージ――社会のなかのコミュニケーション』ナカニシヤ出版、pp.63-75、2021年)
「観光とメディアとルート――ルート観光論へ向けて」(『観光学評論』2(1) pp.29-41、2014年)

濱野健(はまの　たけし)[第1章、第2章]

ウェスタン・シドニー大学人文学部博士課程修了(PhD)。現在、北九州市立大学文学部人間関係学科准教授。専門は、社会学。
[主な著書]
『日本人女性の国際結婚と海外移住――多文化社会オーストラリアの変容する日系コミュニティ』(明石書店、2014年)
『増補改訂版 看護と介護のための社会学』(須藤廣との共編著、明石書店、2016年)
Marriage migrants of Japanese women in Australia: Remoulding gendered selves in suburban community (Springer Nature、2019年)

著者・訳者紹介

〈著者略歴〉

アンソニー・エリオット（Anthony Elliott）

英国ケンブリッジ大学大学院にて社会学博士号を取得。現在、南オーストラリア大学社会学教授、同大学国際部部長（Dean of External Engagement）、同大学ホーク・ジャンモネEU研究センター（Hawke EU Jean Monnet Centre of Excellence）所長。専門は社会学。

［主な著書］

『Mobile Lives』（John Urryとの共著、Routledge、2010年）［邦訳＝遠藤英樹監訳（2016）『モバイル・ライブズ――「移動」が社会を変える』ミネルヴァ書房)］

『Identity Trouble』（単著、Routledge、2015年）

『Reinvention』（単著、Routledge、2020年）

『Contemporary Social Theory: An Introduction』（単著、Routledge、2021年）

『Making Sense of AI: Our Algorithmic World』（単著、Polity、2021年）

〈訳者略歴（五十音順、［　］は翻訳担当)〉

遠藤英樹（えんどう　ひでき）［日本語版への序文、序言、第5章、第6章］

関西学院大学大学院社会学研究科博士課程後期課程単位取得退学。奈良県立大学教授を経て、現在、立命館大学文学部教授。専門は、観光社会学、ポピュラーカルチャー研究、社会学理論。

［主な著書］

『アフターコロナの観光学――COVID-19以後の「新しい観光様式」』（編著、新曜社、2022年）

『ポップカルチャーで学ぶ社会学入門――「当たり前」を問い直すための視座』（単著、ミネルヴァ書房、2021年）

『Understanding Tourism Mobilities in Japan』（編著、Routledge、2020年）

『ワードマップ　現代観光学――ツーリズムから『いま』がみえる』（編著、新曜社、2019年）

『ツーリズム・モビリティーズ――観光と移動の社会理論』（単著、ミネルヴァ書房、2017年）

須藤廣（すどう　ひろし）［謝辞、序章、第3章］

日本大学大学院博士後期課程（社会学専攻）単位取得満期退学。北九州市立大学文学部教授、跡見学園女子大学観光コミュニティ学部教授を経て現在、法政大学大学院政策創造研究科教授。専門は観光社会学、文化社会学。

デジタル革命の社会学
―― AIがもたらす日常世界のユートピアとディストピア

2022年3月31日　初版第1刷発行

著　者　アンソニー・エリオット
訳　者　遠藤英樹
須藤廣
高岡文章
濱野健

発行者　大江道雅
発行所　株式会社明石書店
〒101-0021 東京都千代田区外神田6-9-5
電　話　03（5818）1171
FAX　03（5818）1174
振　替　00100-7-24505
http://www.akashi.co.jp
装丁　清水 肇（プリグラフィックス）
印刷・製本　モリモト印刷株式会社

ISBN978-4-7503-5392-0
Printed in Japan　（定価はカバーに表示してあります）